KB128944

미래병원

HOSPITAL OF
THE FUTURE

병원 브랜딩 그리고
커뮤니케이션

유승철·정 철 공저

학지사

시작하는 글

미래병원을 기다리며

세계적인 탐험가인 어니스트 헨리 섀클턴(Ernest Henry Shackleton)은 극한의 탐험에서 살아 돌아오면서 "죽은 사자보다 산 당나귀가 낫다(Better a live donkey than a dead lion)."라는 명언을 남겼습니다. 우리에게 '살아 있음(living)'은 그 무엇보다 강렬한 욕망입니다. 하지만 누구라도 생명을 잃어 가는 것을 피할 수 없습니다. 이렇게 우리 삶의 과정은 곧 '생로병사(生老病死)'라고 요약할 수 있습니다. 빈부를 막론하고 누구나 태어나고 나이가 들며 또 크고 작은 질병을 경험하고 치료 과정을 거치다 결국에는 죽는 삶의 굴레에서 벗어날 수 없습니다. 우리가 태어나는 곳도 '병원'이고 병들고 죽어 가는 곳도 바로 '병원'인 만큼 인간의 삶에서 병원이 제공하는 의료서비스가 차지하는 비중은 막대하다고 할 수 있습니다. 인간의 삶을 위해 가장 시급하게 개선되어야 할 곳도 바로 '병원'입니다.

산업으로서도 보건의료산업은 미래의 먹거리이며 국가의 경쟁력입니다. 리포트 링커(Report Linker)의 연구 자료에 따르면, 세계 보건의료산업 규모는 2018년 기준 9조 5,000억 달러에 이른다고 합니다. 이는 당해 한국 국내총생산(Gross Domestic Product: GDP)의 4.3배를 넘는 대단한 수준입니다. 같은 해 세계총생산(Gross World Product: GWP) 136조 달러의 7%를 차지할 정도입니다. 2013년 이후 보건의료산업 규모는 연평균 5%씩 커지고 있으며, 한국을 비롯한 세계 선진국의 인구 구조가 초고령화로 인해 변화하고 있음을 고려할 때 그 성장 속도는 더욱 가파를 것이라고 쉽게 예상할 수 있습니다. 국내에서도 이미 많은 지방자치단체와 대학이 '메디클러스터(medi-cluster)'를 만들겠다고 선포하고 있습니다.

아쉽게도 우리네 생활의 바탕이 될 산업이자 국부를 책임질 보건의료산업의 첨병이라고 할 수 있는 병원은 몸집은 선진국에 견줄 만큼 비대해졌지만, 브랜드 관점에서 보면 오랜 시간 제자리를 맴돌고 있는 것처럼 느껴집니다. 사회학자 송호근 교수는 2014년 전국병원장회의에서 "정부는 관료제적 통제와 시민운동의 개입으로 이루어져 있고, 환자는 사회주의적 심성을 갖고 있어 의사는 항상 그곳에 있어야 하고(봉사성), 영리 추구는 곤란하며(강제된 공공성), 싼값에 최고의 진료를 받아야 한다는(강제된 평등) 생각 때문에 공급자인 병원에 대한 배려가 없다."라고 한국 병원의 현실을 냉철하게 비판했습니다. 이런 이유로 우리의 병원이 크게 발전하지 못하고 있음에 공감합니다. 1885년 광혜원(廣惠院)에서 현대의학과 함께 시작된 우리의 의료산업은 이제 의료기술이 상당히 고도화되고 의료진 역시 첨단 지식으로 매우 효과적인 서비스를 제공하기에 이르렀습니다. 그런데도 '병원'이라는 고정관념적 이미지는 과거와 크게 다르지 않습니다. 물론 많은 전문병원이 탄생하고 대형 병원들이 현대화되면서 큰 주목을 받기도 했습니다. 그런데도 동네 의원을 포함한 중소형 병원은 1990년대에 우리가 만나던 그 모습에서 전혀 달라지지 않았습니다.

병원을 일종의 '국가의 공공 서비스'이자 '보편재'로 간주하고 있는 국내에서는 어느 병원이나 크게 다르지 않은 평준화된 모습을 보여 주고 있습니다. 따라서 발전도 그만큼 더딥니다. 독자 여러분도 10년 전에 접한 동네 병원과 지금의 병원이 다르다고 느껴지지 않을 것입니다. 지방자치와 독립경제를 오랫동안 추진해 왔음에도 최신 의료장비, 의료진의 전문성에 대한 긍정적 인식 때문에 수도권의 대형 병원에 대한 선호는 날로 커지고 있습니다. 실제로 많은 지방 도시 거주 시민은 의료서비스에 대한 불만족을 이유로 수도권으로 이사를 계획하기도 합니다. 이런 과정에서 지역의 의료기관들은 발전 기회를 더 잃기도 했습니다. 한마디로, 병원 가운데 특히 중소형 병원은 브랜드가 아니라 우리 동네의 어떤 치과나 안과와 같은 '노브랜드(no-brand) 병원'으로 인식되고 있는 안타까운 현실입니다.

물론 공적인 성격상 병원 조직이 거대 기업처럼 첨단 산업화하고 세계화되기는 어려울 듯합니다. 이 문제는 기술과 경영의 문제라기보다는 정치적이고 사회적인 이유라고 이해할 수 있습니다. 우리의 유교적 문화와 의료인에 대해 기대하는 높은 사회적 규범에 맞춰 가다 보니 병원의 비영리적 속성은 과거와 크게 달라지지 않았습니다. 우리 문화에서 병원은 사유재(private goods)라기보다는 공공재(public goods)로 여겨지며 소비의 비경제성(non-rivalness)과 비배제성(non-excludability)이라는 특성을 강요받아 왔습니다. 그런데도 병원은 변화를 요구받고 있습니다. COVID-19 감염병 사태 발발 이후 더 높아진 보건의료에 대한 요구사항, 노인 인구의 폭발적 증가 그리고 100세를 넘어 110~120세까지 바라보는 초고령화 시대가 열림에 따라 의료서비스에 대한 요구는 다양해지고 있습니다. 이런 소비자 변화에 대응하기 위해서라도 병원들은 환골탈태의 노력을 통해 브랜드가 되어야만 치열해지는 의료시장에서 살아남을 수 있을 것입니다.

2020년 기준으로 국내에서는 매일 약 3개의 병원이 폐업하고 있습니다. 건강보험심사평가원 자료에 따르면, 2020년 1분기 개업 대비 폐업 비율은 65.2%에 달하며, 2019년 전체를 보면 55.8%에 육박합니다. 7만 개에 육박하는 병원 수를 자랑하는 대한민국 땅에서 의사가 개원만 하면 가족의 생업을 걱정하지 않아도 되는 시대는 이제 종언해 버린 것입니다. 인도주의실천의사협의회가 보건복지통계연보를 활용해 보도한 자료에 따르면, OECD 국가의 의사 수는 연평균 0.5% 증가하는 데 반해, 우리나라 의사 수는 연평균 3.1% 증가했다고 합니다. 2036년에는 OECD 국가의 인구 1,000명당 의사 수가 3.3명인 데 반해, 우리나라는 4.3명에 도달하게 된다고 합니다. 이런 숫자만 봐도 향후 더 높아질 시장 경쟁의 강도를 가늠할 수 있습니다.

중소형 병원뿐 아니라 대형 병원들조차도 경쟁적인 환경에 노출되어 있으며 고객을 유치하기 위해 적극적으로 변하고 있습니다. 물론 이런 경쟁적 상황은 병원이 밀집한 수도권에서 더 심각할 것입니다. 지역의 환자들도 고속철을 타고 수도권 병원으로 올라오는 환경을 고려하면 더욱 그러합니다. 결과적으로, 좋은 기술과 서비스만 제공하면 자연스럽게 환자가 내원하고 병원이 금전적인 이익을 자연스럽게 축적하던 과거의 패러다임에서 벗어나 의료시장의 경쟁에서 살아남아 지속 가능한 경영을 해야 하는 숙명적 과제를 마주하고 있는 것입니다. 과거 병원들은 앞서 언급한 경쟁적 환경에 노출되지 못해 왔고, 따라서 경쟁력을 기를 기회가 있지도 않았습니다. 또한 병원을 공공재로 보는 사회적 시선과 여러 규제 장벽이 국내 병원의 경쟁력을 높이는 데 장애 요소로 작용한 것도 사실입니다. 우리나라의 병원은 전반적으로 인적 · 물적 규모에서 매우 영세하므로 질적 성장에 많은 제약을 받고 있습니다.

이미 해외에서는 세계적 수준의 병원들이 등장하고 특정 진료 분야에서 절대적 브랜드 입지를 차지하고 있는 사례가 늘어 가고 있습니다. 예컨대, 미국 텍사스(Texas)에 소재하고 있는 엠디 앤더슨 암 센터(MD Anderson Cancer Center)는 암 치료에서 세계 최고 수준의 혁혁한 성과를 내고 있으며 2018년에는 병원에서 노벨상 수상자까지 배출하면서 암 병원으로서의 임상뿐 아니라 연구에서도 강력한 위치를 공고히 하고 있습니다. 'Making Cancer History(암의 역사를 만들어 가는 중)'라는 모토를 실현하는 병원으로 자국의 환자뿐 아니라 세계 곳곳에서 명성을 듣고 찾아온 환자들을 치료하며 많은 수익을 내는 동시에, 이 수익을 기반으로 연구 개발에 더 많은 투자를 진행하고 있습니다. 실제로 1999년 고 이건희 삼성그룹 회장이 이 병원에서 폐암을 치료하기도 했습니다.

저자들은 앞서 언급한 의료산업의 변화 속에서 '국내 병원이 브랜드로 성장'하는 데 도움이 되겠다는 목표로 '미래병원'이라는 다소 무거운 테마를 가지고 한국 병원의 향후 모습을 그려 보려고 했습니다. 국내뿐 아니라 세계에서도 경쟁력을 가질 수 있는 '글로벌 브랜드 병원'으로 국내 병원들이 세계 소비자의 마음속에 자리매김하고, 나아가 더 좋은 가치와 혜택을 제공할 수 있는 세계 속의 병원이 되기를 바라는 마음에서 이 책의 제목을 '미래병원'이라고 명명했습니다. 이 책은 국내보다 해외의 사례를 중심으로 구성했음을 밝힙니다. 그 이유는 국내의 특정 병원에 편중된 정보를 제공하는 것은 형평성에 논란이 있으리라 판단했기 때문입니다. 한편으로 우리가 지금까지 잘 접하지 못했던 해외의 의료서비스 사례를 소개하는 것도 의료계에 종사하는 여러분에게는 신선하고 또 의미있는 정보로 받아들여질 것이라고 믿었기 때문입니다.

이 책은 2019년 5월 이화여자대학교와 헬스케어 브랜딩 전문기업인 컨셉코레아가 산학협력을 통해 진행한 '헬스커뮤니케이션 관점에서 바라본 미래병원 브랜드 전략 산학협력 프로젝트'를 계기로 집필이 시작되었습니다. 미래병원(未來病院)은 아직 '오지 않은 미래의 병원'입니다. 한편으로 우리가 시간을 앞당겨 꼭 만나고 싶은 병원이기도 합니다. 이 책이 미래병원을 맞이하는 시점을 당기는

2019년 5월 미래병원(未來病院) 프로젝트 발표회

데 작은 도움이 되고자 합니다. 저자들은 한국의 미래병원은 '커뮤
니케이션이 중심이 된 병원'이라고 생각합니다. 물론 병원에 본질
적인 가치인 치유와 건강 증진이라는 가치는 변하지 않지만, 그 가
치를 최종 의료소비자에게 전달하는 것이 바로 커뮤니케이션이며,
그것이 바로 디지털 미디어 환경에서 한국 병원의 지속 가능한 성
장을 보장하는 성공의 열쇠라고 믿기 때문입니다. 이런 맥락에서
미래병원은 바로 커뮤니케이션 수월성이 높은 병원이어야 합니다.
단지 환자뿐 아니라 병원의 수많은 의료진과 직원 간의 원활한 소
통 그리고 나아가 국가, 사회와 지역 시민과의 소통까지 효과적으
로 진행할 수 있는 병원이 우리에게 진정 필요합니다.

바야흐로 콘텐츠 홍수의 시대입니다. 다양한 플랫폼을 통해 하
루에도 수천, 수만 건의 콘텐츠가 쏟아져 나옵니다. 아쉽게도 국내

에는 병원의 경영자들이 참고할 만한 서적이나 논문 등 관련 자료가 매우 제한적입니다. 또한 출간된 서적도 특정 병원의 사례나 컨설팅 회사가 진행한 소수의 사례로 꾸며진 것이 다수입니다. 인터넷 검색을 통해 쓸모 있는 병원 브랜딩을 주제로 한 자료를 종합하기란 매우 고단한 작업이며 바른 방향으로 진행하기도 어렵습니다. 저자들이 집필하면서 경험한 자료의 부족과 양질의 자료에 대한 목마름을 독자 여러분도 같이 느끼고 이 책을 집어 들었을 것이라고 믿습니다. 면역력을 높이는 각종 보양식을 찾는 분들이 많지만 보양식을 먹고 건강을 찾기는 힘듭니다. 그 이유는 바로 좋은 음식을 제대로 소화하지 못하기 때문입니다. 깊이 있고 통찰이 넘치는 양질의 자료를 찾는다고 해도 병원의 살림살이에 직접 적용하지 못하면 소화불량만 일으키는 것과 같습니다. 한편으로 질적으로 너무 부족한 자료라면 차라리 안 보는 것만 못한 경우도 많습니다. 그래서 이 책은 비전공자도 편안하게 소화해서 실무에 직접 활용할 수 있도록 가능한 한 친절한 소통 방식과 실용적인 접근을 취해서 집필했습니다.

책에는 네 종류가 있다고 합니다. 정보를 전하는 책(informational), 재미를 전하는 책(entertaining), 아무것도 전하지 않는 책(nothing), 변화를 만드는 책(transformational)이 바로 그것입니다. 이 책은 부족한 내용의 한계점을 인정하면서도 마지막에 언급한 '변화를 만드는 책'이 되고자 합니다. 특히 이 책을 마중물로 병원 경영의 다양한 분야를 망라하는 전문서적이 출간되고 관련된 학술 연구도 활성화되기를 고대합니다. 이 책의 출간을 물심양면으로 도와주신 학지사 김진환 대표님을 비롯한 선생님들 그리고 이화여자대학교 커뮤니케이션 · 미디어 대학원 연구원들, 지금도 한국의 병원 혁신을 위해 고전분투하고 있을 (주)닥스미디어(docsmedia.co.kr)와 (주)컨셉코레아(conceptkorea.com)의 임직원 여러분, 집필 과정을 함께해 준 가족, 마지막으로 척박한 환경에서 환자들을 위해 헌신하고 있는 의료 전문가들에게 감사의 마음을 전합니다. 한국뿐 아니라 세계 시장을 움직일 커뮤니케이션이 강한 'K-미래병원'을 그려 보면서 이제 지면을 통해 독자들과 만나겠습니다.

2021년 7월 컨셉코레아 병원 브랜드 연구소에서
저자 일동

차례

미래병원:
병원 브랜딩 그리고 커뮤니케이션

1

병원 브랜드 그리고
브랜딩

누구나 인정하겠지만 우리 삶에서 병원은 꼭 필요합니다. 하지만 병원을 적극적으로 찾는 사람은 아마도 없을 듯합니다. 몸이 아파 병원을 방문했는데, 접수 데스크에서부터 냉랭하고 사무적인 느낌을 받아 서러웠던 경험을 누구나 한 번쯤은 겪었을 법합니다. 병원 문을 열자마자 대기 환자들로 그득하고, 접수 직원은 고개도 들지 않은 채 접수증을 내밀며 대기 시간이 한 시간은 넘을 거라고 퉁명스럽게 이야기하고, 긴 시간을 기다려 진료실에서 만난 의사조차 기계적으로 점검하고 처방만 내주는 모습…. 아마도 많은 환자가 경험한 병원 서비스의 고착된 모습일 것입니다. 물론 아닌 병원도 많고 아닌 병원이 더 늘고 있을 듯합니다. 그럼에도 한번 고착된 병원에 대한 고정관념이 쉽게 바뀌지는 않습니다. 이런 병원에 대한 고정관념은 국내 병원의 턱없이 모자란 의료수가(醫療酬價: 환자를 치료하고 받는 진료비)나 정책적 규제 등 각종 외부 변인이 큰 영향을 준 결과라고 이해할 수 있습니다. 하지만 앞서 언급한 모습도 최근 서비스 수준이 높은 병원들이 늘어가면서 보다 더 소비자 지향적으로 변화하고 있습니다.

미래학자 제러미 리프킨(Jeremy Rifkin)은 21세기에는 공장이나 토지 같은 유형자산보다 브랜드 파워와 같은 무형자산이 기업의 가치를 좌우하게 될 것이라고 주장했습니다. 또한 토지, 자본과 같은 유형자산의 소유자 이상으로 아이디어, 노하우, 개념, 운영 기술을 가진 사람이 실질적 자산의 소유권자가 될 것이라 역설했습니다. "브랜드는 사람 다음으로, 조직이 소유하고 있는 가장 중요한 자산입니다(Davis, 2002)." 이 장에서는 무형자산의 시대에 병원 브랜드란 무엇이며 또 브랜드를 어떻게 만들어 갈지에 대해 이야기해 보겠습니다. 또한 강력한 병원 브랜드를 만드는 것이 병원의 성장에 어떻게 이바지할 수 있는지를 살펴보려고 합니다.

케세라세라 브랜드에서 파워 브랜드 병원으로

병원은 일반 국민에게 보편적 의료서비스를 제공하는 '공적 제도'의 일부로 탄생했습니다. 또한 병원은 소속된 사회의 일반적인 필요(need), 믿음(belief), 가치(value) 그리고 경향(trend)에 맞추어 발전해 왔습니다. 의학의 기원은 고대 문명의 성지를 중심으로 뿌리내리기 시작했습니다. 삶과 죽음이라는 중차대한 문제를 다루는 의학이 종교의 권위를 얻는 것은 당연할지도 모릅니다. 원시 사회

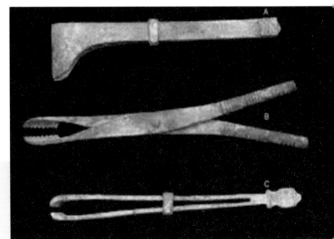

[그림 1-1] 고대 로마제국에서 사용
되던 외과 수술도구
출처: http://exhibits.hsl.virginia.edu

의 수술, 그리고 자연치료법들 모두 현대적 개념의 의료 영역에 속하는 고대의 의료행위입니다. 사람들의 경험을 종합해 인체에 이롭거나 해로운 식물을 밝혀내고 약재로 활용한 점은 종교적 행위를 경험과학적 의료행위와 결합한 셈입니다.

중세 이후 종교활동을 통해 제공되던 지역사회의 요양시설이나 수용소 개념과 가까운 구빈원에서부터 19세기 말 이후에나 등장한 과학적 의료서비스를 제공하는 근대적 개념의 병원으로 진화를 거듭해 온 것입니다. 19세기 이후에서나 의료인은 마치 고대의 주술사가 의료인으로서 존경받았던 것처럼 전문인으로서 높은 사회적 지위를 인정받게 됩니다. 하지만 공공재로서의 성격은 일정 부분 유지되는 동시에 연구와 치료의 전문성과 더 높은 환자 맞춤의 포괄적 서비스에 대한 요구가 커지고 있는 것이 현실입니다. 결국 현대의 의료산업은 공공성과 이익이라는 두 마리 토끼를 동시에 잡으려고 애쓰면서 고군분투하고 있습니다.

병원은 이제 정보기술의 발전과 함께 이종 학문과의 융합을 통해 새로운 도약을 마주하고 있습니다. 최근 들어 자주 거론되는 원격의료, 환자 중심 병원, 메디클러스터(medi-cluster), 문화공간으로서의 병원 등은 이런 변화가 반영되어 나타나는 현상이라고 볼 수 있습니다. 융합학문으로서 의학이 성장하면서 북미권의 대학을 중심으로 의과대학 내에 커뮤니케이션–미디어학과 경영학의 일부 과정 등을 선택 교과목으로 편성하고 담당 교수진을 늘리기도 하는 등 교육과정에서도 변화가 일어나고 있습니다. 이런 변화에서 꼭 주목해야 하는 개념이 바로 '브랜드와 브랜딩'입니다. 내 입장만을 소리 내는 것은 '주장'이지만 수용자의 관점에서 나를 설득하는 것은 '브랜딩'이기 때문입니다. 진화하는 병원의 실체를 이용자인 환자뿐 아니라 시민사회 전체를 대상으로 소통하는 것에 기초가 되는 것이 바로 브랜딩입니다.

아쉽게도 우리의 병원 브랜드의 수준은 '케세라세라(Qué será, será)'라는 생각을 하게 됩니다. 이는 영화감독 알프레드 히치콕(Alfred Hitchcock)의 〈The Man Who Knew Too Much(너무 많이 아는 남자)〉에 출연한 도리스 데이(Doris Day)가 영화에서 스페인어로 된 '케세라세라'라는 제목의 노래를 부르면서 유명해진 말이기도 합니다. 영어로 해석하면 "Whatever will be, will be(어떻게든 되겠지)!" 정도의 희망적인 위로를 담았다고 이해할 수 있습니다. 그동안 의료산업이 성장해 왔으니 우리 병원은 앞으로도 무고할 것이라는 막연한 희망과 자기 위로 속에서 하루하루를 경영하고 있는지도 모릅니다. 변화하지 않는 것은 병원의 본질이지만 병원을 둘러싼 많은 것은 바뀌어야 합니다. 특히 어제와 같은 오늘이 내일도 지속하리라는 관성적인 사고를 깨는 것이 필요합니다. 시스템 변화에 적응하지 못하고 저항한 나머지 도태되는 산업 경쟁의 흐름에서 병원도 결코 예외는 아닙니다. 변화라는 것은 우리도 모르는 사이에 성큼 다가와 있는 경우가 많습니다.

수많은 유사 병원 가운데서 환자나 잠재적 의료서비스 고객들에게 선택을 받기 위해서는 우리 병원만의 자랑할 만한 특별함이 필요합니다. 광고 마케팅에서는 이런 점을 USP(Unique Selling-Proposition: 판매 특장점 제시)라고도 합니다. 유일무이한 특별한 판매 제안이라고 해석됩니다. 아쉽게도 국내 병원을 보면 USP보다는 병원이 특화하고 있는 질병에 따른 진료서비스 제공의 차이 정도에 머무릅니다. 의료 브랜드의 핵심은 단연 '품질 좋은 의료서비스'입니다. 하지만 아무리 좋은 의술을 자랑한다고 하더라도 환자의 기분을 상하게 하는 병원이 좋게 평가받기란 불가능할 것입니다. 실제로 현대사회의 소비자는 제품과 서비스에 대한 객관적인 정보가 부족하고, 이성보다는 '호의적－비호의적 감정'에 영향을 많이 받는다고 합니다. 이런 영향을 심리학에서는 후광효과(Halo Effect)라고 부릅니다. 후광효과는 어떤 사물이나 사람에 대해 평가를 할 때 그 일부의 긍정적·부정적 특성에 주목해 전체적인 평가에 영향을 받아 대상에 대한 비객관적인 판단을 하는 심리적 특성을 의미합니다(Nisbett & Wilson, 1977). 결론적으로 실제 의료서비스 품질도 중요하겠지만 어떻게 긍정적 평가를 만들지를 고민해 보는 것도 큰 의미가 있다고 이야기할 수 있습니다.

　먼저, 의료 전문가를 대표하는 상징체라고 할 수 있는 '의사'는 후광효과에서 핵심적 역할을 담당합니다. 대형 종합병원이 아닌 경우일 때 소비자가 가장 유심히 찾는 정보는 다름 아닌 '의사의 프로필'입니다. 어느 의과대학을 졸업했는지, 어떤 대형 병원에서 어떤 역할로 근무했는지 등 의사와 관련한 정보는 의료서비스 평가에서 중요한 기준이 됩니다. 그래서 병원들을 가득 채운 의료진 자질을 강조한 각종 졸업장과 수료증이 즐비한 것입니다. 2018년 10월 1일, 스웨덴 왕립과학원 노벨상위원회는 생리의학상 수상자로 미국 앰디앤더슨 암 센터 교수인 제임스 앨리슨(James P. Allison)을 선정

[그림 1-2] 2018년 노벨 생리의학상을 수상한 앰디앤더슨 암 센터의 제임스 앨리슨 교수

했습니다. 병원에서 현직 의사가 노벨상을 받는 것은 드문 일이고 이미 암 분야의 최고 병원으로 알려진 병원이지만 이를 각종 광고와 홍보활동에 활용하면서 앰디앤더슨 암 센터는 큰 브랜딩 효과를 얻었습니다. 일반적으로 유명한 병원 덕에 그곳에서 근무하는 의사들이 후광을 받고는 합니다. 이 경우는 의사가 유명해지면서 병원이 후광을 받게 되는 반대 방향의 경로입니다. 물론 학술적 성과이지만 브랜딩 측면에서 볼 때는 노벨상이라는 대단한 명성을 통해 고객 유입에 큰 영향력을 행사했습니다.

다음으로, 병원의 역사와 의료 관련 포트폴리오가 중요합니다. 오래된 병원이 단연 좋다고 볼 수는 없겠지만 분명히 지역에서 명성을 쌓아 온 병원이 지역 소비자에게 선호를 받는 것이 사실입니다. 그리고 과거 환자들이 온라인 이곳저곳에서 남겨 둔 리뷰가 있겠습니다. 네이버나 구글과 같은 검색 포털에서 나쁜 리뷰를 발견한 환자가 그 병원을 방문하고 싶을 리가 없습니다. 리뷰의 힘은 갈수록 위력을 더하고 있습니다. 많은 사람이 본문보다 리뷰를 먼저 보고 본문을 볼 정도로 집단지성에 기초한 판단은 이제 일상이 되었습니다.

정리하면 의료진이 병원 브랜드의 핵심이며 다른 요소들은 의료진을 보조하는 역할을 지니게 됩니다. 실제로 북미권 국가들을 중심으로 가족 주치의(family doctor) 제도가 잘 정착되어 있어서 비교적 안정감 있는 병원 서비스가 제공되고 있습니다. 이런 이유로 의료진 개개인을 중심으로 한 병원 브랜딩은 필수적입니다. 한국도 '단골의사제도'를 수차례 시도했지만 제대로 정착되지는 못했습니다. 여기서 연관된 문제는 병원의 규모에 따라 의료서비스를 결정하는 소비 문화가 고착되어 있다는 점입니다. 한편으로 의료진이라는 병원 브랜드의 철옹성이 과거처럼 강력한 역할을 하지 못하고 있다는 점도 주목해야 합니다. 전통적으로 존경과 예우의 대상으로 여겨지던 의료인이 경쟁적 환경에서 이제는 전문 서비스 제공자로서 또 한편으로는 의료 기능인으로서 자리하고 있다고 볼 수 있습니다. 이런 변화는 사실 의료인뿐 아니라 교수, 변호사를 포함한 전문직 전체가 경험하고 있는 다소 서글픈 변화입니다. 실제로 COVID-19 이후 동영상 강좌가 대학에 전면화되면서 여러 교수가 유튜버로 데뷔한 것을 보면 기존의 직업에 대한 관념이 점차 파괴되고 재구성되고 있는 현실을 느낄 수 있습니다. 의료진의 학력과 경력만 강조하기에는 앞서 이야기한 물리적이고 심리적인 변수들이 개입되기 시작했습니다. 병원의 유·무형적 경영성과나 경쟁력을 높이기 위해서는 병원의 '브랜드 자산 요소의 구성체'라고 할수 있는 증거를 통한 고객 만족과 함께 고객들 자신의 브랜드 판단을 유도할 수 있는 전략에 대한 접근이 필요한 것입니다.

　세계적인 광고회사인 JWT(J. Walter Thompson)를 이끈 전설적광고인 스티븐 킹(Stephen King)은 그의 저서에서 "공장에서 제조되는 것은 제품(product)이라고 부르지만, 소비자가 구매하는 것은 브랜드(brand)다."라고 주장하면서 브랜딩의 중요성을 역설한바 있습니다. 다시 말해서, 세상에는 두 가지 종류의 제품이 있습니다. '브랜드가 된 제품'과 '브랜드가 되지 못한 제품'이 바로 그것입니다. 병원도 마찬가지입니다. 우리에게 오랫동안 사랑받고 있는 마데카솔은 지난 1970년 최초 발매되어 현재까지도 시장을 호령하고 있습니다. 제품군도 다양하게 확대해서 마데카솔 연고 출시 이후 마데카솔정, 복합마데카솔 등 멀티 브랜드 시리즈를 보유하고 있습니다. 마데카솔의 라이벌로 동화약품 후시딘은 1980년원 개발사인 덴마크 레오파마사와 라이선스 계약을 통해 발매를 시작했고 마데카솔과 함께 한국 시장에서 양자구도를 그리고 있습니다. 후발 주자답게 다양하고 공격적인 캠페인을 통해 '상처에는 후시딘'을 각인시키면서 소비자의 사랑을 받고 있습니다. 상처 치

[그림 1-3] 우리에게 빨간약으로 알려진 포비돈과 상처 연고인 후시딘, 마데카솔

료제가 무수히 등장했지만 '빨간약' 이후 한국의 DTC(Director-To-Consumer: 소비자 직접 구매) 상처 치료 약품 시장에는 두 브랜드 외에는 존재감이 거의 없다시피 합니다. 두 제품은 한 국가의 전체 시장을 호령하는 '파워 브랜드'가 된 것입니다.

의료소비자는 어떤 병원에 갈까요? 우리는 옷이나 귀금속, 혹은 자동차를 사는 것과 같은 방식으로 병원을 고르지 않습니다. 의료 서비스는 다른 서비스들에 비해 매우 특수한 성격을 지니기 때문입니다. 병원에 대한 일반인들의 인식은 경외와 두려움이라는 양가감정으로 드러난다고 합니다. 의료 영역은 정보의 전문성이 높고 구매 전 검토해야 할 자료도 방대합니다. 구매 선택에 대한 위험이 본인이나 가족의 안전·생명과 직결될 수 있을 뿐 아니라, 의료보험이 된다고 하더라도 지급해야 할 비용이 상당합니다.

이런 복잡하고 경쟁적인 환경에서 병원들은 의료인으로서 본연의 사명감을 지키며, 다른 한편으로는 경쟁과 변화 가운데 생존을 모색하고 있습니다. 실제 많은 병원이 환자의 눈높이에 맞춰 능동적으로 다가가면서 새로운 병원 경영 기법으로 시장 환경의 변화에 합리적으로 대처하려고 노력하고 있습니다. 아마 이 책을 읽고 있는 독자 여러분도 그런 분들이라고 생각됩니다. 의료를 포함한 전 산업이 디지털 혁신을 하는 요즘 과거의 사고방식과 틀에 갇힌 관습적 방식에 의존한 경영으로는 병원의 생존을 담보할 수 없습니다. 이런 맥락에서 병원들은 직원의 역량 개발이나 생산성 제고 그리고 고객을 만족하게 할 창의적인 방안을 찾기 위한 고심이 날로 커지고 있습니다. 특히 무명 병원을 브랜드 병원으로 성장시키겠다는 시도들도 점차 늘어 가고 있습니다. 하지만 아쉽게도 우리가 알고 있는 대형 종합병원을 제외하고는 또 특수한 영역에 전문화된 전문병원을 제외하고는 대다수 병원들이 브랜드화되어 있지 못합니다.

병원 브랜드와 브랜딩

소위 웰빙(well-being) 시대라고 불리는 요즘입니다. 소비자들은 치료뿐 아니라 예방 그리고 체력 강화 및 신체 밸런스 조절까지도 신경을 쓰는 등 의료서비스 소비의 목적과 의미가 다양해지고 있습니다. COVID-19 사태 이후 병원에 대한 기대와 요구는 다 변화되고 있습니다. 이런 변화 가운데서 병원들은 건물과 시설을 개선하고 직원들의 태도 역시 보다 고객지향적으로 바꾸려고 하고 있습니다. 이런 노력 가운데서도 여전히 일반 시민의 병원에 대한 인상은 전반적으로 관료적인 이미지인 것이 사실입니다. 물론 병원의 이미지를 단번에 바꿀 수는 없겠지만 이미지를 혁신하려는 노력을 포기하는 동시에 우리 사회에서 병원에 미래는 상당이 어두워질 것입니다. 결국, 내가 바라보는 것이 아닌 고객의 관점(customer's perspective)에서 바라보고 변화를 시도할 때 우리 병원을 '100년 브랜드'로 만들어 갈 수 있을 것입니다.

정신분석학의 거두인 칼 융(Carl Jung)은 "하나의 상징(symbol)은 우리 일상생활에서 친근하게 접할 수 있는 하나의 용어, 이름이나 그림일 수 있지만, 표면적인 의미 아래는 집단의 무의식을 담은 특별한 함의를 가진다."고 주장했습니다. 집단이나 개인의 상징체로 활발하게 활용되던 표식들은 자본주의를 만나 브랜드로 활발하게 사용되기 시작했습니다. 우리가 생활에서 흔히 쓰는 브랜드(brand)라는 용어는 표시와 상징에 대한 통괄 명칭을 의미합니다. 한마디로 상업 자본주의 사회에서 우리가 마케팅하는 유형 또는 무형의 대상물 전체가 바로 브랜드라고 이야기할 수 있습니다. 브랜드의 어원은 "불에 달구어 지진다."라는 의미를 지닌 노르웨이 고어 'brandr(불타는 나무)'에서 유래되었다고 합니다. 과거 앵글로색슨(Anglo-Saxon)족은 불에 달군 인두로 본인 소유의 가축에 낙인을 찍어 그들의 소유물을 확인했다고 합니다.

18세기 후반 영국에서 시작된 산업혁명의 확산과 함께 본격적으로 근대적 개념의 자본주의 사회가 성립되고 공장에서 대량으로 제품이 생산되는 상품의 시대가 열리면서 현대적인 브랜드의 역사가 시작

[그림 1-4] 브랜드의 기원

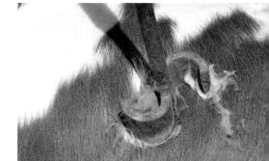

되었습니다. 이때부터 브랜드는 '소유 표식'이라는 개념에서 벗어
나 '재화의 신용을 나타내는 현대적인 개념'으로 발전하게 됩니다.
1970년대 이후 TV와 라디오를 주축으로 한 대중매체 활용 광고를
활용한 '시장 포지셔닝(market positioning)' 경쟁이 한층 가열되면서
소위 브랜드와 광고 전쟁이 촉발되었고 '수요자 관점의 브랜드 개
념'이 본격적으로 등장했습니다. 브랜드가 재화의 판매라는 자본
주의 시장 경쟁의 첨병으로 활발하게 사용되기 시작한 것입니다.
역사적으로 브랜드 전쟁에서 가장 두드러진 제품은 다름 아닌 의
약품입니다. 국내 최장수 제약기업인 동화약품에서 제조하는 국내
최초 소화제이자 100년 브랜드로 유명한 '활명수'의 최초 광고는
1909년 7월 22일 『대한매일신보』에 실리면서 당시 폭발적인 인기

[그림 1-5] 1929년 7월 『매일신문』에 게재된 활명수 광고 그리고 부채표 로고 방어를 위한 광고

를 끌었습니다. 지금까지도 국민 소화제로 유명한 활명수의 '부채표' 로고의 가치는 대단합니다. 활명수라는 이름과 비슷한 유사 상품까지 다수 등장하면서 "부채표가 없는 것은 활명수가 아닙니다." 라고 미투 브랜드(me too brand/copycat brand)에 대항하는 광고를 다수 집행할 정도로 브랜드 가치를 지키기 위한 노력을 기울였습니다.

　미국 마케팅협회(American Marketing Association: AMA)는 브랜드를 "판매업자가 자신의 제품이나 서비스를 식별시키고 경쟁업자의 제품이나 서비스와 차별화할 목적으로 사용하는 이름, 용어, 기호, 상징, 디자인 혹은 이들 모두의 결합체(A brand is a name, term, design, symbol or any other feature that identifies one seller's good or service as distinct from those of other sellers)"라고 정의했습니다. 소비자가 단순히 코카콜라의 특별한 병 모양만 보아도 청량감을 느끼는 동시에 제품 품질의 우수성을 인식할 수 있을 정도로 브랜드라는 상징의 힘은 막강합니다. 이 정의를 살펴보면 브랜드란 제품이나 서비스에 독창적인 정체성(identity)을 부여하고 경쟁 브랜드와 차별화를 만드는 것이 핵심임을 알 수 있습니다(Keller, 2003). 이렇게 브랜드를 만들어 가는 과정(process)을 표현하기 위해 영어 문법에서 현재 진행형을 의미하는 '-ing'를 더해 브랜딩(branding)이라고 부릅니다. 한마디로 브랜딩은 정적이 아니라 동적인 개념입니다. 브랜딩은 '브랜드를 만드는 것을 의미하며, 중지하지 않고 계속되는 과정'이라고 이해할 수 있습니다.

1977

2005

2012

2013

[그림 1-6] 영국 런던에 소재한 프린세스 그레이스 병원의 로고를 활용한 브랜딩 변천사

출처: https://atticuscreative.co.uk

병원 브랜딩과 브랜드 가치

"내가 그의 이름을 불러 주기 전에는 그는 다만 하나의 몸짓에 지나지 않았다.

내가 그의 이름을 불러 주었을 때, 그는 나에게로 와서 꽃이 되었다."

김춘수(金春洙) 시인이 1950년대에 발표한 「꽃」이라는 시입니다. 아마 독자분들도 중고등학교 시절에 암송했던 경험이 있을 듯합니다. 우리가 브랜드를 만들어 간다는 것은 가치(value)를 창조한다는 의미입니다. 여기에서 가치란 무엇일까요? 앞서 김춘수 시인의 「꽃」을 예로 들어 볼까요? 시인이 특정인의 이름을 부르기 전에는 무의미한 무엇이었지만 이름을 부른 순간에 가치를 지닌 꽃이 된 것처럼, 이름을 부르는 것은 바로 가치를 창조하는 것입니다.

가치라는 것은 물리적인 형상에 기반을 두고 제공하는 서비스의 구체성에 기초하고 있지만, 사실은 우리 수용자의 마음속에 있는 총체적(totality)이고 통합적(integrated)인 해석입니다. 이 해석은 물론 전달자의 철학과 서비스의 본질에 근거합니다. 20세기 후반 프랑스의 철학자인 질 들뢰즈(Gilles Deleuze)는 인간을 '욕망하는 기계(machine desirante)'라는 개념으로 설명합니다. 흥미로운 점은 욕망을 '결여(lack)'가 아닌 '생산(production)'으로 간주한다는 점입니다. 인간의 욕망은 고정적이고 구조적인 것이 아니라 운동, 변

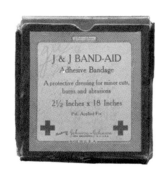

[그림 1-7] 1921년 처음 등장한 최초의 반창고 브랜드인 밴드에이드

출처: https://www.jnj.com

화, 흐름을 창조하는 역동적인 것입니다. 현대사회에서 브랜드를 만드는 커뮤니케이션은 이 생동하는 욕망을 확대하고 움직이고 심지어 없는 욕망까지 창조하는 역할을 합니다. 불필요한 욕망을 창조한다는 점에서 광고가 비판받고 있는 것이 바로 이 지점입니다. 병원도 비단 성형외과나 피부과뿐 아니라 모든 진료과가 건강에 대한 욕망을 창조하고 또 움직인다는 점에서는 크게 다르지 않습니다. 더욱 편리하고 더 안락하고 또 안전한 치유 과정에 대한 욕망은 무한합니다.

　『논어(論語)』「안연편(顏淵篇)」에는 "군군, 신신, 부부, 자자[君君臣臣父父子子]."라는 말이 등장합니다. 아마도 쉬운 한자 덕분에 이미 외우고 계시는 분도 있으리라 믿습니다. "임금은 임금다워야 하며 신하는 신하다워야 하고, 아비는 아비다워야 하며 자식은 자식다워야 한다."는 평범한 진리입니다. 당연히 병원도 '병원다워야' 합니다. 여기서 '병원다움'이라는 것은 주체인 병원의 처지에서라

기보다는 관찰자(또는 서비스 이용자)의 관점에서 정의됩니다. 물론 관찰자가 어떤 소비자 집단인가 또 주요 소비자인지 여부에 따라 그 평가는 다를 것입니다.

앞서 이야기한 욕망과 평가라는 점은 마케팅이라는 측면에서는 어려움이자 기회입니다. 구체적으로 사용자에 의해서 평가가 결정되는 서비스 산업의 숙명에서 병원도 예외는 아닙니다. 예컨대, 어떤 병원이 병상 숫자가 현저히 적은 소형 병원이고 전국적인 명성도 부족하다고 하더라도 병원이 고객에게 제공하는 가치가 높아 특정 환자 집단이 병원에 상당이 호의적이라면 그 병원은 높은 가치를 지닌 병원이라고 볼 수 있습니다. 그렇습니다. 서비스업의 가치는 결국 수용자의 심리적 해석(psychological interpretation)에 근거하는 것입니다. 해석을 바꿀 수 있다면 작은 병원도 시장에서 이길 수 있을 가능성은 충분히 있습니다.

여러분이 과연 존경하는 병원, 사랑하는 병원이 있나요? 아마도 대답하기 쉽지 않을 듯합니다. 물론 의사나 간호사와 같은 의료인이 존경과 사랑을 받는 경우는 많습니다. 하지만 병원이 그런 대우를 받은 예를 찾기가 쉽지 않습니다. 말 그대로 큰 병원이라 가는 셈입니다. 또는 집과 가까워서 가는 것이죠. 그렇습니다. 국내 병원들은 규모와 명성은 있겠지만 사랑과 존경을 받지는 못하고 있습니다. 특히, 작은 지역 병원이 소속 커뮤니티의 사랑을 받는 사례를 찾기란 쉽지 않은 현실입니다. 환자의 주거 지역에 소재하고 있는 강소 병원이 지역에서 외면받는 사실이 참 안타깝습니다.

국내 최초 의학전문기자이자 유튜버로 인기가 높은 홍혜걸 박사가 운영하는 의학채널 〈비온뒤〉에서 2017년 4월 2일부터 5일까지 소비자 1,263명을 상대로 진행한 설문 조사 결과를 보면 매우 흥미롭습니다. 조사에서는 국내 상위 5위권이라고 불리는 소위 빅5 병원으로 불리는 서울대병원, 서울삼성병원, 서울성모병원, 서울아산병원, 세브란스병원을 방문하고자 하는 이유를 물었습니다. 대형 종합병원을 찾는 사람들은 보통 의료진 실력을 이유로 꼽았습니다. '의료진 실력'을 택한 비율이 3/4가 넘는 것으로 보아 대형 병원에 대한 선호 이유는 바로 의료의 전문성이라 할 수 있습니다. 또한 같은 조사에서 암 수술에 대한 병원 선택 의향을 물었을 때 87%에 육박하는 사람들이 빅5를 선택했습니다. 대한민국에서 대형 병원에 대한 의료 신뢰는 대단한 수준입니다.

반면, '친절한 서비스'는 단 2.4%에 불과하다는 점도 주목할 만합니다. 대기 시간도 길고 비용도 더 비싼 종합병원을 방문할 때 훌륭

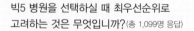

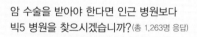

[그림 1-8] 의학채널 '비온뒤'가 진행한 2017년도 병원에 대한 소비자 인식 조사

출처: http://aftertherain.kr

한 서비스를 기대하지 않는다는 점은 좀 이상할 수 있습니다. 한편으로 동네의 작은 병원들은 의료기기나 기술의 차별성을 강조하기가 쉽지 않기 때문에 고객을 끌어들이기 위한 전략을 세워야 한다는 마케팅 시사점을 읽을 수 있습니다. 요약하면 작은 병원일수록 강력한 브랜드가 되어야 합니다. 그래야 한국이라는 좁지만 경쟁적인 시장에서 성장하고 지속할 수 있다고 해도 과언이 아닙니다.

　브랜드가 된 제품은 소비자가 '지각하는 가치(perceived value)'가 높으면 높을수록 프리미엄 가격을 청구할 수 있으며 '브랜드가 아닌 상품(no-brand product)'과의 가격 차이는 크게 벌어집니다. 같은 티셔츠를 사더라도 목 뒤에 붙은 작은 로고 하나가 100배 가까운 가격 차이를 만든다는 점을 보면 브랜드의 힘을 실감할 만합니다. 고(故) 스티브 잡스(Steve Jobs) 전 애플 최고경영자(CEO)의 상징으로 유명한 검은 터틀넥은 누구도 감별하지 못할 정도로 거리의 셔츠와 다르지 않습니다. 하지만 면티 한 벌에 30만 원에 육박하는 고가로 팔리던 이세이 미야케(Issey Miyake) 브랜드의 터틀넥이었다고 합니다. 살아생전 잡스는 "터틀넥의 색과 촉감, 소매를 걷어 올렸을 때의 감각이 마음에 든다."고 호평했다고 합니다. 2017년 이세이 미야케는 잡스가 입던 동일한 터틀넥을 재출시하기도 했습니다. 이처럼 소비자 지각이 주는 경제적 · 체험적 차이는 엄청납니다. 이세이 마야케를 입으면 마치 스티브 잡스의 창의력이 솟아날 것만 같은 기대를 하게 된다고 할까요? 물론 기분뿐일지도 모르겠습니다. 하지만 제품이나 브랜드가 주는 후광효과는 실제 성과를 바꿀 정도로 엄청납니다. 한 심리학 연구에서는 맥

[그림 1-9] 2010년 이세이 미야케 브랜드의 터틀넥을 입고 발표하는 스티브 잡스
출처: https://www.youtube.com/watch?v=zHZf9wr2Ak8

(MAC)을 사용한 실험 참가자가 PC를 사용한 참가자보다 더욱 창의
력 있는 과제에서 우수한 성과를 냈다는 것을 보여 주면서 사용하
는 브랜드가 주는 행동 조성효과를 강조했습니다. 또 맥 사용자와
PC 사용자의 성격이 다름을 보여 주는 연구에서는 브랜드의 성격
과 사용자의 성격이 만드는 조합이 중요함을 보여 주기도 했습니
다(Nevid & Pastva, 2014). 어떤 성격의 사람이 특정 브랜드를 선호
하기도 하고 특정 브랜드를 쓰다 보니 어떤 성격에 가까워진다고
나 할까요? 안전 운전과 저속 주행을 선호하는 운전자라고 하더라
도 자주 머슬카를 운전하다 보면 자연스럽게 고속 주행을 즐기게
되는 것과 유사합니다. 이처럼 브랜드의 영향력은 지각을 넘어 행
동과 성격까지도 좌우합니다.

병원에도 브랜드의 원칙은 그대로 적용됩니다. 규모가 작은 병원이라도 찾게 되는 병원, 난치성 질환을 앓고 있는 주변의 지인을 소개하고 싶은 병원, 먼 거리를 이동해서라도 치료받고 싶은 병원, 치료비가 상대적으로 높지만 가치가 있다고 신뢰하는 병원, 중증 질환 환자들에게 희망이 되는 병원은 이미 강력한 브랜드가 된 병원이라고 이야기할 수 있습니다. 물론 특정 의사를 만나기 위해 그렇게 하는 환자들은 많겠지만 앞서 말한 것처럼 국내 병원들은 여전히 상당수가 브랜드화되어 있지 못한 상황입니다.

규모와 시설을 갖춘 병원들, 또는 우리 집과 가까워서 가는 동네의 병의원들은 여전히 초기 브랜딩 단계에 머무르고 있다고 볼 수 있습니다. 이런 현실은 참 아쉬운 부분이겠지만, 한편으로는 우리 병원이 파워 브랜드 병원으로 성장할 잠재 가치와 경쟁적 이점이 상당하다고 긍정적으로 해석할 수 있습니다. 우리 병원을 어떻게 강력한 브랜드로 만들지를 고민하는 것은 단기적인 광고 홍보나 판촉의 차원의 경쟁과 생존의 차원에서 벗어나 땅이나 부동산처럼 비교적 안정된 자산을 만들고 키우는 시작이라고 말할 수 있습니다.

실제로, 브랜드 가치(brand value)를 일종의 금전적 가치(financial value)로 변환해 표현하려는 시도는 오랫동안 있었습니다. 이를 '브랜드 자산(brand asset)'이라고 칭하는데, 브랜드 자산의 규모는 주식시장에서 기업의 시가총액을 결정하고 인수합병(M&A)에서 거래될 정도로 실제적인 금전적 가치로 환원되기도 하며 신규 소비자를 유인하고 또 가치를 소통하는 데도 결정적인 역할을 합니다. 삼성이나 LG그룹에서 보듯 지주회사가 자회사들로부터 브랜드 사용료를 받기도 합니다. 존슨앤존슨(Johnson & Johnson)은 삼성제약의 살충제인 에프킬라 인수 시 브랜드 값으로만 297억 원을 지급했고, 질레트(The Gillette Company)는 로케트전지 브랜드 사용권으로만 660억 원을 지급하기도 했습니다. 국내에서도 브랜드의 중요성을 일지감치 인식해 한국능률협회가 브랜드자산 가치를 평가하는 K-BPI(Korea Brand Power Index)를 개발하고 그 평가 결과를 매년 발표하고 있기도 합니다.

브랜드 마케팅의 대가인 데이비드 아커(Aaker, 1991)는 브랜드 자산을 제품이 지닌 물리적 속성(physical attribute)을 초월한 것으로 브랜드와 브랜드의 이름과 상징에 관련된 자산(assets)과 채무의 총체로서 제품이나 서비스가 기업의 고객에 대해 제공하는 가치를 변화시킨다고 주장했습니다. 그에 따르면, 브랜드 자산을 구성하는 요소는 브랜드 인지, 브랜드의 지각된 품질, 브랜드 연상 그리고 브랜드 충성도라고 합니다. 병원 선택의 기준에서 브랜드가 가지는 중요성이 더욱더 커지면서 병원들도 브랜드 관리를 위해 노력하고 있습니다.

미국에서는 연간 3,300만 명 이상의 환자가 병원에 입원할 정도로 병원은 초대형 메가 산업입니다. 병원 외에도 관련된 의약품, 하스피텔리티(hospitality), 이동에 필요한 교통서비스 등 연관 산업까지 고려하면 그 규모는 천문학적일 것입니다. 각 산업의 순위를 주로 발표해서 유명한 US 뉴스 & 월드 리포트(U.S. News & World Report)는 미국 내 총 4,500개 이상의 병원을 대상으로 여러 의료 전문 분야에 걸쳐서 3만 명 이상의 의사들에 대한 설문과 함께 환자의 생존율 및 안전성, 전문 인력, 병원의 명성 등까지 종합적으로

고려해 매년 병원의 순위를 발표합니다.

흥미롭게도 매년 최고의 병원은 늘 비슷한 순위를 보여 주는데 2020년 기록을 보면 1위는 메이요 클리닉(Mayo Clinic-Minnesota Rochester), 2위는 클리블랜드 클리닉(Cleveland Clinic), 그리고 3위는 존스홉킨스 병원(Johns Hopkins Hospital)이였습니다. 발표된 병원 순위가 곧 병원의 의료 기술의 수준과 같다고 보기는 힘들다고 생각합니다. 병원의 제공하는 서비스의 소비자 지향성과 보이지 않는 브랜드의 품질이 주는 후광효과는 대단하다고 볼 수 있습니다. 이런 면에서 브랜딩은 장기적으로 금전적 이익까지 보장해 주는 가치투자라고 해도 과언이 아닙니다. 물론 국내에도 유사한 병원 브랜드에 대한 평가가 여럿 있지만, 앞서 이야기한 것처럼 국내의 병원은 여전히 수도권이라는 입지 그리고 규모가 브랜드 파워

[그림 1-10] US News가 매년 발표하는 미국 최고의 병원 순위
출처: https://health.usnews.com

를 결정한다는 점에서 갈 길이 멀다고 느껴집니다.

브랜드 자산은 시장에서 경쟁적인 효용을 창조함으로써 비즈니스 성공에서 핵심적 개념으로 자리매김하고 있어 그 중요성이 커지고 있습니다(Lassar, Mittal, & Sharma, 1995). 브랜드를 만드는 데는 상당한 시간과 노력이 소요됩니다. 그리고 브랜드를 논하기 이전에는 실제 우리가 제공하는 제품과 서비스가 우수한 품질을 보장해야 합니다. 브랜드를 만드는 데는 앞서 이야기한 것처럼 상당한 노력이 소요되지만 일단 만들어진 브랜드는 그 가치가 쉽게 수그러들지 않고 경영의 안전성과 지속적 성장력을 높입니다.

추가로, 브랜드는 직원의 충성도를 높이기 위한 '내부 커뮤니케이션(internal communication)'에서도 큰 역할을 담당하기도 합니다. 예컨대, 우리 병원의 브랜드 자산 가치가 매우 크고 덩달아 사회적

명성도 높다면 병원에서 근무하고 있는 의료진 또는 직원들의 직장 만족도 또한 자연스럽게 올라갈 수 있습니다. 이런 브랜드 가치는 단순히 높은 급여를 통해 얻어지는 만족 이상으로 장기적 직장 충성도를 만들어 낼 수 있다는 점에서 의미가 큽니다. 현재까지 국내 병원들은 최종 소비자인 환자에게 무게중심을 두고 커뮤니케이션을 해 온 경향이 있습니다. 하지만 병원에서 발생한 많은 사건 사고들 그리고 병원 직원들의 높은 퇴사 및 이직률 등을 고려할 때 병원 브랜딩은 단순히 병원의 수익 극대화를 위한 장치 그 이상입니다. 때로는 우리 병원이 여러 실수를 하는 일도 있습니다. 예컨대, 의료과실 문제들도 불가피하게 발생하고는 합니다. 여기서 의료과실이란 부정확하고 불충분한 진료와 처치로 환자에게 위해 또는 사망이 발생한 것을 의미합니다. 예를 들어, 오진, 진단 지연, 환자를 혼동하거나 잘못된 방법으로 처방되지 않은 의약품 주사, 기존 복용약과 효과가 상충된 약 주사, 수술 후 수술 도구나 거즈 등을 제대로 제거하지 못한 경우 등이 대표적입니다. 병원안전평가 회사인 '리프프로그(Leapfrog)'는 2013년 보고서(Leapfrog Hospital Safety Grade)를 통해 미국에서 44만 명이 예방 가능한 병원 실수로 사망한다고 주장했습니다. 사람이 하는 일에 실수와 사고란 피할 수 없는 일이며 의료도 예외가 아닙니다. 여러분의 병원에서도 충분히 일어날 수 있는 일입니다. 이런 경우에라도 우리 병원이 브랜드 자산을 충분히 쌓아 놓은 병원이라면 부정적인 사건조차 비교적 수월하게 이겨 낼 수 있습니다. 이처럼 튼튼한 브랜드 자산은 병원의 안정적인 경영을 가능하게 하는 중요한 초석이 되는 것입니다.

브랜드 가치를 만드는 브랜딩 그리고 커뮤니케이션

브랜딩 과정은 커뮤니케이션(communication)을 통해 진행됩니다. 커뮤니케이션은 한국어로 소통(疏通)이라고 번역할 수 있습니다. 소통은 '이야기하는 사람(話者)'과 '이야기를 들어 주는 사람(聽者)'이라는 두 그룹으로 구성됩니다. 병원이라는 맥락에서 소통을 시도하는 화자는 바로 병원이 될 것이고, 수신자는 바로 환자 또는 미래의 환자들 그리고 그들의 가족과 친구라고 볼 수 있습니다. 모든 사람이 인생의 어느 시점에서는 환자가 된다는 점에서 수신자는 매우 넓고 다양하다고 볼 수 있습니다. 또 가족 친지 중에 환자가 없는 사람이 없다는 면에서 관계자의 폭도 매우 넓습니다. 우리 병원이 매우 우수한 병원이라고 아무리 크게 떠들고 요란하게 광고를 한다고 해도 수신자가 그 이야기를 잘 들어 주고 우리가 이야기한 본래 의도대로 잘 이해하지 않는다면 효과적인 소통이라고 볼 수가 없는 것입니다.

브랜딩에서 표현의 수단은 광고물이나 언론기사뿐 아니라 의료진을 포함한 모든 서비스 만남(service encounters)을 포함합니다. 미국 메이요 클리닉은 의사 채용 단계에서부터 고객 중심으로 접근하며 조직의 가치에 대해 충분히 인정하고 함께 이 가치를 전파할 수 있는 사람을 선별해 채용합니다(Berry & Bendapudi, 2003). 환자를 중심으로 하는 가치를 의사 및 직원들과 공유하고 이를 기반으로 병원을 경영함으로써 환자들에게 환자 중심의 진료에 대한 좋은 평가를 받게 된 것입니다.

노자 『도덕경』 56장에는 "지자불언(知者不言: 아는 사람은 말하지 않고), 언자부지(言者不知: 말하는 사람은 알지 못한다)."라는 말이 나옵니다. 여기서 말하지 않는다는 것은 말 그대로 침묵하라는 것이 아니고 '불필요한 이야기를 하지 않는다.'라는 의미로 해석하는 것이 타당합니다. 브랜드를 만드는 과정은 '품질 좋은 콘텐츠(quality content)'를 만들고 이 콘텐츠가 수신자에게 제대로 전달될 수 있도록 그 내용을 최적화해서 제대로 전달하는 것을 의미합니다. 여기서 콘텐츠라고 하는 것은 단순히 광고/PR 메시지뿐 아니라 우리가 이야기하려는 병원 그 자체의 품질까지 포함하는 광의적인 것입니다. 많은 병원이 고객 중심을 외치고 있습니다. 또 실제 과거보다 병원들의 고객 서비스는 놀라울 정도로 좋아지고 있습니다. 문제는 병원의 사명이나 설립 목적, 브랜드 슬로건에 고객 중심의 의료서비스를 제공한다고 적혀 있기는 하지만 소비자 입장에서는 매우 추상적이고 사변적으로 느껴진다는 점입니다. 노자의 말씀대로 '언자부지(言者不知)'의 상황입니다. 이런 손에 잡히지 않는 고객 중심 철학은 한편으로 커뮤니케이션 콘셉트(communication concept)가 체계화되어 있지 못한 이유라고 볼 수 있습니다. 병원이 제공하는 의료 철학과 서비스를 고객의 관점에서 구체적으로 검토하여 그들이 이해할 수 있도록 소통해야 합니다. 또한 이를 바탕으로 직원들의 사고와 행동이 자연스럽게 고객 지향적으로 변화할 수 있는 브랜드 중심 커뮤니케이션 로드맵을 제시해야 합니다.

소통에 성공하기 위해서는 우리는 메시지의 수신자가 누구인지 그들이 무엇을 원하는지 또 그들이 추구하는 가치와 이상은 무엇인지를 제대로 알아야 합니다. 그들의 성별과 나이 그리고 주거지와 같이 딱딱한 데이터뿐 아니라 그들의 속내까지도 어느 정도는 파악하고 있어야 제대로 소통할 수 있는 것입니다. 따라서 브랜딩 과정에서 그 기초가 바로 수신자 연구(audience research)라고 이야기할 수 있습니다.

조니워커(Johnnie Walker)는 1820년에 출발한 오랜 역사를 가진 정통 스카치 위스키이며, 최초의 글로벌 주류 브랜드 중 하나로 소비자의 브랜드 인지도가 상당히 높습니다. 전 세계적으로 1초에 5병씩 팔리는 글로벌 1위 스카치 브랜드입니다. '스트라이딩맨(Striding Man, 걷는 신사)'이라는 전설적인 브랜드 아이콘으로 유명합니다. 위스키를 만든 존 워커의 손자 알렉산더 워커가 점심을 먹던 중 삽화가인 톰 브라운이 냅킨에 그려 준 그림이 시초라고 알려져 있습니다.

안타깝게도 2000년대 소비자들은 조니워커를 인지하고는 있지만 '나의 브랜드'라고 생각하지는 않게 되었습니다. '아버지의 위스키'라고 생각한 것입니다. 이런 점을 타개하기 위해 조니워커는 지속적인 브랜드 커뮤니케이션 캠페인을 통해 브랜드 리뉴얼에 성공했습니다. 조니워커가 주요 소비자인 남자의 마음속에 내재한 성장욕구(personal progress desire)와 연결했습니다. 나의 꿈, 야망, 성공, 성취로 가는 여정에서 함께 하는 위스키 브랜드. 나의 꿈과 야망을 이루는 과정에서의 실패를 두려워하지 않고 장애물을 뛰어넘고, 결국 포기하지 않는 끝없는 성취를 과거와는 다른 현대적인 모

[그림 1-11] 조니워커 리뉴얼을 위한 다양한 커뮤니케이션

출처: https://www.youtube.com/watch?v=bUdNcVR7B3o

습으로 담아냈습니다. 최근에는 HBO의 인기 드라마인 〈왕좌의 게임(Game of Thrones)〉과 협업을 통해 젊은 소비자들에게도 매력 있게 다가가려고 노력하고 있습니다. 혁신적인 협업에 힘입어 왕좌의 게임 한정판 위스키는 2018년 12월부터 2019년 1월까지 2개월 만에 1만 6,000병 이상 팔렸고, 조니워커 전체 브랜드 판매량도 전년 동기 대비 7% 이상 성장했다고 합니다. 한정판은 위스키의 온도가 영상 1.5도로 떨어지면 병에 '윈터 이즈 히어(Winter is here)'라는 문구가 나타난다고 합니다. 커뮤니케이션 아이디어를 패키지 디자인에도 적용했다는 점이 놀랍습니다. 이처럼 오래된 브랜드도 지속적이고 전략적인 소통을 통해 바꾸어 나갈 수 있습니다.

공공재로 간주되는 병원도 생각의 전환에 따라 혁신의 기회를 찾을 수 있습니다. 과거에 병원 브랜딩은 발신자 중심, 다시 말해서 병원 중심이었습니다. 우리가 공급하는 서비스의 내용이 수용자의 병원 선택보다 더 우선했던 것입니다. 우리가 어떻게 이야기를 하든지에 관계 없이 환자들은 우리 병원을 찾아 줄 수밖에 없는 공급자 중심의 시장이었던 것입니다.

이제 독자 여러분이 잘 이해하는 것처럼 공급자 중심의 기존 의료시장은 크게 흔들리고 있습니다. 의료의 민영화 또는 세계화는 국가가 막고 있더라도 한 발짝 또 한 발짝 우리를 향해 다가가고 있는 것이 확실합니다. 넘치는 물을 손바닥으로 막고 있는 이 현실 이후에 펼쳐질 경쟁적 환경은 심화할 것이라고 예상할 수 있습니다. 실제로 작은 병원들이 군집해 한 단지에 밀집하는 소위 메디컬 클러스터링(medical clustering) 현상까지 일어나고 있고 해외 병원과

의 연계나 해외 환자 유치를 위한 국내 병원의 글로벌 협력 그리
고 각종 모바일 서비스와 첨단 예약 진료 서비스를 통해 비대면 변
화에 대처하고 있는 선두 병원들의 도전들은 모두 관련 흐름을 보
여 주는 사례입니다. 요약하면, 수용자 중심적, 즉 소비자 중심적
인 병원이라는 패러다임이 열린 것입니다. 이런 환경에서는 제대
로 된 브랜딩이 그 어느 때보다도 중요합니다. 이런 변화 속에서 생
존하기 위해서는 브랜드 가치를 높이는 것이 결정적입니다. 브랜
드의 가치를 높이려면 충분한 마케팅 예산 투자가 필요하지만 예
산보다 스마트한 기획이 선행한다고 강조하고 싶습니다. 여러분이
중소 병원에서 브랜딩을 담당하는 담당자라면 이런 부분을 명심하
고 제한된 예산 속에서 우리 병원을 어떻게 강력한 브랜드로 만들
수 있을지를 좀 더 치열하게 고민할 필요가 있습니다.

사례로 보는 병원 브랜드 커뮤니케이션 전략

의료는 신중하게 선택하는 서비스입니다. 감정적인 측면 이상으
로 이성적인 측면이 강력한 역할을 합니다. 특정 서비스를 포함한
대상에 대해 관련 정보를 인지적으로 처리하고 태도를 형성한 후
구매 의도를 갖는 일련의 과정을 설명하기 위해 소비자 심리학에
서는 피시바인(Fishbein)이라는 학자가 1963년에 개발한 이래 수정
을 거듭해 온 다속성 태도 모델(Multi-attribute Attitude Model)을 주
로 활용합니다. 이 이론을 병원이라는 맥락에 적용한다면, 병원과

〈표 1-1〉 다속성 태도 모델을 활용한 미국 대형마트에 대한 평가 예제

속성	중요도	속성 포함에 대한 믿음의 정도					
		월마트	타겟	K-마트	시어스	코스트코	샘스클럽
가격	4	8	4	3	1	7	4
품질	1	6	7	3	6	3	5
편리성	5	8	6	6	4	0	3
구색	2	6	7	4	8	5	6
만족 보장	3	7	7	5	8	4	4
급여/혜택	7	5	6	3	7	5	3
기회	10	8	6	4	8	3	4
직무 안전	9	7	8	4	6	5	3
환경 친화	6	3	5	4	6	3	4
입지 환경	8	8	9	5	4	2	3
종합 점수		371	364	229	321	197	196

출처: https://marketography.com/tag/kmart

관련한 많은 속성 가운데 중요한 속성을 중심으로 긍정적인 태도를 조성하는 것이 중요하다고 이해할 수 있습니다. 〈표 1-1〉의 예제에서 보는 것처럼 시장에서 경쟁하고 있는 다수의 마트를 소비자의 눈으로 평가하면 가격이나 질, 편리성 등 다양한 속성을 도출할 수 있고 그 속성의 중요성(weight)과 함께 각 마트가 그 속성을 얼마나 가졌는지를 평가해 최종 점수로 종합한다는 산술적인 개념입니다. 소비자의 합리적 의사결정을 가정한 모델이라 비판도 많이 받고 있지만 그런데도 다양한 경영 의사결정에 쉽고 유용하게 활용할 수 있는 모델이라 소개합니다.

윌키(Wilkie, 1994)는 다속성 태도 모델을 광고 콘텐츠 제작에 활용하기 위해, ① 개별 속성에 대한 소비자의 신념 변화, ② 새로운 속성 추가, ③ 기존 속성의 중요도 증가, ④ 약한 속성의 중요성 감소, ⑤ 경쟁자의 속성에 대한 신념 변화를 제시한 바 있습니다. 병원과 관련한 여러 가지 속성 가운데 특정 속성의 변화나 추가를 통해 브랜드를 만들어 간다고 이해할 수 있습니다. 예컨대, 주차장

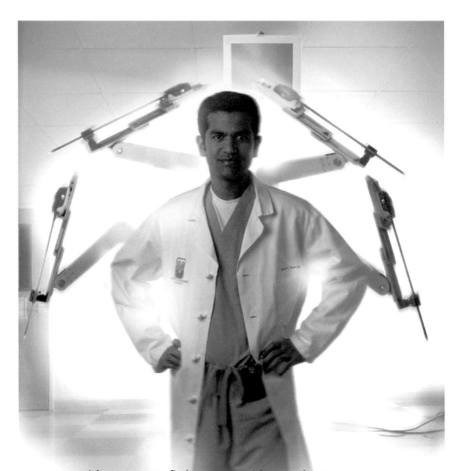

It's very rare to find a surgeon with more than two arms.

Surgeons at **Florida Hospital** now have the ultimate assistant: a four-armed surgical robot called the daVinci™ Surgical System. The surgeon controls the arms to allow complex surgical procedures through tiny openings. This means patients can heal quicker and with less pain. That's why our surgeons have wrapped their arms around this new technology. **For a physician referral, call 407-303-1700.**

 **FLORIDA HOSPITAL**
The skill to heal. The spirit to care.

Orlando | www.floridahospital.com

[그림 1-12] 플로리다 병원의 광고물(Brown Parker & DeMarinis Advertising)

출처: https://www.adforum.com/creative-work/ad/player/6697434/davinci/florida-hospital

에서 발렛파킹을 해 주는 서비스 등이 특장점으로 내세울 병원이라면 그 부분을 강조하거나, 산부인과가 강점이 있는 종합병원이면 그 부분을 장점으로 강조할 수 있습니다. 다른 장점에 비하여 상대적으로 저평가된 의사와 환자와의 커뮤니케이션이 강한 병원이라는 저평가된 속성을 새롭게 등장시킬 수도 있겠습니다. 예를 들면, [그림 1-12]는 최신식 로봇 수술기를 도입한 병원에서 그 새로운 속성을 강조하고 있는 광고입니다. 광고의 카피는 "두 개 이상의 팔을 다룰 수 있는 의사를 찾기는 어렵습니다."라고 이야기하면서 최첨단 장비를 다루는 의료진이 있음을 강조하고 있습니다. 크리에이티브 측면에서는 매우 인상적이지만 한편으로는 조금 무서운 인상을 주는 광고입니다. 그래도 다속성 태도 모델을 이해하기에는 좋은 사례라고 생각합니다.

　때로는 많은 병원이 잘못된 커뮤니케이션 때문에 고초를 겪기도 합니다. [그림 1-13]의 미국 필라델피아에 소재한 한 대학병원 광고는 병원이 전미 종합평가에서 높은 점수를 받았음을 강조하면서 병원의 우수한 역량을 이야기하고 있습니다. 그 표현을 위해서 무거

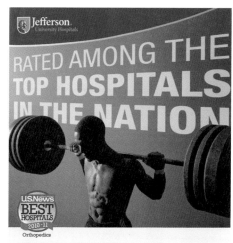

[그림 1-13] 필라델피아에 소재한 재퍼슨대학교 병원 광고
출처: https://hospitals.jefferson.edu

운 중량을 들고 있는 흑인 남성을 등장시켜서 병원의 역량을 강조하는 은유적인 표현 전략을 활용했습니다. 물론 누구라도 쉽게 광고 내용을 이해할 수는 있겠지만 벗은 남성의 몸을 활용해 그것을 표현하는 것이 부적합했고 병원의 힘과 병원이 실제 가지고 있는 서비스 품질을 결합하는 데 실패했다고 볼 수 있습니다. 또한 이러한 잘못된 비주얼 이미지 활용을 통해 대학병원이라는 품격을 제대로 소통하지 못했다고 평가할 수 있습니다. 이처럼 간단한 그래픽 선택 하나가 병원 브랜딩에 지대한 영향을 미칠 수 있다는 것에 유념하면서 커뮤니케이션 실행에 있어서 신중해야 할 것입니다. 브랜딩은 단순한 디자인 표현이 아니라 전략임을 일깨워 주는 사례입니다.

브랜드는 마치 살아 있는 생명체와 같이 시간의 흐름에 따라 생로병사의 과정을 겪어 갑니다. 브랜드의 생존 타임라인 위에서 브랜드가 발전하고 또 생명력을 연장하는 데 커뮤니케이션은 결정적인 역할을 합니다. 생명체가 시간의 흐름을 거스르기 힘든 것처럼 브랜드 역시 시간과 함께 변해 갑니다. 차이점은 생명체가 소멸이라는 종착역을 향해 한 방향으로 진행하는 반면, 브랜드는 시간에 따라서 잘 익어 가고 또 새롭게 회생한다는 것입니다. 병원이라는 브랜드 또한 100년의 세월을 견딘 병원들이 많습니다.

미 동부의 메릴랜드주의 항구도시 볼티모어(Baltimore)를 대표하는 병원이자 세계적인 병원인 존스홉킨스 병원(The Johns Hopkins Hospital)은 미국 내 종합병원 순위 1위를 항시 지키고 있습니다. 1889년 건립한 이래 각 분야에서 '세계 최초이자 최고'라고 평가받는 명문 병원입니다. 세계에서 수술용 장갑을 최초로 사용한 곳, 신장 투석을 처음으로 실시한 곳, 심폐소생술을 최초로 만들어 낸 병원 등 의료 분야에서 존스 홉킨스 병원이 갖는 상징성은 대단합니다.

　창립자인 존스 홉킨스는 성공한 사업가이자 투자자이며 자선가(philanthropist)였습니다. 그는 인종 차별에 강력히 반대하며 저소득 가정 흑인 아동들의 복지 향상을 위해 노력했습니다. 그는 막대한 재산($7 million, 1900년까지 미국 역사상 가장 큰 기부액으로 알려져 있음)을 기부하면서 '인종과 성별, 나이에 차별 없는 보편적 의료서비

[그림 1-14] 1900년대 초에 촬영한 존스홉킨스 병원

출처: https://retrospective.jhu.edu

[그림 1-15] **1900년대 초에 촬영한 존스홉킨스 병원 의료진의 모습**
출처: https://retrospective.jhu.edu

스를 제공한 것입니다. 존스 홉킨스는 당시에도 경제적 능력이 있는 환자들에게 적절한 치료비를 부과하지만, 저소득층에게는 무료 치료를 제공한다.'라는 파격적인 조건을 내걸었습니다. 아름다운 가치를 품은 병원이 바로 세계 최고 수준의 병원으로 성장한 것입니다.

한국에도 물론 역사와 의미를 담은 병원이 여럿 있습니다. 1887년 세워진 한국 최초의 여성 병원인 '보구녀관(普救女館)'입니다. 이화여자대학교 의료원의 전신으로 한국 최초의 여학교인 이화학당을 설립한 기독교 감리교회 선교사인 메리 스크랜튼(Mary Fletcher Benton Scranton) 부인이 설립한 병원입니다. 당시 불합리한 성별 차별과 취약한 의료 혜택 속에서 힘들어하던 여성들을 대상으로 한 병원이라는 발상 자체가 매우 아름답고 또 혁신적이었다고 생각됩니다. 고종황제와 명성황후 내외는 이 병원이 지닌 좋은 뜻을 격려하는 뜻에서, '보구녀관'이라는 병원명을 하사했다고 전해집니다.

[그림 1-16] 1889년 촬영한 보구녀관의 모습
출처: 이화여자대학교 의과대학

병원 브랜드 커뮤니케이션 그리고 파워 브랜드

마치 어린 아이가 태어나 꾸준히 성장해 나가고 성인이 된 후 업적을 이루어 내고 소멸하는 각 과정에 적합한 인적·물적 자원과 지속적 교육이 요구되는 것과 같이 브랜드 커뮤니케이션도 브랜드 생명주기(brand life cycle) 각 과정과 변화하는 시장의 맥락에 맞춰 효과적으로 이뤄져야 합니다. '브랜드의 탄생 시점(brand launching stage)'에서는 탄생에 적합한 커뮤니케이션이 필요한 것이고, 성숙한 시점(maturation stage)에는 또 다른 형태의 커뮤니케이션이 필요

[그림 1-17] 호주 모나쉬 어린이 병원의 개원 광고
출처: https://monashhealth.org

할 것입니다. 병원 커뮤니케이션도 개원을 알리는 광고는 특정 서
비스에 대한 환자 모집을 위한 광고와 달라야 하겠습니다. 각 단계
에 따라 때로는 먼 발치에서 장기적 목표 아래 브랜드의 성장을 조
망하고 또 때로는 단기적 성과 지표에 맞춰 짧은 호흡으로 커뮤니
케이션을 진행하게 됩니다. 이런 생명주기는 목표 집단에 따라 달
라질 수 있으며, 목표하는 소비자가 소속된 지역과 문화에 따라서
달라집니다.

포브스(Forbes)의 보고서에 따르면, 일반 소비자 개인이 하루에 접하는 광고의 수는 대략 4,000~1만 건이라고 합니다. 인터넷 보급률이 세계 최고 수준이고 시민들의 모바일 비디오 사용 정도가 세계적인 수준인 한국 국민들은 다른 더 많은 광고와 다양한 콘텐츠에 노출되고 있다고 볼 수 있습니다. 명확하게 광고라고 표기하지는 않았지만, 광고 목적을 지닌 상업적 콘텐츠나 허위·과장 광고, 그리고 소위 가짜 광고나 뒷 광고라고 불리는 숨겨진 광고(stealth advertising)까지 더한다면 노출되는 총량은 막대할 것입니다. 이런 과당 경쟁 환경에서 인지적으로 분주하고 지쳐 있는 현대 소비자의 눈에 들 수 있는 브랜드가 되려면 고도의 브랜드 전략과 상당한 커뮤니케이션 노력이 요구됩니다.

현재 우리 병원의 브랜드가 경쟁력이 부족하거나 취약하다고 하더라도 너무 낙담할 필요는 없습니다. 네이비 실 (Navy Seal)에서 근무한 데이비드 고긴스(David Goggins)가 저술한 『Can't Hurt Me(나를 낙심하게 할 수 없어)』이라는 책은 공포와 근심을 이겨 내는 방법을 흥미롭게 다루고 있습니다. 그가 이야기한 방법은 바로 '쿠키 항아리 방법론(Cookie Jar Method)'입니다. 간단히 이야기하면 본인이나 본인 조직의 장점을 적어 두고 어려운 상황에서 그 장점을 꺼내면서 자신감을 찾고 재도전을 한다는 것입니다. 병원의 단점에 집중하기보다는 병원의 장점과 소비자에게 전할 수 있는 효용에 중심을 두면 어떨까요? 지금부터라도 소소한 것부터 큰 것까지 우리 병원의 장점, 우리 직원의 장점을 적어 둔 항아리를 만들어 두면 좋겠습니다. 항아리에 메모가 쌓여 갈수록 우리 병원의 브랜드 자산은 차곡차곡 쌓일 것입니다.

　브랜드 커뮤니케이션의 궁극적 목표는 지속적인 커뮤니케이션을 통해 브랜드 자산을 키우고 브랜드가 장기적으로 시장에서 존속하고 번영하도록 돕는 것입니다. 병원을 포함한 의료산업의 커뮤니케이션은 현재까지 매우 작고 제한된 경쟁의 틀 속에서 발전해 왔다고 볼 수 있습니다. 이제 앞으로 우리가 마주할 시장 환경은 글로벌 무한 경쟁의 시대인데도 여전히 온실과 같은 환경 속에서 기존의 관성과 편의에 따라 짜인 습관에 따라서 커뮤니케이션을 진행해 온 것입니다. 독일의 철학자이자 과학자 괴테(Johann Wolfgang von Goethe)는 "신은 인간이 결단한 이후에야 돕기 시작한다."라고 했습니다. 독자 여러분이 변화의 의지를 갖추고 우리 병원이 단순히 지역의 명문 병원을 넘어서 국가를 대표하는 글로벌 병원으로 성장할 수 있다는 굳은 결단과 자신감을 가지고 커뮤니케이션을 진행할 필요가 있습니다.

미래병원:
병원 브랜딩 그리고 커뮤니케이션

2

병원 브랜드 아이덴티티와
브랜드 성격 그리고
브랜드 이미지

우리 병원은 어떤 병원인가? 경쟁 시장에서 강점은 무엇인가? 무엇을 해야 하고, 또 하고 싶은가? 라는 질문에 진지하게 고민해서 '우리 병원'의 본질이 무엇인지 답해 본 경험이 있나요? 많은 조직과 개인이 각자의 금전적이거나 물리적 성장을 추구하고 있습니다. 하지만 그 이면에 있는 조직과 개인의 본질(또는 영혼)에 대한 고민은 바쁜 일정 속에서 뒤로 미뤄 두고 있는 경우가 많습니다. 하지만 본질에 대한 고민은 우리에게 먼 길을 안전하게 항해할 수 있는 나침반이 되어 줍니다. 날로 상품화되어 가면서 의료의 사회적 가치를 잃어 가는 요즘의 세태를 생각하면 의료서비스의 본질은 과연 무엇인지, 그 안에서 우리 병원이 이바지할 바는 무엇인지에 대한 고민이 더 깊어질 것입니다. 이 장에서는 병원의 아이덴티티란 무엇이며 또 병원의 긍정적인 아이덴티티를 어떻게 만들어 갈지를 이야기해 보겠습니다.

병원 브랜드 아이덴티티와 브랜드 성격

비대면이 중심인 온라인 산업 생태계 가운데서 물질적 가치보다 아이디어, 특허, 기술 등의 무형가치가 핵심으로 등장하면서 패러다임을 깨는 변화가 등장하고 있습니다. 이제 의료산업은 지식재산을 중심으로 한 '브랜드의 시대'에 진입했다고 볼 수 있습니다. 모든 정보가 자유롭게 교환되는 열린 네트워크 환경에서는 병원이 브랜드 구축과 브랜드 경영을 시도하지 않고서는 (과거 규모와 전통을 자랑하는 제조기업이 IT 기업에 선두를 뺏긴 것처럼) 의료소비자에게 외면당할 수 있습니다.

광고 마케팅 현장에서는 브랜드 아이덴티티(brand identity)와 브랜드 이미지(brand image)라는 용어를 빈번하게 사용합니다. 아마도 독자 여러분께서도 여러 번 들어 보셨을 것으로 생각합니다. 브랜드 아이덴티티와 이미지의 차이를 제대로 아는 분은 의외로 적습니다. 또한 소속 병원의 아이덴티티나 이미지를 진지하게 고민해 본 분은 더 적을 것입니다. 고민해 보았다고 하더라도 피상적인 수준이거나 단순히 추측하는 수준일 경우가 많을지도 모르겠습니다.

우선 브랜드 아이덴티티 먼저 이야기해 보겠습니다. 브랜드 아이덴티티(brand identity)는 외부 고객들이 직간접적인 경험에 의한 브랜드(brand) 의미와 그 기업의 정체성, 주체성, 일치성, 통일성, 동질성 등을 의미하는 아이덴티티(identity)를 결합한 개념입니다. 브랜드 아이덴티티는 커뮤니케이션 주체(병원)가 이야기하려고 하는 브랜드의 이상적인 모습이라고 볼 수 있습니다. 또한 기업이 추구하는 목표와 비전, 특성, 차별성, 가치를 포괄합니다. 다시 말하면, 브랜드 아이덴티티는 기업이 고객들로부터 자사 브랜드에 대해 궁극적으로 갖기를 기대하는 연상 또는 이미지를 말합니다. 따라서 브랜드 아이덴티티의 수립은 고객에게 자사 브랜드에 대해 궁극적으로 어떤 브랜드 연상(brand association)을 갖도록 할 것인가를 결정하는 과정을 의미한다고 할 수 있습니다.

광화문과 남산의 밤하늘, 그리고 뉴욕의 밤하늘에 혜성처럼 떠오른 별, 이어 들리는 아나운서의 중후한 나레이션. "한 획을 긋겠습니다. 지금까지의 대한민국 은행을 잊어 주십시오." 바로 2002년 10월 1일 국민은행의 브랜드 리뉴얼 광고의 한 장면입니다. 지금으로 보면 참 오래된 광고이지만 2001년 11월 1일 국내 두 선두 은행인 국민은행과 주택은행이 역사적인 통합을 이루어 낼 당시에 CI(Corporate Identity)를 선보이며 대대적으로 진행한 광고 캠페인입니다. "'KB'가 세계 금융의 별"이 되겠다는 포부를 담아내면서 미래적인 의지를 지닌 아이덴티티를 잘 보여 준 작품입니다.

병원의 브랜드 아이덴티티 수립에 있어서 고려해야 할 점은 경쟁 병원들 대비해서 차별적이지만 호의적인 독특하고 강력한 연상을 지속해서 심어 줄 방안들을 마련하는 것이라고 볼 수 있습니다. 아이덴티티는 한마디로 브랜드의 영혼이라고 이야기할 수 있습

[그림 2-1] 2002년 국민은행의 브랜드 리뉴얼 광고 (금강기획)

출처: http://www.adic.or.kr

니다. 1997년 금융위기를 포함한 초대형 경제적 위기 때마다 우리
는 수많은 브랜드가 흔적도 없이 사라져 가는 양상을 반복적으로
보아 왔습니다. 병원도 다르지 않다고 생각합니다. 시장에서 지금
도 수많은 가짜 브랜드가 등장하고 또 사라지는 과정을 반복하고
있습니다. 가짜 브랜드는 곧 영혼이 없는 브랜드입니다. 그들은 유
난히 겉모습을 강조하면서 시시각각 변화하는 시대적 흐름에 급급
히 따라가면서 그 모양새를 바꿔 가며 생존하려고 합니다. 또한 때
로는 지나치게 튀려고 특이한 디자인으로 시장에서 세력을 과시하
는 경우가 많습니다. 거짓 브랜드의 보편적 특성은 '소비자의 목소
리에 귀를 기울이지 않는 것'입니다. 특히 제공하는 서비스나 제품
이 지닌 근원적 가치에는 별로 관심이 없습니다.

　브랜드 경영에서 자주 활용되는 개념이 바로 브랜드 생애주기
(brand life cycle)입니다. 앞서 이야기한 것처럼 브랜드도 마치 생명
체처럼 도입(introduction)하고 성장(growth)하고 성숙(maturity)하
고 쇠퇴(decline)하는 시간주기(time line)에 따른 변화를 겪어 간다
는 의미를 담고 있습니다. 브랜드를 인간처럼 생애주기에 맞추어
관리함으로써 높은 자산가치를 유지하면서 오래도록 장수브랜드
로 활용할 수 있습니다. 이 생애주기는 브랜드에 대한 소비자의 충
성도에 따라 연장되거나 단축될 수 있습니다. 또한 주기의 각 단계
별로 사용될 수 있는 효과적인 커뮤니케이션 전략을 수립해서 브
랜딩 효과를 높일 수 있습니다.

　최근에 많은 브랜드 전문가가 성공할 브랜드는 그 시작 시점부
터 판단할 수 있다고 이야기합니다. 과장된 이야기라고 치부할 수

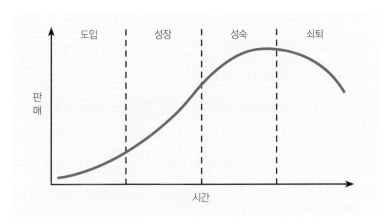

[그림 2-2] 브랜드 생애주기

있겠지만 한편으로 공감할 부분이 큽니다. 생각해 보면 그 이유는 부적절한 브랜드 아이덴티티로는 도입과 성장의 단계 이후를 넘어가서 존속하기가 힘들다는 의미를 내포하고 있습니다. 따라서 우리 병원이 시작할 그 순간에 결정한 아이덴티티가 병원의 미래에 지대한 영향을 준다고 해도 과언이 아닙니다.

　서론에서 이야기한 것처럼 병원은 현재까지도 브랜드화되기 이전 단계이며, 병원 각자의 규모와 명성 그리고 의료 경쟁력에 기반을 두고 있습니다. 하지만 이제는 병원도 역시 아이덴티티 구축과 커뮤니케이션에 승부를 걸어야 할 시점이라고 생각합니다. 그 이유는 아이덴티티는 병원 브랜드의 영혼(soul)과도 같은 것이기 때문입니다. 영혼이 흔들리면 장기적으로 시장에서 존속하기가 어렵습니다. 소비자나 때로는 직원 심지어 경영자 스스로가 우리 병원이 좋은지, 왜 다른 병원보다 더 좋은지에 대한 답을 구하는 데 초석이 되기 때문입니다.

사이먼 시넥(Simon Sinek)은 저서 『나는 왜 이 일을 하는가?(Start with Why?)』와 '왜 좋은 리더는 당신을 안정감 있게 만드는가? (Why good leaders make you feel safe?)'라는 제목의 TED 강연에서는 소위 골든서클(golden circle)을 이야기하면서 본질의 중요성을 강조한 바 있습니다. 'Why(왜)'-'How(어떻게)'-'What(무엇을)', 이 세 가지 기준을 통해 사람들에게 애플(Apple)은 다른 기업들과 달랐는지, 어떻게 달랐기에 이렇게 꾸준히 사랑받으며 지금까지 성장할 수 있었는지를 설명하고 있습니다. 결국 'Why(왜)'라는 본질적인 질문을 통해 소비자뿐 아니라 임직원들이 흔들리는 매 순간에도 또 시장의 등락 속에서도 기준을 잃지 않고 기업과 자신의 성장을 위해 전진하며 나아가서 보다 나은 세상을 만드는 초석이 된다는 이야기입니다.

영혼이 가득한 아이덴티티는 병원의 경영에 있어서 정직하고 진실하며 투명한 병원 브랜드를 만들어 가는 데 핵심적 지침이 되기도 합니다. 실제로 최근에 기업의 투명성(transparency)은 기업의

[그림 2-3] 사이먼 시넥이 TED 강연에서 이야기한 골든서클
출처: https://www.ted.com

시장가치를 결정하는 데 상당한 역할을 하고 있습니다. 해외 기업이 타 국가에 진출할 때도 이런 투명성과 정직성에 대한 평가가 무역에서 진입 장벽으로까지 기능하기도 합니다. 최근 이런 투명성 문제가 화두가 되면서 환경(Environment) · 사회(Social) · 지배구조(Governance)의 앞글자를 따서 만든 ESG 경영이라는 개념이 등장한 것도 결국 유사한 맥락입니다. 회계, 재무적 숫자를 넘어서 비재무적이고 기업의 사회적 존립을 이야기할 수 있는 기업이 성숙한 자본주의 시장에서 주목받고 있는 것입니다. 이런 점을 명심하고 우리 병원의 영혼 있는 아이덴티티를 가꾸는 것이 100년 병원 브랜드로 가는 성공에 있어서 결정적인 요인이라고 이야기할 수 있습니다.

우리 병원의 브랜드 아이덴티티가 현재 수준에서 제대로 정립되어 있지 않거나 구축되어 있다고 하더라도 여러 문제점이 많다면 어떻게 할까요? 이때 브랜드 아이덴티티를 새롭게 할 방식을 구상해야 합니다. 즉, 브랜드 아이덴티티 리뉴얼(brand identity renewal) 작업이 필요한 것입니다. 현재 브랜드의 아이덴티티 관련한 문제점을 진단하고 시장에서 경쟁 브랜드의 시시각각 변화를 확인하고 마지막으로 소비자의 변화하고 있는 수요를 검토해서 우리 브랜드가 더 경쟁력 있는 브랜드로 시장에 정착될 수 있도록 혁신하는 방안도 가능합니다.

그런데도 기존의 브랜드를 다른 방향으로 바꾸는 것보다는 브랜드를 처음에 만들 때부터 좀 더 시간과 정성을 기울여서 시작하는 것이 경영자적 처지에서 볼 때 더 쉬울 것입니다. 병원의 경우 아이넨티티 수립을 경영자이자 의료 전문인인 원장님의 소신에 따라 추상적으로 정하는 경우가 많습니다. 수립 과정에서 전문가의 의견을 수렴하거나 소비자 조사를 하는 등 체계적인 접근을 하기를 추천드립니다. 일반 기업의 경영에서도 중·장기 경영 전략으로서의 비전이 중요한 것처럼 병원이라는 브랜드 관리에 있어서도 중장기적 비전이 필요하며, 이러한 브랜드 비전을 정하는 데 토대가 되는 것이 바로 브랜드 아이덴티티를 수립하는 것이라고 볼 수 있습니다.

여러분은 아마도 브랜드 성격(brand personality)이라는 용어도 들어 보셨으리라고 생각됩니다. 어떤 분은 사람의 성격은 안 바뀐다고 믿는 분들도 있고 노력하면 바뀔 수 있다고 믿는 분도 있을 것입니다. 실제 성격의 가변성은 심리학과 철학 영역에서 영원한 논쟁 주제이기도 합니다. 다행인 점은 브랜드로서 병원의 성격은 논쟁의 여지없이 전략을 기반으로 노력만 한다면 바뀔 수 있습니다.

우리가 브랜드 성격을 이야기할 때는, 기본적으로 특정 브랜드를 마치 우리 가족이나 친구와 같은 살아 있는 인격체로 간주한다는 핵심 의미를 전제합니다. 여기서 브랜드 성격이란 경쟁 브랜드와 차별화되는 브랜드의 고유한 개성, 특성, 품격 등을 의미합니다. 우리가 특정 지인을 묘사할 때 '예쁘다, 새침하다, 외향적이다, 내향적이다' 등 다양한 성격 형용사를 사용해 묘사하는 것처럼 브랜드 역시 성격을 의미하는 형용사로 묘사할 수 있습니다. 예를 들면, 삼성그룹은 LG그룹보다 한국 사람들에게 조금은 차갑지만, 한편으로는 냉정하고 또 세련된 이미지로 인식되는 경향이 있습니다. 반면에 LG그룹은 가족적이고 따뜻하지만, 한편으로는 온정주의적이라

[그림 2-4] 글로벌 유명 브랜드의 브랜드 성격

출처: https://www.optimonk.com

는 인상을 주고 있는 것입니다. 사실 이러한 성격 묘사가 실체 그대로를 반영한다고 보기는 어렵습니다. 그렇지만 소비자들이 가지고 있는 지각 체계 가운데서는 이와 같이 해석되는 것입니다.

브랜드는 실체의 게임이 아니라 지각의 게임(perception game)입니다. 따라서 삼성전자는 IMF 외환위기 직후인 1997년부터 기존 삼성그룹의 이미지를 극복하기 위해 전설적 캠페인으로 불리는 '또 하나의 가족' 캠페인을 전개한 바 있습니다. 1997년 대한민국 광고대상을 받은 본 캠페인은 점토를 활용한 찰흙 애니메이션(clay animation)을 활용해 무려 10년 가까이 진행되었습니다. 이 장수 캠페인은 삼성전자를 더 따뜻하고 더욱 가족적인 이미지로 만드는 데 성공했다고 평가받고 있습니다. 물론 병원의 커뮤니케이션

[그림 2-5] **또 하나의 가족 캠페인**

출처: https://www.samsung.com

이 이런 대기업의 광고처럼 큰 물량으로 공격적으로 수행될 수는 없겠지만 현명한 전략에 기초한 꾸준한 커뮤니케이션의 힘을 보여 줬다는 면에서 중요한 함의를 주는 사례라고 볼 수 있습니다.

우리 병원이 어떤 성격의 병원 브랜드로 인지되고 있는지, 병원 아이덴티티를 찾아 만들어 가는 과정에서 소비자의 마음속에 지각되고 있는 우리 병원의 성격까지 진단해 보고 이 성격이 우리 병원이 성장하는 데 장벽이 된다면 이 성격을 콘텐츠와 커뮤니케이션을 통해서 또 우리의 실제적인 서비스 변화를 통해서 바꿔 나가야 합니다.

병원 브랜드 아이덴티티와 브랜드 이미지

브랜드 아이덴티티(brand identity)는 소비자들이 브랜드에 대한 전반적인 지각을 형성하는 데 영향을 주는 브랜드명, 이미지, 바람직한 연상이 결합한 것으로, 브랜드의 판매 전략, 브랜드 개성, 유·무형의 실행을 위한 도구들 모두를 포함하는 개념입니다. 사람의 정체성과 비슷하게 '나다운 나를 이야기하는 모든 것'이라고 이해할 수 있습니다. 조직이 소비자의 마음속에 심어 주기를 원하는 바람직한 이미지가 바로 브랜드 아이덴티티입니다.

브랜드 아이덴티티가 우리 병원이 지향하는 이상적인 모습(ideal or desired image of a brand)이라면 브랜드 이미지(brand image)란 소비자가 현재 인식하고 있는 브랜드의 실제 모습(actual image of a brand)이라고 볼 수 있습니다. 브랜드 아이덴티티는 브랜드 철학(brand philosophy)에 기반을 둡니다. 브랜드의 존재 근거, 브랜드의 가치, 비전, 즉 기업이 고객들에게 중장기적으로 전달하고자 하는 브랜드의 궁극적인 가치가 바로 그것입니다. 브랜드 이미지는 브랜드 지식(brand knowledge)이라는 관점에서 개념적으로 구조화할 수 있습니다. 전략적인 브랜드 경영(strategic based management)에 따르면(Keller, 1998), 브랜드 이미지는 ① 브랜드 연상의 유형(types), ② 브랜드 연상의 호감도(attitude), ③ 브랜드 연상의 강도(strength), ④ 브랜드 연상의 독특성(uniqueness)으로 나뉜다고 합니다. 쉽게 이해하자면 우리 병원 이름을 들으면 즉각적으로 떠오르는 여러 가지 연상(association; 가깝다, 크다, 유명하다, 오래되었다 등)들이 얼마나 강하고 또 얼마나 독특한지를 의미합니다. 또 이 연상들이 얼마나 사람들에게 사랑받고 있는지를 의미합니다.

　브랜드 이미지 진단을 통해 문제점을 발견하고 우리 병원이 지향하는 이상적인 모습과 비교하여 개선하기 위한 노력을 더해야 합니다. 이 연상조차도 없다면, 실무에서는 말 그대로 백지에서 시작해야 할 경우도 자주 있습니다. 한편으로는 백지에서 시작하는 것이 나쁜 연상을 바꾸기보다 한결 쉽습니다. 그러니 여러분 병원을 알아주는 소비자가 적은 상태라고 해도 너무 낙담하실 필요는 없습니다.

　문제는 우리 주변의 여러 병원이 이야기하는 메시지는 비교적 비슷하다는 점입니다. 병원 광고들을 보면 쉽게 이해됩니다. 좀 뻔하고 어떻게 보면 왜 그런 광고를 하는지 의문인 것들도 많습니다. 바로 독특한 연상을 발견하고 개발하지 못한 것이 주요 이유입니다. 어떤 질환에 최고의 병원이라고 그 전문성을 강조하거나 특정 의사의 특별한 전문적 이력이나 최고의 명문대학을 나온 학력을 강조하거나 병상의 수나 치료 환자의 규모를 강조해서 많은 환자가 이용하고 있음을 이야기하고는 합니다. 사실 이런 메시지가 병원을 찾는 소비자의 관점에서 보면 가장 중요한 정보이기도 합니다. 그래서 많은 병원이 그대로 관습적 소통 방법을 따르는 것이라고 이해할 수 있습니다. 병원 브랜드 아이덴티티를 고민하고 또 정교화하면서 그 이후에 어떤 메시지로 이야기를 전할지를 고민해야 합니다. 물리적인 차이점부터 조직적인 특성, 나아가서는 병원과 소비자의 관계에 이르는 다층적인 관점 속에서 우리 병원의 아이덴티티

〈표 2-1〉 **병원 브랜드 아이덴티티의 구성항목 예**

브랜드 아이덴티티 요소	병원 관련 세부 내용 예제
병원의 물리적 특징 (physical property)	병원의 진료 범위, 진료 특성 및 속성, 의료의 품질, 위치 규모 등
병원의 조직적 특성 (organization)	원하는 조직 연상(의료 1등, 환자 중심, 친절, 빠른 서비스 등)
병원 브랜드 개성 (brand personality)	세련된, 남성 혹은 여성적인, 믿음직한, 센스 있는, 젊은, 노련한 등
병원 문화적 가치 (culture value)	노인 친화적인, 즐거움을 주는, 안정감을 주는, 정겨운, 가족 같은
병원의 상징 (symbol)	로고, 징글(jingle), 캐릭터, 슬로건, 병원장, 브랜드 스토리 등
병원-소비자 브랜드 관계 (customer-brand relationdhip)	친구, 전문적 조언자, 존경하는 사람, 따뜻한 친구, 반려자 등

를 어떻게 차별화할지를 고민해야 할 것입니다(〈표 2-1〉 참조).

　하지만 우리가 브랜드 아이덴티티를 전달하는 중요 지점에서 소비자가 문제를 제시할 수 있습니다. 소비자 대부분은 우리가 이야기하는 것을 그대로 믿지는 않습니다. 아마 여러분이 온라인에서 보는 광고를 다 믿는다면 하루 안에 재정이 다 바닥날지도 모릅니다. 그리고 많은 경우에서는 우리가 이야기한 것의 일부는 받아들이겠지만 나머지는(아쉽게도 내용 대부분을) 기억하지 못하는 경우가 대부분입니다. 심각한 경우는 병원의 광고를 거짓이라고 간주하고 '장사 목적(commercial purpose)'이라는 주홍글씨를 달아 주는 경우도 많습니다. 이를 소비자 심리학에서는 설득지식 모형(Persuasion Knowledge Model: PKM)으로 설명합니다(Friestad & Wright, 1994). 쉽게 이야기하면 메시지 수용자가 상대방의 설득의

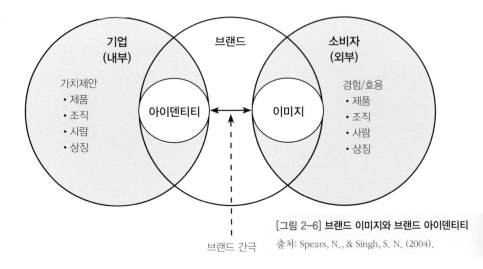

[그림 2-6] **브랜드 이미지와 브랜드 아이덴티티**
출처: Spears, N., & Singh, S. N. (2004).

도(예: 우리 병원에서 어떤 치료를 받아라)를 알면 메시지에 방어적으로 된다는 이론입니다. 결국 덜 광고답고 또 진실한 소통이 병원 커뮤니케이션에서 중요하다고 이해할 수 있습니다. 설득을 위한 기초는 브랜드 이미지와 아이덴티티 사이의 그 간극(gap)에 대한 분석입니다. 이를 광고학에서는 이미지 간극 분석(Image Gap Analysis)이라고 부릅니다.

현재의 이미지를 바꿔 병원이 의도하는 방향대로 현재의 간극을 줄이고 브랜드 이미지를 보다 긍정적으로 조성하는 데 사용되는 주요 도구가 바로 브랜드 커뮤니케이션입니다. 커뮤니케이션의 시작은 바로 어떻게 브랜드 아이덴티티와 이미지의 차이를 줄이기 위한 특정 콘셉트(concept)를 정하는 것입니다. 소비자 욕구를 반영하고 경쟁자와의 차별점을 염두에 둔 채로 우리 병원이 나아갈 길을, 손에 잡히는 개념으로 정하는 것입니다. 이 콘셉트를 목표 소비자에게 전달하기 위해서 말로 정리하는 브랜드 콘셉트 설명 문(statement)을 개발하게 됩니다. 〈표 2-2〉의 질문에 답해 보면서 우리 병원의 브랜드 콘셉트 설명문을 만들어 보면 좋은 연습이 될 것입니다. 지금까지 우리 병원에 대해 고민해 보지 못했다면, 〈표 2-2〉의 빈칸을 채워 가면서 고민을 시작해 보는 것도 좋겠습니다.

〈표 2-2〉 **병원 브랜드 설명문 개발 질문지**

우리 병원은 고객에게 _____를 약속합니다. [Brand Promise]
우리 병원 _____ 같은 성격이나 분위기를 가지고 있습니다. [Brand Personality]
우리 병원은 _____와 _____ 같은 사람들에게 특히 잘 맞습니다. [Brand Target]
우리 병원은_____가 특별합니다. [Brand Uniqueness & Strength]
우리 병원은 _____와 _____같은 편익을 제공합니다. [Funtional Value]
우리 병원에 오면 사람들은 _____ 같은 기분을 느낄 수 있습니다. [Emotional Value]

이렇게 콘셉트와 설명문이 갖춰진 이후에는 장기적인 커뮤니케 이션 일정에 따른 세부 전략을 기획해야 합니다. 일단 도입 단계 (introduction stage)에서는 소비자들에게 브랜드의 이미지를 이해 할 수 있게 하는 것이 중요합니다. 전혀 모른다면 브랜드의 존재를 알리는 브랜드 인지 구축 작업(brand awareness building)이 필요하 겠습니다. 나아가서는 정교화 단계(elaboration stage)로 진행됩니 다. 꾸준한 소통을 통해 브랜드 이미지의 가치를 우리 병원이 원하 는 바대로 인식할 수 있도록 하는 것입니다. 마지막으로, 강화 단계 (reinforcement stage)입니다. 그 브랜드 이미지를 우리 병원의 세부 적인 서비스까지 확대해 일반화하는 단계입니다. 예컨대, 종합병 원의 경우에는 다양한 진료과 서비스와 연결할 수 있습니다. 적극

적인 친절이 브랜드의 핵심이라면 그 핵심 개념을 다양한 병원 서
비스 종류와 연결하는 작업을 진행할 수 있습니다.

　2016년 랜도(landor) 라는 브랜드 디자인 전문 회사에서 리뉴얼
작업을 진행한 신시내티 어린이 병원(Cincinnati Children's Hospital
Medical Center) 사례는 주목할 만합니다. 랜도는 세계 최대의 커뮤
니케이션 마케팅 네트워크인 WPP 그룹에 소속된 세계적 디자인
회사로서 1945년 설립된 이래 BMW, BP, BBC를 포함한 글로벌 클
라이언트의 브랜드 아이덴티티 작업을 실행한 회사입니다. 신시
내티 어린이 병원의 브랜드 리뉴얼을 위해서 랜도는 문화인류학적
접근(cultural anthropology approach)을 통해 병원과 관련된 환자 직
원 경영진 그리고 환자의 가족까지 다방면의 스테이크홀더 인터뷰
(stakeholder interview) 작업을 통해 어린이 병원을 성인 병원과 차
별화하는 동시에 경쟁 어린이 병원이 가지고 있는 의미적 요소 및
디자인 요소와는 다른 독창적인 어린이 병원으로 표현할 방안을
고심했습니다. 기존 브랜드의 의미적 요소를 이어가면서도 더욱

[그림 2-7] 신시내티 어린이 병원 브랜드 리뉴얼 사례

출처: https://landor.com

[그림 2-8] 심장발작 수술 소요 시간이 평균보다 32분 빠르다는 숫자를 제시하는 쿠퍼대학 병원의 광고
출처: https://www.cooperhealth.org

세련된 디자인 산출물을 만든 점이 매우 인상적입니다.

미국 뉴저지에 있는 쿠퍼대학 병원(Cooper University Hospital)은 병원의 수월성을 독특한 메시지를 통해 광고한 바 있습니다. 각종 숫자를 활용해 환자들이 보기에 더 구체적으로 병원의 우수성을 느낄 수 있는 숫자 마케팅을 시행한 것입니다.

병원 브랜드 커뮤니케이션의 도전

브랜드의 편재성과 그 수의 폭발적 증가는 브랜드 간 경쟁을 가속시키고 있으며 이런 흐름은 디지털 미디어 환경에서 심화되고 있습니다. 소비자가 오프라인이나 온라인 매장에서 만나는 제품의 가짓수가 수년 전과 비교해도 부쩍 증가한 것을 독자들도 쉽게 체감할 수 있을 것입니다. 특히 미디어 콘텐츠와 같은 무형 서비스의 경우 그 수는 물리적 제품에 비할 수 없을 정도로 폭발적으로 늘어 가고 있습니다. 유튜브 앱을 열어 보면 그 채널의 수는 막대합니다. 2020년 기준 약 3,700만 개의 유튜브 채널들이 존재하며 이 숫자는 지금 이 순간에도 늘어 가고 있다고 합니다(Tubics, 2020). 이 가운데 의료나 건강 관련 주제를 다루는 개개인의 유튜브 채널들이 얼마나 많이 존재하는지를 생각해 보면 소셜 미디어 안에서 병원의 직간접 경쟁은 대단한 수준입니다. 이런 경쟁 속에서 소비자의 시선을 끌기 위해 병원은 때로는 의사나 간호사의 이미지를 강조하거나 그들을 브랜드 아이콘으로 세우는 등 다양한 전술을 펼치고 있습니다. 실제 연예인 수준의 미디어 영향력을 가지고

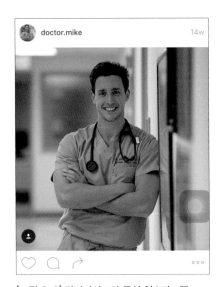

[그림 2-9] 닥터마이크의 공식 인스타그램

출처: https://www.instagram.com/doctor.mike

있는 의사나 간호사도 늘고 있습니다. 인스타그램 스타로 유명한 닥터마이크(본명 Mikhail Varshavsky)는 무려 400만 명이 넘는 팔로워를 과시하며『피플(People Magazine)』에 세계에서 가장 매력적인 의사로 손꼽히기도 했습니다. 한국의 '허준'이나 중국의 '화타'와 같은 전설적인 명의(名醫)들의 기준과 현대의 의사에게 바라는 근본 속성은 같겠지만 표현 방법은 크게 달라지고 있는 셈입니다. 인공지능으로 무장한 첨단 의료 장비가 속속 병원에 들어서면서 시간이 흐름에 따라 의사에 대한 기대 사항과 병원 브랜딩에서의 역할도 변화할 것으로 생각할 수 있습니다.

병원과 같은 비영리 조직을 위한 마케팅 활동이 대부분 저예산·저위험·고효율(low cost · low risk · high performance)을 크게 강조한다는 점에서 그 특수성이 있습니다. 비영리 조직의 대부분이 마케팅 활동에서 예산의 제한을 크게 받을 뿐 아니라 완전한 사익이 아닌 일부분은 공공의 이익을 목표로 한다는 점에서 지나친 마케팅 활동은 많은 '위기(risk)'를 수반하게 된다는 특징이 있습니다. 또한 제한된 예산을 통한 마케팅 활동인 만큼 성과에 대한 부담도 상당합니다. 이러한 환경적 제약을 타파하기 위해 병원 조직은 자연스럽게 마케팅 활동의 축을 저예산·고효율의 뉴미디어로 옮겨 가고 있는 상황입니다.

헬스케어 분야에서도 소통의 채널들은 기하급수적으로 늘었고 디지털 소통은 더욱 편리해졌지만 강력한 브랜드 가치를 창출하는 것은 과거 대중매체의 시절과 비교하면 한층 어려워졌습니다. 병원도 여기서 예외는 아닙니다. 물론 병원 브랜드가 소비재처럼 폭

[그림 2-10] 타이레놀이 운영하는 NASCAR 경주 지원팀
출처: https://www.tylenol.com.

발적으로 늘었다고 보기는 힘들지만, 병원의 커뮤니케이션의 물량
은 디지털 미디어를 중심으로 폭증하고 있습니다. 국제화와 개방
화, 인구 고령화 및 소비자의 의료서비스에 대한 욕구 다양화 등 의
료환경의 변화는 병원의 경쟁과 변화를 촉구하고 있습니다. 이런
경쟁적 환경에서는 특히 지속적이고 적극적인 브랜드 커뮤니케이
션을 통해서 소비자들이 우리 병원을 우리가 목표한 내용(브랜드
아이덴티티)처럼 받아들이게 하려는 노력이 필요합니다. 앞서 이야
기한 브랜드 이미지와 아이덴티티의 간극을 좁혀야 합니다. 세계

적인 두통약 브랜드인 타이레놀(Tylenol)은 미국 최대의 자동차 경주 스포츠인 NASCAR(National Association for Stock Car) 경주를 후원하면서 경주 지원팀(Team Tylenol Track Crew)을 운영하고 있습니다. '빠르게 드는 두통약'이라는 핵심 아이덴티티를 스포츠 후원을 통해 강하게 인식시키는 것을 목표로 하고 있습니다. 이처럼 다양한 접점에서 브랜드의 핵심을 지속적으로 전달하는 것이 매우 중요합니다.

병원 경영자들이 커뮤니케이션을 적극적으로 진행하고 있지만, 그 성과가 제대로 발현되지 못하고 있는 경우가 대부분입니다. 그 이유는 보통 노력의 방향성이 잘못된 이유입니다. 내가 이야기하는 것을 남들도 공감해 줄 것이라고 기대하는 것은 무리입니다. 특히 의료와 같은 전문적 지식을 일반인이 이해할 것으로 기대하기는 어렵습니다. 따라서 의료 경영자 본인이 지닌 인식의 틀에서 벗어나 상대방이 지닌 인식의 틀 속으로 들어가 역지사지하는 것이 중요합니다. 비단 병원이 아니더라도 첨단 제품을 만드는 개발자는 흔히 우리 제품만 좋다면 소비자들이 자연스럽게 구매해 줄 것이라고 믿는 경우가 많습니다. 이것을 흔히 마케팅 근시안(marketing myopia)이라고 부릅니다. 기술자가 쉽게 빠지는 함정입니다. 병원 브랜딩 담당자들은 본인이 행여나 마케팅 근시안에 빠진 것이 아닌지를 점검하면서 소비자가 충분히 이해할 수 있는 친절한 메시지를 활용해서 우리 병원을 커뮤니케이션해야 합니다.

미래병원:
병원 브랜딩 그리고 커뮤니케이션

3

병원 브랜딩을 위한
HIP

앞서 병원 브랜딩에서 브랜드 아이덴티티의 중요성에 관해 이 야기했습니다. 이 장에서는 병원의 아이덴티티를 만드는 구체적 인 과정을 함께 살펴보려고 합니다. HIP(Hospital Identity Plan)는 병원의 가치 제고를 위한 병원 아이덴티티(Hospital Identity: HI) 실 천 프로그램/계획을 의미합니다. HIP는 MIP(Mind Identity Plan), BIP(Behavior Identity Plan) 그리고 VIP(Visual Identity Plan)로 나눠 서 이해할 수 있습니다. 이제부터 각각을 관련 예제와 함께 알아보 도록 하겠습니다.

MIP(Mind Identity Plan)

병원의 기업 이념은 주로 병원의 설립자, 최고경영자인 병원장 또 는 이사장의 철학에 기초해 결정되는데, 여기에는 병원의 존재 이 유, 경영 철학, 기업 행동의 규범 등이 전체적으로 포함됩니다. MIP 는 병원의 차별적인 개성을 나타내며, 조직 문화의 핵심인 병원의 조직 정신을 주도하는 것입니다. 이는 병원의 독창적 가치, 포부 (aspiration), 그리고 자아상(self-conception) 전체를 포괄합니다. MIP 설정에서 중요한 점은 바로 병원의 방향성에 대한 경영진의 확고한 의지와 지도력입니다. MIP가 설령 정교하게 구축된다고 하더라도 병원이라는 조직의 특성상 당장 가시적인 성과물을 내기 어렵습니 다. 때로는 비용 낭비라고 느껴질 수 있습니다. 그 때문에 병원의 경영진이 바뀔 때마다 MIP 존립이 위태로워질 수밖에 없는 상황입니다. 실제 병원장이 바뀔 때마다 슬로건을 바꾸거나 광고 콘셉트를 교체하는 경우도 왕왕 있습니다. 브랜드란 거듭된 혁신과 교정으로 그 노력이 쌓일 때 비로소 빛이 난다는 점 때문에 경영진 수준에서 MIP에 대한 장기적인 투자와 노력이 필요합니다.

물론 병원의 경영 이념을 확고하게 정립하려고 하지만 문제가 있거나 크게 부족한 부분이 있다면 재구축(reconstruction)을 하는 것이 필요하다고 볼 수 있습니다. 많은 부분 완전히 새롭게 구축한다기보다는 기존의 이념을 현대적 개념에 맞게 재해석 및 재표현하는 경우가 대부분입니다. MIP는 외적으로 병원의 독창적인 이미지를 창출하고 내적으로는 병원 조직의 분위기에 커다란 영향을 미칩니다. 세계 최고의 암 전문 병원으로 유명한 앰디앤더슨 암 센

[그림 3-1] 앰디앤더슨 암 센터의 핵심인 암의 역사를 만든다는 가치

터(The University of Texas MD Anderson Cancer Center)는 '암의 역사를 만든다(Marking Cancer History)'를 MIP 핵심 아이디어로 두고 BIP 그리고 VIP를 전개합니다. 이처럼 분명하고 지속적인 MIP는 매우 강력한 효과를 만들어 냅니다.

　MIP의 가장 기본은 바로 병원의 이름(brand name)입니다. 실제 상업 브랜드에서 이름만 잘 지어도 브랜드의 성공에 있어서 50%을 담보한다고 할 정도로 MIP에서 작명은 결정적입니다. 또 다른 문제는 한번 정한 이름을 차후에 바꾸기란 매우 힘들다는 점입니다. 따라서 처음부터 제대로 작명을 하는 것이 중요합니다. 이름의 변화는 단순히 마케팅 문제의 복잡성뿐 아니라 각종 내외장 인테리어와 의복과 명함류를 포함한 크고 작은 디자인물 또 부대 장비에까지 바뀐 이름을 적용해야 하기에 매우 신중해야 합니다.

　이름의 효과는 말 그대로 엄청납니다. 실제로 주식 시장에서는 정체성을 알리기 위해 혹은 나빠진 기업의 이미지를 일신하기 위해 사명(社名)을 바꾸는 사례가 많습니다. 역사가 짧은 코스닥 상장 기업이 사명을 바꾸는 건 흔한 일이고 때로는 사명 변경이 실제 주가 상승을 부추기기도 합니다. 물론 시간이 지나 투자자들이 해당 기업의 부실한 실체를 알게 된 때 주가는 크게 폭락합니다. 이름의 긍정적 효과는 바로 새로운 이름이 투자자에게 새로운 기업이라는 인식을 심어 줄 수 있어서입니다. 하지만 이름과 실체는 함께 건강해야 합니다.

　이렇게 이름의 힘이 큼에도 국내 병원들을 보면 원장님의 출신 대학 이름을 그대로 사용하고 있는 병원들이 절대다수입니다. 특히 소규모 병원이나 의원들의 경우에는 병원장이 졸업한 대학의 이름이나 소재지 동네 이름이 곧 병원의 이름이 되는 경우가 허다합니다. 지금 책을 덮고 잠시 거리에 나가 보면 금세 실감할 수 있을 것입니다. 온라인 검색을 하면 더 실감이 날지도 모르겠습니다. 네이버나 구글이 제공하는 지도를 보면 한 동네에 얼마나 많은 유사 이름의 병원들이 있는지 놀랄 지경입니다. 물론 대형 병원은 자연스럽게 소속 대학의 이름을 그대로 이어 갑니다. 하지만 전문병원이나 의원까지도 유사한 작명 방식을 택할 이유는 찾기 어렵습니다. 우리가 상투적인 것을 칭할 때 쓰는 프랑스어 클리셰(cliché/cliche)는 복사된 것 또는 모방된 것이라는 어원을 가지고 있습니다. 새로 지어지는 병원의 이름과 관련한 아이덴티티 요소도 권위적이거나 상투적이고 형식적인 '클리셰'가 많습니다. 한국의 국립암센터라는 이름의 예를 들어 생각해 보면, '국립'이라는 핵심어 그리고 질병명인 '암'이라는 대상어 외에 전달하는 바가 없습니다. 매우 권위적으로 느껴지며 방문을 통해 치유를 받기보다는 국가가 운영하는 곳이라는 공적인 인상 정도로 인식됩니다. 우측 시각 요소 역시도 마치 예술작품처럼 추상적인데 '예쁜' 하지만 '의미가 전달되지 않는' 부가 디자인 요소 역할만 하고 있습니다.

[그림 3-2] **국립암센터 이름과 로고**

출처: https://www.ncc.re.kr

건강보험심사원(https://www.hira.or.kr)이 제공하는 국내 7만여 개의 병의원에서 국내 유명 사립대학 중 하나의 이름 일부인 '연세'라는 이름을 이름 앞단에 사용하고 있는 병의원이 몇 개나 될까요? 2,395개에 육박합니다(2020년 12월 발표 자료 기준). 중간에 활용하고 있는 이름까지 세어 본다면 그 수는 보다 늘어날 듯합니다. 이런 현상은 병원이 아직 브랜드화되지 못한 산업임을 드러내는 증거라고 볼 수 있습니다. 브랜딩에서 이름이나 이미지를 도용할 경우 흔히 미투제품(Me Too product/brand)이라고 칭합니다. 극단적으로는 고유성(originality)을 상실한 '가짜'라고까지 표현합니다. 하버드대학교(Havard University)가 유명하다고 미국 다수의 병원이 하버드 병원으로 도배되지 않는 것을 보면 우리의 문화적 독특성이라고 이해할 수도 있습니다. 다시 말하면, 학벌 중심주의적인 대한민국의 씁쓸한 일면을 보여 주는 실례라고 이해할 수 있습니다. 하지만 실용적이고 문화적인 관점에서 생각하면 국내 환경에서 가장 무난한 작명이자 마케팅 방법론이라고도 이해할 수 있습니다.

앞서 강조한 것처럼 이제는 이런 무난한 방법의 실효성이 점차 떨어지고 있습니다. 국내 전문병원인 '척사랑병원'의 작명은 척추전문병원이라는 업태를 확고하게 나타내고 있는 매우 좋은 작명

[그림 3-3] **척사랑 병원의 이름을 나타낸 로고타입**

출처: http://spinelove.com

환자 한 분 한 분을 연상시킬 수 있는 **人(사람 인)**자를 기본으로 바로선의 한글 자음 첫자 **ㅂ, ㄹ, ㅅ**을
아래에서 부터 위로 탑을 쌓듯 설계하여 '낮은 자세로 환자를 섬기는 자세'를 상징화

[그림 3-4] 바로선병원의 MIP를 시각적으로 형상화한 사례

출처: http://b.medibrand.co.kr

입니다. 또 이름을 제시함과 동시에 영문 및 국문 설명문까지 넣어서 소비자가 이해하기 편리합니다. 웹사이트조차도 'spine love: http://spinelove.com)'를 사용하고 있습니다. 하지만 병원의 미션과 비전 등 보다 이상적인 가치를 포괄하지는 못하고 있고 로고와 이름에 언어적 요소가 반복적으로 사용되어 혼잡한 느낌을 주기도 합니다. 시작은 좋지만 여전히 진화해야 할 점이 많은 MIP입니다. 시각 요소에 대해서는 이후 VIP에서 더 이야기해 보겠습니다.

다른 척추 전문병원의 예를 보겠습니다. '바로선'이라는 이름 때문에 비뇨기과로 오인되는 병원입니다. 척추관절 상위 4대 병원이 위치한 지역구의 대단한 경쟁에서 환자 유치의 어려움을 극복하기 위해 대대적인 HIP를 단행했습니다. 브랜드 평판을 이루는 전반적인 이미지 혁신을 위한 통합 브랜딩을 적용하여 지역구에서 명성 높은 병원으로 탈바꿈하는 데 성공했습니다. 사람인 한자를 기본으로 'ㅂ' 'ㅅ' 'ㅇ'을 탑처럼 쌓아서 바르게 선 척추를 형상화했습니다. 바로선병원 브랜딩은 대한민국 최초로 의료 분야에서 'GOOD

DESIGN'상을 받아 비영리 영역에서도 브랜딩 접근 방식의 우수성을 인정받는 성과를 얻었습니다.

병원의 이름과 연관되어 다양한 MIP 요소가 연결되고 의료서비스 구매자에게 전달됩니다. 인지심리학에서 이렇게 중심 개념과 연관된 개념들이 일종의 네트워크를 이루면서 소비자의 기억 가운데 구성되는 모형을 인지 연상 네트워크 모형(associative network model)이라고 부릅니다(Mitchell, 1982). 예컨대, 세계 최고 병원 중 하나인 메이요 클리닉을 떠올리면 '최고의 의료진' '돈보다 사람을 우선한다' 등 긍정적인 연상들이 점화(priming)되면서 꼬리에 꼬리를 이어 갑니다. '원숭이 엉덩이는 빨개 빨가면 사과 사과는 맛있어 맛있으면 바나나 바나나는 길어 길면 기차 기차는 빨라 빠르면……' 어린 시절 암송했던 노래가 지금도 쉽게 생각나는 이유는 그만큼 여러 번 반복해 왔기 때문이기도 하지만 노래 자체가 '빨개-빨가면……'과 같이 연상의 고리가 강하기 때문입니다. '삼성=AS'라는 속성 연결이 있는데 우리 경험을 통해 더 강화된다면 그 네트워크는 안정적으로 남게 되는 것입니다.

이름은 브랜드 연상의 시발점입니다. 모든 이름에는 그 이름이 지니는 '언어 값'이 있기 때문입니다. 구조주의언어학의 아버지라고 불리는 스위스의 언어학자 페르디낭 드 소쉬르(Ferdinand de Saussure, 1857~1913)는 이를 '기표(記標, signifiant)'와 '기의(記

[그림 3-5] 병원을 상징하는 붉은 십자가와 붉은 초승달

意, signifie)'라고 칭하면서 설명했습니다. 시니피앙은 '의미하는 것', 시니피에는 '의미되어진 것'이라는 뜻입니다. 우리가 말하는 모든 텍스트(그림과 글 등)는 기표와 기의라는 두 층으로 구조화되어 있다고 할 수 있습니다. 의료를 의미하는 붉은 십자가(Red Cross)는 1864년 스위스 제네바 컨셉션(Geneva Convention)에서 처음 등장했습니다. 문제는 십자가라는 기표가 문화권에 따라서 달리 해석이 되며 특정 종교의 의미를 내포하고 있으므로 논란이 되기도 합니다. 1878년 오트만 제국(Ottoman Empire)은 붉은 십자가가 전쟁 시에 이슬람 군인들을 소외시킨다고 주장하면서 붉은 초승달 운동(Red Crescent Movement)을 펼치기도 했습니다. 이처럼 이름과 상징이 주는 기호적 의미는 다양하며 역사적 종교적인 의미까지 내포합니다.

[그림 3-6] WHO 로고

출처: https://www.who.int

의료는 종교나 신화와 연관성이 많다 보니 다양한 상징과 연결되어 있습니다. UN 산하의 세계보건기구(World Health Organization:

WHO)를 상징하는 아이콘은 '뱀이 감싸고 있는 지팡이(아스클레피오스의 지팡이)입니다. 이 지팡이는 사람들을 질병에서 구출하는 의미를 담고 있다고 합니다. 아스클레피오스(Asklepios)는 그리스 신화에 '의술의 신'으로 태양의 신이라고 불리는 아폴론(Apollon)의 아들입니다. 아스클레피오스가 죽어 가는 환자를 치료 도중 뱀이 방안으로 들어왔는데, 놀란 아스클레피오스가 자신의 지팡이를 휘둘러 뱀을 죽이자, 잠시 후 또 한 마리의 뱀이 입에 약초를 물고 들어와 죽은 뱀의 입 위에 올려놓았고, 그러자 죽었던 뱀이 다시 살아났다고 합니다. 이것을 본 아스클레피오스는 뱀이 했던 대로 그 약초를 죽은 사람의 입에 갖다 대어 살려 냈고 아스클레피

[그림 3-7] 의술의 신 아스클레피오스의 석상

오스는 그 이후 자신의 지팡이를 휘감고 있는 한 마리의 뱀을 자신의 상징으로 삼았다고 합니다.

'연세소아과'라는 이름에서 그 음성과 글자는 기표이지만 그 안에 숨어 있는 대학의 이름, 업종인 소아과, 원장님이 모 대학 출신일 것이라는 가정 등은 기의가 됩니다. 여러분은 기의도 깊은 층위와 낮은 층위의 것이 있음도 쉽게 이해할 수 있을 것입니다. 동일 이름이라도 다양한 인구 사회 심리적 집단에 따라 다르게 인식될

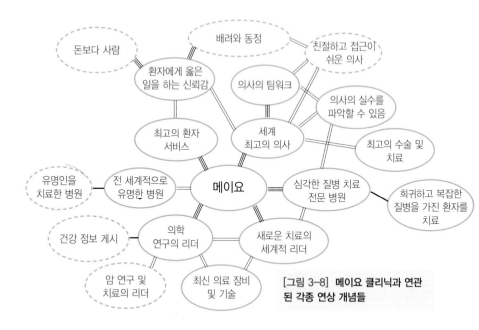

[그림 3-8] 메이요 클리닉과 연관된 각종 연상 개념들

수 있습니다. 어떤 사람에게는 '연세소아과'가 안정적으로, 다른 사람에게는 상투적인 것으로 해석될 수 있다는 것입니다. 또 다른 문화권에서는 전혀 다르게 수용될 수 있습니다. 병원의 이름과 관련 연상이 브랜드 의사결정에서 중요한데도 작명의 심각성을 간과하고는 합니다. 동일 병원 이름이 이미 한 동네에 여럿 있는데도 같은 이름으로 병원을 개원한다고 할 때 우리 병원이 잃어버릴 브랜드 자산의 손실은 상당할 것입니다.

　MIP에서 이름만큼이나 중요한 것이 바로 '미션'입니다. 미션 (mission)이라고 하면 병원이 달성해야 하는 '업의 본질'이라고 이야기할 수 있습니다. 영국에서는 직업을 콜링(calling)이라고 표현한다고 합니다. 직업은 곧 신이 내려주는 소명(vocation, 召命)이라는 의미를 담고 있습니다. 모든 직업이 하나님의 거룩한 부름에 의한 숭고한 직업이라는 프랑스 종교개혁의 선구자인 장 칼뱅(Jean Calvin)의 직업윤리를 뜻하는 직업소명설(職業召命說)도 같은 맥락에서 출발합니다. 물론 현대 자본주의에서 조직이 생존하려면 업의 본질에 대한 추구와 동시에 경제적 번영도 결정적이겠지만, 본질을 잃게 될 때 경제적 이익까지 잃어버리는 경우가 빈번합니다. 아이덴티티를 의미하는 조직의 영혼은 부귀를 통해서 완성할 수 없습니다.

　다음으로 비전(vision)이라면 '병원이 추구하는 꿈'으로 정의할 수 있습니다. 미션이 본질적인 '존재 이유'라고 간주할 수 있기에 비전은 미션의 하위개념으로도 이해할 수 있습니다. 물론 이 부분

"우리의 미션은 최고의 헬스케어 서비스를 통해 하느님의 치유라는 실존을 알리는 것이다."

[그림 3-9] 한 가톨릭 계열 병원(SSM Health St. Mary)의 미션
출처: www.ssmhealth.com

은 정의하는 학자에 따라 다소 차이가 있습니다. 한 가톨릭 계열 병원(SSM Health St. Mary)의 미션을 보면 [그림 3-9]와 같습니다. 종교적 배경과 병원의 업의 본질이 잘 어우러진 미션이라고 평가할 수 있습니다.

슬로건(slogan)은 앞서 언급한 미션과 비전을 언어적 표현을 통해 커뮤니케이션 목표에 맞춰 구체화한 것이라고 이해할 수 있습니다. 세계적인 마케팅의 대가 필립 코틀러(Philip Kotler)는 "슬로건은 마치 티셔츠를 입는 것처럼 쉽게 느껴져야 한다."고 그 단순성과 간명함의 중요함을 강조했습니다. [그림 3-10]의 세인트 주드 어린이 연구 병원(St. Jude Children's Research Hospital)의 슬로건은 연구 중심 병원의 정신을 잘 표현하고 있습니다. "치료법을 찾고 어린이를 구합니다." 정말로 단순하지만, 업의 본질과 병원의 목적을 언어적으로 잘 풀어 낸 사례입니다.

[그림 3-10] 세인트 주드 어린이 연구 병원의 슬로건
출처: https://www.stjude.org

국내 병원들을 보면 대형 병원조차 슬로건이 없거나 있다고 하더라도 병원장이 바뀔 때마다 매번 바뀌는 경향이 있습니다. 이런 문제점은 소속 의료진조차 슬로건이 무엇인지 기억을 못하는 경우가 많다는 점을 보면 알 수 있습니다. 슬로건을 만드는 방법 역시도 병원의 경영진이 직관적인 판단에 의존하거나 병원 직원들 공모를 통한 경우가 태반입니다. 슬로건 역시 미션과 비전만큼은 아니지만 오래 지속적으로 가져갈 때 누적된 커뮤니케이션의 힘이 본연의 역할을 할 수 있다는 점을 인지하고 만들 때 전문가의 의견을 반영해야 합니다.

세부적으로 MIP는 병원 브랜드의 존립 목적을 구체화하고(brand purposes) 다음으로 그 목적을 위해 브랜드가 어떤 역할을 해야 하는지(brand roles)를 명시하며 마지막으로 그렇다면 우리 병원 브랜드가 다른 경쟁 병원에 대비해서 어떤 다른 점이 있는지를 차별화(differentiate)해 상징을 통해 보어 주는(positioning) 과정으로 이어집니다. 영국의 대표적인 여성 병원인 버밍엄 여성 어린이 병원(Birmingham Women's and Children Hospital)은 MIP를 언어적으로 구체화하기 위해 가치(value)를 나타내는 간단한 표어를 추가로 제시했습니다. '야심차고(Ambitious)' '용감하고(Brave)' 그리고 '인정 많음

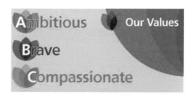

[그림 3-11] 버밍엄 여성 어린이 병원의 가치체계와 모금 로고
출처: https://www.bwh.org.uk

(Compassionate)'을 나타내는 'A-B-C'입니다. 새로운 의료기법을 과감하게 수용하고 각종 모험에 도전하면서도 환자를 이해하는 병원이라는 가치체계를 ABC라는 간단한 가치체계를 통해 구체화했습니다. 이런 가치체계 아래에 구체적인 수용자 목표 반응을 만들기 위해 병원의 로고뿐 아니라 모금을 위한 로고와 캠페인까지 전개하는 등 매우 짜임새 있는 커뮤니케이션을 진행했습니다.

[그림 3-12]의 콜로라도 어린이 병원(Children's Hospital Colorado)에서 제시한 예제를 보면서 MIP 적용 방법을 살펴보도록 하겠습니다. 콜로라도 어린이 병원 브랜드의 목적은 다음과 같이 명시하고 있습니다. "많은 병원이 유사한 어린이 환자 대상 서비스를 제공하고 있지만, 우리 콜로라도 병원은 어린이 질환 전문병원으로서 많은 가족에게 진심 어린 서비스를 제공할 뿐 아니라 어린이 병원이라는 영역 자체까지도 혁신할 수 있는 병원이 되고자 합니다." 다

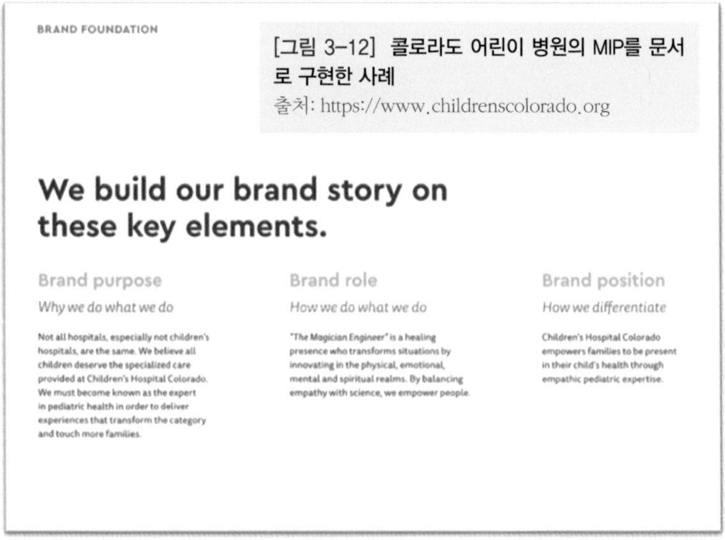

BRAND FOUNDATION

[그림 3-12] 콜로라도 어린이 병원의 MIP를 문서로 구현한 사례
출처: https://www.childrenscolorado.org

We build our brand story on these key elements.

Brand purpose	Brand role	Brand position
Why we do what we do	*How we do what we do*	*How we differentiate*
Not all hospitals, especially not children's hospitals, are the same. We believe all children deserve the specialized care provided at Children's Hospital Colorado. We must become known as the expert in pediatric health in order to deliver experiences that transform the category and touch more families.	"The Magician Engineer" is a healing presence who transforms situations by innovating in the physical, emotional, mental and spiritual realms. By balancing empathy with science, we empower people.	Children's Hospital Colorado empowers families to be present in their child's health through empathic pediatric expertise.

음으로 콜로라도 어린이 병원의 브랜드 역할을 보면 이러합니다. "우리 병원은 공감과 과학을 균형 있게 활용해서 사람들에게 힘을 주는 병원입니다. 우리 병원은 물리적이고 정신적이고 심리적인 또 영적인 영역에서 사람들의 생활을 변화시키는 일종의 마법의 엔지니어입니다." 마지막으로 브랜드 포지셔닝(brand positioing)은 다음과 같습니다. "우리 콜로라도 어린이 병원은 자녀들의 병으로 힘들어하는 가족들에게 어린이 질환에 대한 전문성과 공감을 통해서 큰 힘을 주는 병원입니다." 참으로 간결하면서도 이야기하고자 하는 바를 잘 담고 있는 MIP 설명문입니다.

병원의 이름과 미션 비전 그리고 슬로건으로 대표되는 MIP에는 '병원의 진실'이 담겨 있어야 합니다. 그럼 어떤 진실이 정말로 핵심일까요? 첫째, 병원이 업(業)에 대해 전문성이 있고 또 장인 정신이 있어야 합니다. 이는 우리 병원이 제공하는 서비스의 품질 그 자체이며 물론 소비자의 서비스 만족과 직결됩니다. 둘째, 우리 서비스에 대한 조직의 자존심(organizational self-esteem)을 임직원들에게 고취할 수 있어야 합니다. 셋째, 높은 품질의 장인 정신과 우리 병원에 대한 자긍심을 통해 '우리 가족 스스로 그리고 내 지인들이 마음 놓고 이용할 수 있는 병원'이라는 믿음 가운데서 병원을 운영할 수 있어야 합니다. 이런 과정 뒤에서야 MIP를 전달하기 위한 커뮤니케이션을 고민할 수 있는 것입니다. 소란한 커뮤니케이션이 본질에 앞서는 것보다는 차라리 침묵이 나은 경우도 많습니다.

BIP(Behavior Identity Plan)

　BIP은 병원의 이념이나 경영 방침을 의료진을 포함한 전 직원의 행동 양식 차원에서 타 병원과 차별화하고 병원의 이미지를 유지하고 보완하기 위해 직원들의 행동에 방향성을 주는 프로그램입니다. 인도의 정치가이며 철학자인 간디(Mahatma Gandhi)의 말씀이라고 전해지는 "생각은 곧 말이 되고, 말은 행동이 되며, 행동은 습관으로 굳어지고, 습관은 성격이 되어 결국 운명이 된다."는 격언이 있습니다. 여기서 생각이 바로 'MIP'입니다. 말은 'VIP'라고 간주할 수 있습니다. 마지막으로 행동이 'BIP'입니다. 습관은 '제2의 천성'이라고 할 정도로 우리의 삶에 지대한 영향을 미칩니다. 흥미롭게도 습관이 반복되면 우리의 아이덴티티도 바뀌게 됩니다. 아이덴티티가 습관을 만들고 습관이 다시 아이덴티티를 바꾸는 상호순

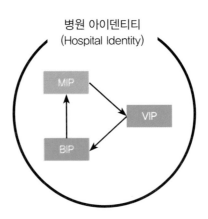

[그림 3-13] 병원 아이덴티티 형성에서 BIP의 역할

환적인 구조입니다. 정체성을 의미하는 아이덴티티(identity)는 라틴어 'identidum(반복적으로)'에서 기원한다는 점을 보면 우리 조상들도 이미 그 순환 구조를 간파하고 있었는지도 모르겠습니다.

MIP가 추상적 차원에서 광범위한 방향성을 제시하고 VIP가 이를 감각적 요소로 구체화한다고 할 때, BIP는 실제 구성원의 행동을 만드는 세부 지침이 됩니다. 한마디로 요약하면 병원의 이념을 구체적인 행동 양식으로 확산하는 행동 조성을 위한 프로그램이라고 할 수 있습니다.

BIP가 잘 갖춰진 병원이라면 환자의 재방문을 유도할 수 있습니다. 타인에게 권유하는 경우에는 병원의 시설과 장비, 의료진의 복장과 용모 등 전반적으로 의료서비스 공급자로서 인적 요소의 분위기가 권유와 추천의 기준이 될 수 있음을 알아야 합니다. 물론 이런 수준이 기대에 미치지 못하면 추천 의사가 높지 않을 것입니다. 따라서 재방문에서 더 나아가 타인의 추천까지 이루어지려면 BIP에 대한 세심한 재정비가 필요합니다(이주양, 2017).

의료기관에 처음 방문하는 고객은 특히 인공시설이나 공간으로부터 받는 느낌을 통해 앞으로 받게 될 의료서비스에 대한 전체적인 기대를 형성하게 됩니다. 이런 서비스에 대한 기대를 통해 병원에 대한 태도와 행동 의도를 가지게 됩니다. 하지만 총체적 서비스 품질에서 BIP를 통해 형성된 인적 서비스가 부족한 상태에서 좋은 시설과 제도 등 물리적 서비스가 뛰어나다고 할 때 도리어 고객의 부정적 감정을 유발할 수 있습니다. 이런 점에서 꾸준한 교육 훈련과 홍보활동을 통한 BIP 형성이 중요합니다.

BIP는 MIP를 행동으로 구체화한 산출물이기 때문에 문장으로 정리되기도 하며 BIP 강화를 위한 각종 프로그램을 통해 강화되기도 합니다. 이 BIP가 문장으로 정리된 것을 우리말로 행동강령(code of conduct) 또는 행동준칙이라고 부릅니다. 물론 행동강령이 윤리강령과 혼재되어 사용되고 있으므로 BIP가 보다 큰 의미라고 이해할 수 있습니다. 때로는 조직의 행동강령이 사회적으로 큰 반향을 일으키기도 합니다. 일본 최대의 광고대행사이자 세계 최대 규모의 단일 광고회사인 덴쓰(電通)는 귀십칙(鬼十則: 귀신의 열 가지 법칙)이라는 행동강령을 가지고 있습니다. 이 강령은 광고의 귀신이라고 불리던 덴쓰 제4대 사장인 요시다 히데오(吉田秀雄)가 만들었다고 알려져 있습니다. 요시다 회장은 광고 거래의 투명화 · 민간방송의 실현, PR, 마케팅, AE제도 도입 등 일본 광고를 선진화한 광고 마케팅 산업의 혁신가로 알려져 있습니다. 그가 제시한 귀십칙은 특정 회사의 행동강령을 넘어서 창의성과 근성을 요구하는 조직에 잘 맞는다고 인식되면서 큰 호응을 얻었습니다. 이 행동강령을 풍자해서 만든 '우라짓소쿠(裏十則)' 역시 일본 사회에서 논쟁거리가 되기도 했습니다. 조직보다 자신을 우선하고 일보다 개인적 안식을 우선하는 요즘의 조직문화에 어울리지는 않을 수 있지만, 여전히 울림을 주는 강령입니다. 한국어 해석본과 원문은 〈표 3-1〉을 참고해 주시기 바랍니다.

외부지향적이라기보다는 내부 고객인 직원을 대상으로 하는 정체성 확립 프로그램이라는 점에서 교육 훈련과도 긴밀하게 연계됩니다. BIP를 통해 병원의 직원을 일종의 브랜드 전도사(brand

〈표 3-1〉 덴쓰의 10계명

- 일은 스스로 만드는 것이지, 주어지는 것이 아니다.
- 일은 먼저 선수를 치는 것으로 수동적인 자세로 하는 것이 아니다.
- 큰일에 부딪혀라. 작은 일은 자신을 작게 만든다.
- 어려운 일을 노려라. 그리고 그것을 달성해야 발전이 있다.
- 파고든 일이라면 완수할 때까지는 죽어도 포기하지 마라.
- 주위 사람들을 이끌어라. 이끄는 것과 끌려다니는 것은 오랜 시간 뒤에 하늘과 땅만큼 큰 차이를 가져온다.
- 계획을 세워라. 장기적인 계획이 있다면 인내하고 궁리하라. 그리하면 올바른 노력과 희망이 뒤따른다.
- 자신을 가져라. 자신이 없으면 자기가 하는 일에 박력도 끈기도, 그리고 깊이도 없게 된다.
- 늘 머리를 회전해 모든 방면에 신경을 쓰고 한 치의 틈도 있어서는 안 된다. 서비스는 그런 것이다.
- 마찰을 두려워하지 말라. 마찰은 진보의 어머니, 적극성의 비료다. 그렇지 않으면 비굴하고 미련한 사람이 된다.

[참고] 원문

鬼十則

1. 仕事は自ら創るべきで、与えられるべきでない。
2. 仕事とは、先手先手と働き掛けていくことで、受け身でやるものではない。
3. 大きな仕事と取り組め、小さな仕事はおのれを小さくする。
4. 難しい仕事を狙え、そしてこれを成し遂げるところに進歩がある。
5. 取り組んだら放すな、殺されても放すな、目的完遂までは……。
6. 周囲を引きずり回せ、引きずるのと引きずられるのとでは、永い間に天地のひらきができる。
7. 計画を持て、長期の計画を持っていれば、忍耐と工夫と、そして正しい努力と希望が生まれる。
8. 自信を持て、自信がないから君の仕事には、迫力も粘りも、そして厚味すらがない。
9. 頭は常に全回転、八方に気を配って、一分の隙もあってはならぬ、サービスとはそのようなものだ。
10. 摩擦を怖れるな、摩擦は進歩の母、積極の肥料だ、でないと君は卑屈未練になる。

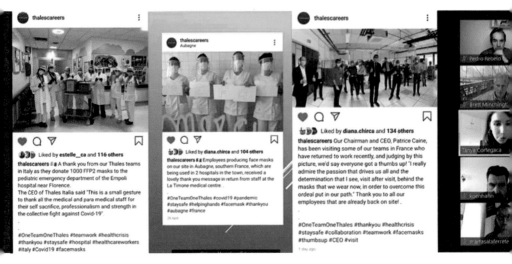

[그림 3-14] 병원 의료진 대상 BIP 활동들
출처: https://www.employerbrandingcollege.com

ambassadors)로 만드는 작업이라고도 이야기할 수 있습니다. 문화적 맥락에서는 한편으로 BIP가 회식과 단합대회와 같은 강제성 있는 행사라고 제한적으로 해석될 수 있습니다. 하지만 BIP는 보다 참여 지향적이며 자발적인 성격을 지녀야 합니다. 또 COVID-19 이후 일상이 된 비대면 환경과 의료진의 과중한 업무 가운데서도 BIP가 잘 구현될 수 있는 온라인-오프라인 하이브리드 BIP를 적극적으로 고민해야 할 시점입니다. 흔히 '습관은 제2의 천성'이라고 합니다. BIP가 병원 의료진의 습관이 될 수 있도록 앞서 언급한 교육 훈련은 일회적이거나 이벤트성이 아니라 주기적으로 계획에 따라 시행되고 또 BIP성과가 누적될 수 있어야겠습니다.

VIP(Visual Identity Plan)

VIP는 기업의 이름이 소비자에게 호응을 얻을 수 있을 대표적인 시각이미지로 기억될 수 있도록 만들어 가는 프로그램입니다. 우리가 아는 심벌마크(symbol mark), 로고타입(logotype), 전용서체(typiface), 시그니처(signature), 기업 고유색상(corporate color), 보조그래픽 요소, 트레이드 캐릭터(trade character) 등 기본적인 디자인 시스템과 각종 서식류, 유니폼, 사인물, 판촉용 인쇄물 등이 모두 VIP에 속한다고 볼 수 있습니다.

앞서 언급한 앰디앤더슨 암 센터의 로고를 보면 MIP를 단순하고 강력하게 전달하고 있음을 간파할 수 있습니다(참고: MD Anderson 홈페이지의 설명 'New Logo Features Strike Through Cancer'). 상단에 대학 이름(The University of Texas)을 명시하면서 대학 부속 병원이며 동시에 연구 중심 병원임을 강조하고 있습니다. 2010년 암(cancer)에 빨간 줄이 그어져 있는 새로운 로고를 발표했는데, 흥미로운 점은 병원 이름(MD Anderson Cancer Center) 가운데 암(Cancer) 부분에 삭제 라인을 넣어서 암을 박멸하겠다는 강한 의지를 로고를 통해 나타냈다는 점입니다. 병원의 미션인 'Making Cancer History'와도 의미가 맞닿아 있습니다.

그래픽 디자인에서 특정 단어를 지우는 디자인은 매우 드물고 혁신적인 시도라고 볼 수 있습니다. 병원의 특성 그대로를 디자인 요소를 통해 잘 형상화한 것입니다. 사실 이런 VIP가 완성되는 데

[그림 3-15] 앰디앤더슨 암 센터의 병원 로고 VIP

출처: https://www.mdanderson.org/publications/promise/a-new-look-for-md-andersons-logo.h37-1585890.html

는 시간이 소요되었는데 아래 왼쪽 이미지에서 볼 수 있는 것처럼 초기에는 모든 단어가 유사한 크기로 표현된 평범한 로고였지만 점차 대학을 나타내는 단어는 작아지면서 대신 병원 이름을 키운 셈입니다. 이런 전략은 브랜딩에서 보증(예: 모기업)을 약화하고(때로는 완전히 삭제해 버리고) 브랜드 이름을 강조하는 개별(독립) 브랜딩 전략[individual(indipendent) branding strategy]으로 볼 수 있습니다. 마치 삼성전자에서 과거 출시한 하우젠(Hauzen)을 출시한 후 초기에는 삼성을 일종의 품질 보증자(endorser)로 사용해 강조했지만, 후기에는 삼성의 비중을 낮춘 것과 유사합니다. 도요타(Toyota) 자동차 계열의 렉서스(Lexus) 브랜드의 경우 도요타를 완전히 제거하고 독립된 럭셔리 브랜드로 나섰습니다. 혼다(Honda) 자동차의 아큐라(Arura)나 닛산(Nissan)의 인피티니(Infinity) 역시 동일한 독립 브랜드 특화 전략을 택했습니다. 흥미롭게도 한국은 독립 브랜딩보다는 대기업의 우산 아래 소속되면서 안정감을 가지는 브랜딩이 주를 이룹니다. 물론 이런 흐름도 소비자 문화가 MZ 세대를 중심으로 바뀜에 따라서 변화할 것으로 보입니다.

[그림 3-16] 1등을 강조하고 있는 앰디앤더슨 암 센터의 벽면 그래픽

　그럼 병원 사례로 돌아가 보죠. 암 분야의 최고 병원이라는 앰디 앤더슨 암 센터의 자신감은 다양한 그래픽 요소를 활용해 표현되는데 병원 곳곳에서 암 분야의 1등(#1 Cancer Care)이라는 표현들을 찾아볼 수 있습니다. 이와 같은 디자인 요소들은 핵심 아이덴티티가 이야기하는 주요 안건인 '암을 종식시킨다.'라는 지향점을 보충 설명하는 일종의 보충 아이디어(supporting idea)라고 이해할 수 있습니다.

　시애틀 어린이 병원(Seattle Children's Hospital, South Clinic; Seattle)의 로고를 보면 병원의 지향점을 직관적으로 이해할 수 있습니다. 엄마 고래가 아기 고래를 안아서 기르는 듯한 이미지를 연출하고 있는 로고에서 편안함과 안정감을 느낄 수 있습니다. 매우 독특한 시애틀 어린이 병원의 로고 콘셉트는 경쟁 병원과 크게 차별화될 뿐 아니라 병원의 환자 지향적 서비스 의지까지 가늠할 수 있습니다([그림 3-17] 참조). 2007년 리뉴얼한 그레이트 오먼드 스트리트 병원(Great Ormond Street Hospital)의 로고도 흥미롭습니다([그림 3-18] 참조). 마치 어린이가 그린 듯한 스케치를 로고로 형상화했습니다. 누가 봐도 어린이 병원임을 인식할 수 있다는 점이 강점이고 어린이의 모습에 작은 눈물방울이 있는 점도 흥미요소로 느껴집니다. 어린이 병원의 브랜드 리뉴얼이 유독 많은 이유가 무엇인지를 생각해 보면 어린이 병원의 다양한 성격 때문이라고 이해할 수 있습니다. 어린이 병원은 치료기관이며 연구기관인 동시에 '모금 캠페인을 진행하는 주체'인 경우가 많습니다. 특히 아직 살아야 할 생애가 긴 어린이를 대상으로 하는 의료는 어느 나라에

[그림 3-17] 시애틀 어린이 병원의 브랜드 로고와 건물에 적용된 사례
출처: https://www.seattlechildrens.org

[그림 3-18] 그레이트 오먼드 스트리트 병원의 변화된 로고
출처: Conran Design Group 작품, 2007

서나 중요한 사회적 사안으로 인식하고 있습니다. 한편으로 여러 질병에 취약한 어린이를 대상으로 하는 치료는 성인과 비교하면 의료 난이도가 높습니다. 이런 점에서 어린이 병원이 주체적으로 모금을 시행하는 경우가 빈번하며 관련한 캠페인을 위해서는 명확한 VIP가 큰 도움이 됩니다.

VIP 형성에서 가장 중요한 것은 바로 동질감 그리고 일관성을 나타낼 수 있을 브랜드 디자인 요소를 개발하고 장기간 유지하는 것입니다. 그 이유는 오랜 시간이 지나도 소비자에게 동일한 신뢰감을 주고 그들의 충성도까지 유지할 수 있기 때문입니다. 이런 일관성을 만들기 위해 기업들은 다양한 시각적 요소를 개발하기 위해 노력하고 있습니다. 아직 병원은 영리 기업처럼 적극적이지는

[그림 3-19] 애플 워치에 적용된 샌프란시스코 서체
출처: https://www.apple.com

못하지만 기업들에서 배울 부분이 참 많습니다. 적은 비용으로 강력한 브랜딩을 만드는 방법의 하나가 바로 '타이포 브랜딩(typo branding)'입니다. 조직의 서체를 만들고 그를 통해 일관적인 브랜드 아이덴티티를 전한다는 개념입니다. 우리가 잘 아는 애플의 샌프란시스코 서체(San Francisco Font: SF pro)는 모던하고 실용적인 서체로 유명합니다. 애플의 모든 제품에 적용되면서 이제는 우리에게 가장 익숙한 서체 가운데 하나로 자리 잡았습니다. 애플 제품을 처음 구매했을 때 'HELLO'라고 인사말을 건네는 샌프란시스코체의 반가움을 여러분도 공감하실 듯합니다. 특정 타이포는 브랜드의 목소리가 되어서 지속적으로 브랜드의 가치를 호소한다는 점에서 강력한 VIP입니다. '배달의 민족'이나 '카카오' 같은 테크놀로지 기업들이 타이포 브랜딩에 집중하는 것은 타이포가 주는 인간적 감성 때문입니다. 병원도 테크놀로지 기업만큼은 아니지만 소비자에게 딱딱하고 차가운 느낌을 지녔다는 점을 고려할 때 타이포 브랜딩을 VIP 방법론으로 적용해 보는 것도 의미가 클 것입니다.

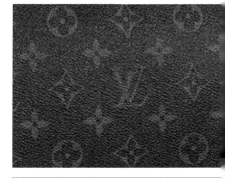

　명품들이 VIP의 전략적 활용을 통해서 큰 성공을 거둔 바 있습니다. 브랜드 일관성을 통한 충성도를 잘 구축한 명품 브랜드는 큰 불황 속에서도 인기가 더 높아지기만 합니다. 예컨대, 우리가 모노그램 캔버스 디자인 패턴만 봐도 쉽게 프랑스의 다국적 기업인

[그림 3-20] 루이비통 모노그램 캔버스와 LVMH 브랜드 로고
출처: https://www.lvmh.com

LVMH(Moët Hennessy Louis Vuitton) 그룹이 소유한 루이비통 제품
인 것을 인지하며 믿고 구매하는 것을 생각하면 쉽게 이해할 수 있
습니다. LVMH 그룹의 슬로건이 "명품의 혁신을 만드는 힘(Driving
Innovation in Luxury Goods)"이라는 점을 생각하면 그들이 새로운
변화를 만드는 동시에 전통에 근거한 일관성을 얼마나 잘 지키고
있는지를 가늠할 수 있습니다.

    VIP의 변화는 병원이 특별한 변화를 시도할 때, 새롭게 바뀐 모
습을 보여 줄 수 있는 가장 빠르고 강력한 방법이라고 볼 수 있습
니다. 2019년 이화여자대학교 의료원은 강서구 마곡지구에 신규
로 건립된 이대서울병원의 개원과 함께 병원의 독자성(Hospital
Identity: HI)을 새롭게 바꾸고 혁신적인 변화를 모색했습니다. 이
런 과정에서 기존의 이대목동병원의 종합병원으로서의 정통성은

[그림 3-21] 이화여자대학교 의료원의 기존 HI
출처: https://seoul.eumc.ac.kr

[그림 3-22] 이화여자대학교 의료원과 두 병원의 새로운 HI
출처: https://seoul.eumc.ac.kr

유지하면서 하나의 의료원 아래에 두 개의 종합병원을 운영한다는 '통일성과 독특성'을 동시에 추구하려고 했습니다. 이런 과정에서 의료원 VIP와 동시에 소속된 두 병원의 VIP 작업을 진행한 것입니다. 결정된 HI는 공식 선포식과 언론을 통해 홍보했습니다. HI 선포식을 필두로 한 다양한 병원 내 행사들은 앞서 언급한 BIP와도 긴밀하게 연결된다는 점에 주목해야 합니다. 어렵게 바꾼 HI가 외부뿐 아니라 내부 고객들에게도 새로운 변화의 흐름을 만들 수 있도록 활용해야 할 것입니다.

　병원의 HI가 이와 같이 대대적으로 바뀌는 일도 있겠지만 많은 경우에 소폭으로 점진적인 변화를 주는 경우가 대부분입니다. 문제는 변경 이후에도 변경 전의 HI를 홍보 등에 활용하거나 언론에서도 과거의 HI를 사용하는 일이 자주 있습니다. 이런 오용을 막기 위해 표준 HI에 대한 지속적인 소통이 필요합니다. 미국 UC데이비스 병원(https://health.ucdavis.edu)은 2019년 HI를 소폭 변경했고

[그림 3-23] 2019년 이대서울병원 HI 선포식
출처: https://seoul.eumc.ac.kr

[그림 3-24] 2019년 UC데이비스 병원 HI 변경 공고
출처: https://health.ucdavis.edu

변화에 대해 공식 홈페이지와 공고문 등을 통해서 잘 소통했습니다. 디자인 변화에 대한 상세한 가이드라인을 통해 HI의 오용을 막고 적합한 활용을 장려했습니다.

때로는 병원의 HIP와는 별도로 특정 직군과 관련된 의료 이벤트와 연계해 VIP를 전개하기도 합니다. 예컨대, 2020년 세계보건기구(WHO)는 국제사회가 추구하고 있는 '보편적 건강 보장'을 실현하는 데 있어 간호사가 핵심 역할을 담당하고 있다는 사실을 인정하고 격려하기 위해 2020년을 간호사의 해로 지정했습니다. 2020년은 간호의 성인이라고 불리는 플로렌스 나이팅게일(Florence Nightingale)의 탄생 200주년이 되는 특별한 해로 인류의 건강을 위해 공헌해 온 간호에 대한 존경의 의미를 상징화하기 위해 [그림 3-25]처럼 VIP를 개발했습니다.

구체적으로 간호사의 해인 2020년과 나이팅게일 탄생일 200주

[그림 3-25] 2020년 '세계 간호사의 해'를 기념해 제작한 VIP
출처: http://b.medibrand.co.kr

년이 만나는 역사적 순간을 CROSS의 형태로 조합하여 의료에 기
초한 기본 조형으로 설계되었으며, 인류 전체의 보편적 건강 보
장의 지향점을 표현하기 위해 지구를 모티브로 상징화했습니다.
2020년과 200주년이 만나는 지점에 인류의 보편적 건강에 이바지
한 간호사의 헌신을 '보살피는 손'의 형태로 디자인해 상하좌우 세
계 어느 곳에서든 '간호의 손길'이 닿을 수 있음을 의미화하고, 램
프를 들고 밤에 홀로 불 밝히며 야전 병상을 돌며 환자를 돌보던 간
호사 나이팅게일의 헌신을 '램프의 불꽃'으로 시각화해서 간호 본

연의 자세와 의미를 상징화한 엠블럼을 디자인했습니다.

VIP가 그래픽 이미지에만 한정되는 것은 아닙니다. 브랜딩 활동은 전통적으로 비주얼 및 문자에 중심을 두었지만, 이제는 병원도 오감을 넘나드는 범주에서 브랜딩을 시도하고 있습니다. 시각(로고, 일러스트레이션, 독특한 색채 배합), 청각(광고의 시그니처 오디오, 브랜딩을 위한 전화 대기 중 음악), 미각(로고가 박혀 있는 쿠키, 환자를 위한 프리미엄 식사), 촉각(로고가 박혀 있는 비즈니스 카드, 시그니처 침구 세트, 병원 브랜드 봉제 인형), 후각(환자실의 아로마향, 건물 내의 시그니처 향) 등으로 브랜딩의 기회를 확장할 수 있습니다. 이를 통해 환자들과 이전에는 상상하지 못했던 방법으로 연결점을 만들 수 있게 되었습니다. 기존의 브랜드 인상을 새롭고 다른, 기대하지 못한 인상으로 보강하면서 브랜드 자산(brand equity)을 보강하고 매우 기억에 남는 경험을 의료서비스 소비자에게 선사할 수 있습니다(Elrod & Fortenberry, 2018).

1990년대 중반에 테디베어를 활용한 브랜딩으로 크게 성공한 윌리스 나이턴 헬스 시스템(Willis Knighton Health System)의 사례는 매우 흥미롭습니다. 윌리스 나이톤 헬스 시스템은 텍사스 루이지애나에 소재하는 종합병원으로 산부인과로 특히 유명합니다. 우연히 크리스마스 시즌에 쇼핑몰에서 맞춤형 테디베어를 판매하는 것에서 아이디어를 얻어 '윌리스 테디베어'를 제작하게 되었습니다. 테디베어를 통해 병원이 기억에 쉽게 남고 또 편안한 느낌을 전달할 수 있었습니다. 현재는 테디베어를 상징으로 하는 병원들이 다수 있지만, 당시만 하더라도 테디베어를 심볼로 활용하는 것은 병

[그림 3-26] 윌리스 나이턴 헬스 시스템이 선보인 윌리스 테디베어

출처: https://bmchealthservres.biomedcentral.com/articles/10.1186/s12913-018-3679-4

원 VIP에서 보기 힘든 접근이었습니다. 총 8가지 종류로 제작된 인형은 비매품으로 철저한 인벤토리 관리하에 오직 윌리스 병원에서 태어난 아이에게만 인형이 배부되었다고 합니다. 지금까지 6만 4,000개의 윌리스 인형들이 배부되었으며, 현재까지도 윌리스 관계자들이 예비 산모들로부터 인형에 관한 문의를 꾸준히 받을 만큼 윌리스 베어는 병원의 브랜드 아이덴티티 확립에 큰 영향을 미쳤습니다(Curtis, 2017).

비슷한 사례로 뉴질랜드에 소재한 웰링턴 어린이 병원(Wellington Hospitals Foundation)은 아이들의 입원 공간을 병원 마스코트인 호스피(Hospi) 이미지로 가득 채웠다는 점이 눈길을 끕니다. 호스피

[그림 3-27] 웰링턴 어린이 병원의 로고와 캐릭터
출처: https://whf.org.nz

는 지난 5~6년간 어린이 헬스 서비스에 대한 명확한 브랜드 아이
덴티티를 정립하는 동시에 지역사회의 모금 활동에도 적극적으
로 활용되고 있습니다. 캐릭터뿐 아니라 유니폼이나 특정한 복장
도 VIP로 활용될 수 있습니다. 비영리 자선단체인 브레이브가운
(https://www.bravegowns.com)은 병원에 장기 치료 중인 어린 환자
들을 대상으로 각종 영웅을 형상화한 가운을 구매해 주는 모금 활
동을 진행하고 있는 비영리단체입니다. 단순한 가운으로 느껴질
수 있지만, 가운이라는 물품이 어린 환자들의 용기 있는 마음가짐
을 만드는 데 도움이 될 수 있다는 점에서 의미가 큽니다. 또한 시

민들의 자발적인 모금을 이끌어 낼 수 있는 구체적인 상징물로서 가운이 주는 활용도도 큽니다. 이처럼 VIP는 다양한 채널과 방법론을 통해 구현될 수 있습니다.

[그림 3-28] 비영리 자선단체인 브레이브가운

출처: https://www.bravegowns.com

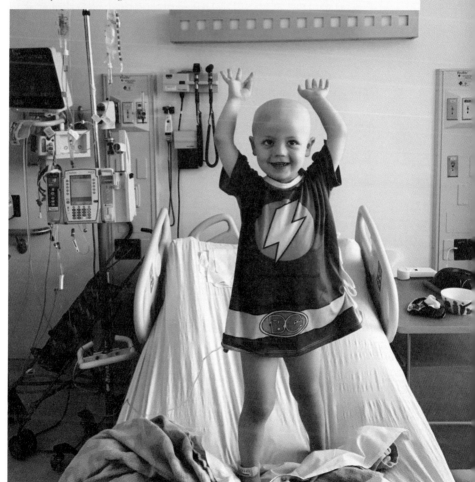

성공적인 HIP를 위한 커뮤니케이션 설계

HIP는 설계(design)와 구현(execution)이 모두 중요합니다. 브랜드 메시지(brand message)와 브랜드 메시지를 구현(brand action)하는 것이 모두 중요합니다. 또한 병원은 어느 나라에서든지 공공성을 담보합니다. 자연스럽게 HIP 구현에 있어서 공중보건적 측면을 강조하는 것이 중요합니다. 실제로 사람들은 공중보건 메시지를 제공하는 병원을 진실한 정보원으로 간주하는 경향이 있습니다. 앰디앤더슨 암 센터의 암을 없애겠다는 대범한 노력은 앰디앤더슨 360도 자선의 생태계(Philanthropy Ecosystem) 도해를 통해 잘 드러납니다([그림 3-29] 참조). 병원의 리셉션부터 수술실 그리고 회복 과정까지 환자가 되어서 건강한 모습으로 퇴원할 때까지 전 과정에서 통합된 노력을 한다는 MIP를 BIP로 형상화한 도해입니다.

앞서 언급한 것처럼 병원 내부 의료진과 직원들 그리고 환자와 가족들에게 소통하는 것도 중요하지만 커뮤니케이션의 대상은 신규 고객 확보에서도 결정적입니다. 소비자가 만나는 다양한 접점에서 병원의 MIP가 의도대로 또 흥미롭게 매력적으로 전달되도록 다양한 고객 접점(customer touch-point)의 채널들을 효과적으로 기획해야 합니다.

세계적인 아웃도어 스포츠 브랜드인 노스페이스(http://www.thenorthface.com)는 MIP를 BIP와 VIP로 효과적으로 구현한 것으로 유명합니다. '탐험과 도전'이라는 브랜드의 철학이 잘 묻어날 수 있

[그림 3-29] 앰디앤더슨 암 센터의 360도 암 치료를 위한 노력들

도록 다양한 시청각 요소와 참여 행동을 통해 구현한 것입니다. 전
문적인 탐험가만이 할 수 있는 탐험을 고객들의 직접적인 참여와
이를 통한 이미지를 미디어를 통해 체험하도록 하면서 장기적으로
노스페이스 브랜드 파워를 강화하고 있습니다. 오프라인에서도 스
포츠 행사뿐 아니라 전문가의 강연을 후원하기도 하며 영화와 광
고 등 시청각적 접촉점 또한 꾸준히 운용하고 있습니다. 이를 통해
'탐험을 멈추지 마라(Never Stop Exploring)'를 고객의 머릿속에 각
인시키고 있는 것입니다. 스포츠 브랜드의 커뮤니케이션이 인간의
건강과 도전 그리고 향상심을 주로 다룬다는 점에서 의료산업 브
랜딩에도 좋은 시사점이 됩니다.

　'구슬이 서 말이라도 꿰어야 보배'라는 속담이 있습니다. 병원 브
랜딩은 실행 속에서 배워 가는 영역입니다. 또 다른 업종에 비해 참

[그림 3-30] VIP와 BIP 요소를 활용한 노스페이스 MIP의 구현

[그림 3-31] 노스페이스의 특강 후원 및 참여 유도형 이벤트를 결합한 광고 캠페인

출처: http://www.thenorthface.com

고할 사례도 매우 빈곤한 편입니다. 바로 이런 점이 이 책을 저술한 주요 동기가 되었습니다. 이 장에서 함께 다뤄 본 여러 개념을 숙지하시고 꼭 독자 여러분이 일하고 있는 병원에 적용해 보시기를 바랍니다.

[그림 3-32] 병원 브랜딩을 위한 터치 포인트 커뮤니케이션
출처: 컨셉코레아(2021).

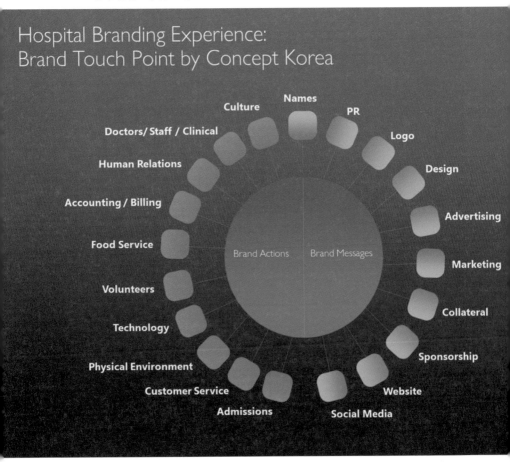

병원 브랜딩을 위한
전략적 커뮤니케이션
캠페인 기획

마케팅의 석학인 필립 코틀러(Philip Kotler)는 "마케팅이란 당신의 경쟁자보다 한층 더 고객을 만족하게 하는 일종의 예술이다."라고 이야기했습니다. 이 예술을 지휘하는 것이 바로 기획입니다. 실제로 우리는 일상적으로 기획(planning)이라는 용어를 자주 씁니다. 기획을 정의하면 '문제 해결을 위한 구조화된 논리적 사고 과정(structured logical thinking for solving a problem)'이라고 이야기할 수 있습니다. 캠페인의 뿌리 단계가 바로 '기획'입니다. 브랜딩을 위한 기획은 브랜드가 직면한 '시장의 문제'에 대한 커뮤니케이션을 활용한 해결책 제시라는 궁극적 과제를 지니고 있습니다. 이 과정에서 사용되는 실행 도구가 바로 브랜드 캠페인입니다. 브랜드 캠페인은 PR과 이벤트, 직접 마케팅 등 다양한 브랜드 커뮤니케이션 도구를 포괄하지만, 광고의 역할이 막대함으로 브랜드 캠페인 기획을 광고 캠페인 기획(advertising campaign planning)이라고 지칭하는 때도 많습니다. 반대로, 광고 캠페인을 브랜드 캠페인 또는 줄여서 캠페인으로 바꿔 부르는 등 혼용해서 사용하는 경우도 빈번합니다. 브랜드 캠페인에서 주요 콘셉트를 도출하는 시작점이 주로 광고가 되기 때문입니다. 이 장에서는 병원 브랜딩을 위해 어떻게 커뮤니케이션 캠페인을 기획할지에 대해 알아보려고 합니다.

병원 브랜딩과 커뮤니케이션 캠페인

의료광고 가이드라인(대한의사협회 발간, 2020년 7월 기준)을 보면 「의료법」상 '의료광고'의 개념은 "신문·잡지·음성·음향·영상·인터넷·인쇄물·간판, 그 밖의 방법으로 의료행위, 의료기관 및 의료인 등에 대한 정보를 소비자에게 나타내거나 알리는 행위"로 상당히 광범위하게 정의되어 있습니다. 소비자의 제한된 기억력의 문턱을 넘어서기 위해서 가장 중요한 것은 지속적인 메시지의 반복과 소통입니다. 그래서 캠페인이 중요합니다. 당연하겠지만 국내

[그림 4-1] 대한의사협회 의료광고심의위원회

출처: https://www.admedical.org

에서 2018년 9월 의료광고사전심의가 시작된 이후 캠페인 전에 가
장 중요한 단계가 바로 심의에 문제가 있을지에 관한 확인입니다.
이 부분은 이 책의 '병원 브랜딩을 위한 미디어 전략(제7장)' 부분에
서 상세하게 다루었습니다. 그럼 캠페인에 대해 본격적으로 알아보
도록 하겠습니다.

캠페인이라는 말을 방송이나 마케팅 제안서에서 자주 활용하지
만 의외로 그 의미를 잘 아는 분은 적은 듯합니다. "정치도 아닌데
병원 브랜딩에 왜 캠페인이 필요해?"라고 반문할지도 모르겠습니
다. '캠페인(campaign)'이라고 하면 목표 달성을 위한 '행동의 연속
체(chain of actions)'라고 정의할 수 있습니다. 전쟁에서 주로 사용
되는 용어인데 평야를 의미하는 라틴어 '캄푸스(campus)'를 어원으
로 한다고 알려져 있습니다. 여기서 campus는 야전(野戰), 즉 '전투
현장에서의 훈련'이라는 의미도 있다고 합니다. 우리가 일상에서
쓰고 있는 camp(군대에서의 막사)와 campus(학교)는 모두 여기에서
파생된 단어라는 점이 놀랍습니다.

커뮤니케이션 분야에서는 주로 정치 커뮤니케이션에서 정치 캠
페인(political campaign)이라고 불리며 빈번하게 사용되기도 합니
다. 기부 캠페인, 금연 캠페인, 인식제고 캠페인 등의 사회 공익적
이슈를 다루는 공공 캠페인(public campaign)에서도 캠페인이라는
용어가 자주 사용됩니다. 기업의 광고·홍보, 세일즈 프로모션 등
을 영리 캠페인(commercial campaign)이라고 부르는데 그 안에 브
랜드 캠페인이 포함되어 있습니다. 물론 최근 영리와 비영리 조직
의 경계가 모호해지면서 브랜드 캠페인임에도 공익광고처럼 느껴

시는 캠페인이 상당히 많습니다. 또한 최근 브랜드 액티비즘(brand activism)이라는 '사회 문제 참여적 브랜드 커뮤니케이션'도 함께 늘어 가면서 이런 모호성은 더 커진 셈입니다.

　브랜드 캠페인 기획자는 전장에서 지휘관이 가용한 물자와 인력이라는 군사력을 활용해 전쟁에서 승리하려는 것처럼 시장에서 '브랜드의 성공'을 위해 각종 커뮤니케이션 노력을 투입해야 합니

ST. MARY'S HOSPITAL　2200 HAY
SAN FRAN
Conducted by the Sisters of Mercy

Accredited by the American Medical Association. Open to all members of the California Medical Association. Accredited School of Nursing and Out-Patient Department.

A general hospital of 200 bed
mitting all classes of patients
those suffering from commur
and mental diseases. St. Ma
the oldest hospital in Cali
founded in 1855 by the Sist
Mercy. The building is Class
is located at Golden Gate Par

T. Edward Bailly, Ph. D., F. A. C. S., M. D., Chairman of the Staff, Member of the Executive Committee of the Staff.
F. J. S. Conlan, F. A. C. S., M. D., Chairman of Department of Eye, Ear, Nose and Throat. Member of the Executive Committee of the Staff.
Chas. D. McGettingan, M. D., Chairman of Department of Medicine. Member of the Executive Committee of the Staff.
Theo. Rethers, F. A. C. S., M. D., Chairman of Department of Surgery.
Jas. Eaves, M. D., Chairman of Department of Industrial Surgery.
Chas. C. Mohun, M. D., Chairman of Departments of Obstetrics and Pediatrics.
Elmer Smith, M. D., Chairman of Departments of Pathology and Clinical Laboratories, St. Mary's Hospital.
Monica Donovan, M. D., Chairman of Department of Radiology.

Thos. Nolan, M. D., Chairman of Departm Orthopedics.
Chas. P. Mathe, M. D., Chairman of Depa of Urology.
Milton B. Lennon, M. D., Chairman of I ment of Neurology.
Edward Hanlon, M. D., Gastroenterologis
Howard Morrow, M. D., Dermatologist.
Harry Spiro, M. D., Heart Specialist.
Associate Surgeons: Guido E. Caglieri, F. R. C. S., F. A. C. S., M. D.; Edwar ham, M. D.; F. F. Knorp, M. D.; V Hopper, M. D.
Associate Physicians: J. Haderle, M. D., Hoffman, A. M., M. D.; T. T. Shea, A. Diepenbrock, M. D.; J. Roger, M. L. A. Smith, M. D., Eye, Ear, Nose and J. J. Kingwell, M. D., Eye, Ear, Nose and
Dentistry: Thomas H. Morris, D. D. S.; cis Meagher, D. D. S.

[그림 4-2] 1855년에 개원한 세인트 메리 병원의 신문광고

다. 브랜드 캠페인에는 다양한 커뮤니케이션 도구가 복합적으로 활용될 수 있겠지만 그 바탕을 이루는 것이 바로 광고(advertising)입니다. 디지털 환경에서 광고의 외연이 확대되고 보이는 형태가 상당히 바뀌었다고 하지만 브랜드를 만들어 가는 주요 수단이라는 근간은 바뀌지 않았습니다. 1855년 개원한 세인트 메리 병원(St. Mary's Hospital)의 개원 광고를 보면 오랜 시간이 지났지만, 광고의 내용은 지금과 크게 다르지 않다는 점을 알 수 있습니다. 200여 개의 병상을 갖춘 대단위 종합병원이라고 강조하면서 병원의 규모를 과시하고 있고 정신병동은 없지만, 기타 대다수의 전공을 갖춘 병원이라고 하면서 전면적 치료 범위를 과시하고 있습니다. 문제는 병원의 광고나 PR이 단발적으로 마무리되는 경우가 많다는 점입니다. 물론 한정된 예산을 탓할 수 있지만, 일회성 커뮤니케이션은 꾸준한 것을 이길 수 없습니다. 또 실효성을 거두려면 시간을 이기고 소비자의 망각과 오해라는 장벽을 반드시 넘어야 합니다.

병원 맥락에서 실제 예를 들어 볼까요? 국내의 비만 특화 의료기관인 365mc는 지속적인 캠페인을 통해 강력한 브랜드 가치를 구축했다고 알려져 있습니다. 생각해 보면 비만병원이라는 카테고리 전체에서 TOM(Top of Mind: 최초상기도라는 의미로 특정 범주에서 가장 먼저 떠오르는 브랜드)이 되었다고 간주할 수 있습니다. 꾸준한 커뮤니케이션의 힘을 보여 준 좋은 사례입니다. 2020년 4월에는 중국의 성도이지 병원이 '아시아 유명 대형 흡입병원, 한국 지방 흡입 분야 선두자인 365mc로부터 기술을 획득한 독점 병원'이라고 365mc 브랜드를 무단 도용해 논란을 일으키기도 했습니다. 이렇

[그림 4-3] 365mc의 브랜드 아이콘인 지방이를 활용한 TV 및 디지털 캠페인
출처: http://eng.365mc.co.kr

게 한 영역에 대한 지속적인 캠페인을 통해 국내를 넘어서 아시아
권에서도 상표 경쟁력을 자랑하고 있습니다.

2012년 몸에 붙어 있는 '지방'을 병원의 아이콘인 '지방이'로 등장
시킨 광고는 지금 시점에서도 혁신적이라고 평가할 수 있고 병원
광고로서는 드물게 소비자들의 시선을 끄는 데 성공했습니다. 이
광고는 2012년 대한민국 광고대상에서 의료광고 최초로 비TV 부

문 동상을, 이듬해인 2013년에는 서울영상광고제 비TV 부문 은상
을 받기도 했습니다. 창의적인 브랜드 아이콘을 통한 지속적 캠페
인의 영향력을 보여 주는 참고할 만한 캠페인 사례입니다. 이처럼
캠페인은 전략에 기반한 연속적인 커뮤니케이션 자극을 통해 시장
의 문제를 해결해 가는 창의적인 과정입니다.

병원 커뮤니케이션 캠페인의 과정

브랜드 캠페인 기획은 의사의 처방전 제시와도 비슷합니다. 환
자들은 건강에 문제라고 생각되는 징후가 발견되거나 건강이 걱정
될 때에 병원을 방문합니다. 이처럼 병원이라는 의료 브랜드에서
브랜드 건강에 문제점을 발견할 때나 더 건강해지고자 변화를 추
구할 때 대내·외 커뮤니케이션 전략에 대한 검진에 들어가는 것
입니다.

커뮤니케이션 전문가는 의사가 올바른 진단을 내리기 위해 병
력, 가족력, 심리 상태를 검진하는 것처럼, 그 조직의 내외부 환경
분석을 하는 것에서부터 체계적인 컨설팅을 시작하고 기획과 실행
방법이라는 처방전을 제시하게 됩니다. 물론 잘못된 진단은 잘못
된 처방전을 만들게 되고 환자는 잘못된 치료를 받게 됩니다. 잘못
실행된 브랜딩을 되돌리는 것은 매우 힘들겠죠. 디지털 미디어 환
경의 커뮤니케이션에서 속도를 늘 강조하고는 하지만 중요한 것은
사실 속도가 아니라 방향입니다. 마치 인터체인지의 요금소를 넘

어 고속도로를 실주하기 시작하면 유턴을 해서 돌아오기 위해 상당한 시간을 달려야 하는 것과 비슷합니다. 이렇게 기획이 중요합니다.

병원 브랜드의 처방전이라고 볼 수 있는 브랜드 캠페인의 진행과정은, ① 문제 인식, ② 문제 구조화, ③ 브랜드 캠페인 전략 및 전술 입안, ④ 브랜드 캠페인 실행, ⑤ 결과 모니터링 및 수정으로 요약할 수 있습니다.

문제 인식의 단계에서 캠페인 담당자가 먼저 해야 할 일은 병원에서 현재 풀어야 하는 과제가 무엇인지 파악하는 것입니다. '병원이 말 그대로 아무도 모르는 병원인가요?' '알지만 왠지 방문하기가 꺼려지는 병원인가요?' '오더라도 재방문할 의사가 없는 병원인가요? 와야 할 이유를 찾지 못하고 있지는 않은가요?' 등 다양한 질문을 통해 과제 거리를 발굴해야 합니다.

환경 분석을 통해 병원은 누구에게 무엇을 어떻게 커뮤니케이션해야 하는가를 찾아내고 그것이 바로 '캠페인 기획에서 뼈대와 내용'이 됩니다. 병원의 이미지를 바꾸고 싶은 것인지, 마케팅 지원 활동이 필요한 것인지, 실제 빠른 내원 환자의 증가를 원하는 것인지 등 과제를 명확히 알고 변화해야 할 최종 결과를 구체화해 본다면 처방전도 역시 분명할 것입니다.

'자사(Company)' '경쟁사(Competitor)' '소비자(Consumer)'라는 3C의 다양한 측면에서 문제를 발견하고 정의하게 됩니다. 우리 병원을 누가 주로 찾는지? 우리 병원과 경쟁하는 병원은 어떤 병원일지? 우리 병원의 현재 수준은 어떠한지? 이런 큰 덩어리의 질문들

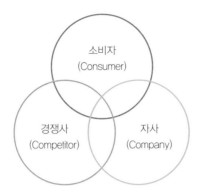

[그림 4-4] 3C 분석을 통한 병원의 문제 발견과 정의

을 던지면서 문제에 접근해야 합니다. 이를 3C 분석이라고 부릅니다. 이 과정에서 소위 SWOT(Strength, Weaknesses, Opportunities, and Threats) 분석이라는 분석을 진행하기도 합니다. 경영 현장에서 흔히 활용되어서 아는 분들이 많겠지만 병원이라는 맥락에서 정리하면 다음과 같습니다.

먼저, S는 강점(strength)을 의미하는 것으로 브랜드가 지닌 내부적인 강점을 나열하는 것입니다. 가격 경쟁력, 서비스 경쟁력, 높은 브랜드 명성, 호의적 병원 이미지, 넓은 환자 네트워크, 좋은 장비, 의료진과 병원 스탭의 친절도, 의료진의 풍부한 경험, 높은 환자 호의도와 충성도 등 병원을 강하게 만드는 다양한 요소가 나열될 수 있습니다. 병원 경영자가 보기에 강점이 무수하더라도 외부인이 보기에는 적을 수 있다는 점을 직시해야 합니다.

W는 약점(weakness)을 말합니다. 앞에 열거된 강점이 부재한 병원이면 자연스럽게 그것이 약점이 될 것입니다. 아울러, 한 병원의 강점이 또 다른 병원에게는 약점이 되기도 합니다. 예를 들어 보면,

고급 병원 브랜드로 포지셔닝하고 싶은 한 병원이 있다고 해 보겠습니다. 문제는 지금까지 쌓아 온 이미지가 서민적 병원으로 소비자에게 인식되어 있고 수익도 나쁘지 않다고 한다면 어떨까요? 병원의 기존 이미지는 새로운 병원 브랜드로 성장하는 데 큰 걸림돌이 될 수 있는 것입니다.

O는 기회(opportunity)를 의미합니다. 병원이 처한 외적 환경 속에서 찾을 수 있는 커뮤니케이션 기회라고 볼 수 있습니다. 병원이 속한 시장에 대한 높은 관심, 정부의 정책, 새로운 유행 조류 등에서 메시지 창출의 기회를 찾아내야 합니다. 예컨대, COVID-19 이후 많은 병원이 환자 부족과 감염병 대응으로 고심했지만, 피부과나 성형외과에서는 예상치 못한 기회가 찾아오기도 했습니다. 마스크를 써야만 하는 강제적인 상황이 미용 수술에는 최적의 기회였던 것이죠.

T는 위기(threat)로 병원에 위험한 외부의 환경 요소를 의미합니다. 병원산업에 대한 정부의 강한 규제, 글로벌 병원들의 국내 진출, 정부의 정책, 의료 소비 심리 위축, 소비자 단체나 NGO의 비우호적 입장 등을 들 수 있습니다. 위기는 기회처럼 통제가 힘든 면이 있습니다. 또 많은 경우 예측도 어렵습니다.

SWOT에서 SW는 내부적 요인을 OT는 외부적 요인을 다룬다는 점을 명심하고 작성할 필요가 있습니다. 실무 기획안을 보면 S와 O가 또 W와 T가 중복되거나 바뀌는 경우를 흔히 볼 수 있습니다. 물론 SWOT의 큰 성격은 같겠지만, 앞의 사례처럼 SWOT를 원하는 관심 영역에 따라 더욱 세부적으로 작성할 수도 있습니다. 단,

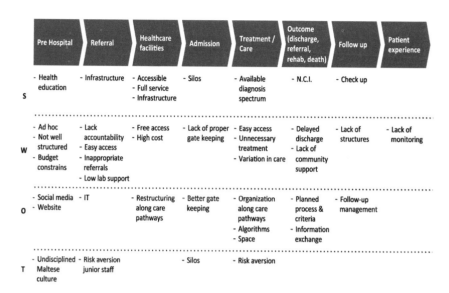

	Pre Hospital	Referral	Healthcare facilities	Admission	Treatment / Care	Outcome (discharge, referral, rehab, death)	Follow up	Patient experience
S	- Health education	- Infrastructure	- Accessible - Full service - Infrastructure	- Silos	- Available diagnosis spectrum	- N.C.I.	- Check up	
W	- Ad hoc - Not well structured - Budget constrains	- Lack accountability - Easy access - Inappropriate referrals - Low lab support	- Free access - High cost	- Lack of proper gate keeping	- Easy access - Unnecessary treatment - Variation in care	- Delayed discharge - Lack of community support	- Lack of structures	- Lack of monitoring
O	- Social media - Website	- IT	- Restructuring along care pathways	- Better gate keeping	- Organization along care pathways - Algorithms - Space	- Planned process & criteria - Information exchange	- Follow-up management	
T	- Undisciplined Maltese culture	- Risk aversion junior staff		- Silos	- Risk aversion			

[그림 4-5] 병원 SWOT 분석 사례

출처: https://www.frontiersin.org

해석의 복잡성이 더 커진다는 단점도 있으니 필요에 맞는 적절한 수준의 도해를 만들어서 활용하시기 바랍니다.

　병원을 둘러싼 내부 및 외부 환경 요소들을 꼼꼼하게 분석하면서 강점을 바탕으로 커뮤니케이션 기회를 개발하고 약점과 위협적인 요소를 현명하게 극복하는 전략을 캠페인 기획에서 수립해야 합니다. 유사한 과제를 안고 있는 병원과 다른 해결 방안을 찾으려면 이러한 체계적인 분석의 토대 위에 기획되어야 차별화된 캠페인을 실행할 수 있습니다.

　병원의 환경 조건을 간파하고 캠페인 전략을 입안하기 전에 문제 해결이라는 측면에서, 또 '병원 마케팅'의 구조라는 거시적인 관점에서 주어진 문제를 바라볼 필요가 있습니다. '한국형 포지셔닝'

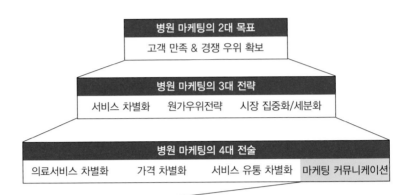

[그림 4-6] **병원 마케팅에 대한 구조적 접근**

출처: 구자룡(2003)이 제시한 모델을 참고.

(구자룡, 2003)이 제시한 도해를 병원이라는 맥락에서 재구성하면
[그림 4-6]과 같습니다. 마케팅 목표와 전략 그리고 전술이 전개됩
니다. 그리고 그 아래 커뮤니케이션 요소로서 캠페인이 존재하는
것입니다. 캠페인은 병원의 문제 해결에 있어서 결정적 역할을 하
지만 '병원 마케팅'이라는 촘촘한 구조 안에서 캠페인을 고민해야
합니다. 캠페인이 지닌 장기적이고 전략적인 속성을 고려할 때 이
런 거시적 관점은 매우 중요합니다.

　다음 단계에서 환경 분석과 거시적 진단을 바탕으로 한 캠페인
목적(campaign objective)을 제시해야 합니다. 물론 캠페인 목적은
환경 분석 이전에 병원의 브랜드 이미지를 계속 고수해 나갈 수도
있습니다. 하지만 많은 병원이 지속적인 성장을 추구하고 있어서
커뮤니케이션 환경 분석 후에 이 목적은 대폭 수정될 수도 있습니

[그림 4-7] 척추 관절의 리더로 수술과 비수술 치료에서 제일이라는 단순한 메시지를 전하는 리드힐병원
출처: http://b.medibrand.co.kr

다. 목적의 예를 들어 본다면 신규 병원의 개원을 돕기 위한 호의적 환경 조성, 병원에 대한 지속적 인지도 확산, 병원의 특정 의료 서비스에 대한 구전효과 유도 등 무엇이 이번 캠페인에서 활성해야 할 것인지를 구체화해야 합니다. 이런 목적에 따라서 중요 '커뮤니케이션 메시지(key message)'가 개발되고 정교화되는 것입니다. 병원을 포함한 기업들은 흔히 다양한 메시지를 전달하려고 합니다. 하지만 다 잘한다고 주장하는 것은 아무것도 할 수 없다고 주장하는 바와 다르지 않습니다.

캠페인 목적이 잘 정리될수록 결과를 달성할 확률도 높아집니다. 가장 많이 거론되는 원칙이 바로 다그마입니다. 다그마(DAGMAR)는 '측정 가능한 목표에 의한 광고 관리(Defining Advertising Goals for Measured Advertising Results)'의 약칭입니다. 경영 컨설턴트였던 러셀 콜리(Russel H. Colley)가 미국 광고주협회의 의뢰를 받고 1961년 발표한 것으로 알려져 있습니다.

콜리는 광고 목표를 커뮤니케이션 쪽에 두었는데 구체적으로 우리 브랜드를 아는지 확신하는지 그리고 각종 행동을 하는지를 묻는 인지율, 이해도, 확신도, 행동률로 세부 단계를 설정했습니다. 단, 당시에는 광고 목표에서 판매 목표를 제외하고 커뮤니케이션 목표만을 강조한 모델입니다. 꼭 콜리의 제안을 따르지 않더라도 '측정 가능한 목표'를 정해 두고 진행하는 캠페인은 모든 과정이 더욱 꼼꼼할 것입니다. 무턱대고 우리 병원 내원율 20% 증가라는 근거 없는 목표를 정할 수는 없겠죠. 단계에 따라서 가장 도달할 수 있으면서도 이상에 근접해 갈 합리적인 목표를 제시해야 합니다.

이렇게 크게 정의된 문제와 캠페인의 목적을 차차 세부적으로 구조화하면서 시장을 세분화하고(segmentation) 주요 목표 고객을 설정해(targeting) 그들에게 적합한 브랜드 이미지를 포지셔닝(positioning)하기 위한 전략과 전술을 입안합니다.

캠페인 목적과 목표가 설정되었다면 다음은 누구를 대상으로 어떤 커뮤니케이션을 할 것인가를 결정해야 합니다. 커뮤니케이션 대상은 제품의 타깃과는 다를 수 있다는 점을 인지해야 합니다. 타깃

[그림 4-8] STP 과정에 대한 도해

출처: https://martechlive.com/stp-marketing

이 어린이 환자라고 가정해 보죠. 당연히 어린이만을 커뮤니케이션 대상으로 설정할 수는 없습니다. 어린이 관련 의료서비스의 소비자는 어린이지만 결정 구매자는 어른이기 때문입니다. 만약 노인을 표적으로 하는 요양병원이라면 어떨까요? 병원에 큰 수익원이 되는 장례 서비스라면 어떻게 해야 할까요? 또한 서비스에 따라 우선 커뮤니케이션 대상이 최종 소비자일지, 중간 영향력 있는 사람들일지에 따라서 주요 타깃이 다를 수도 있음을 고민해야 합니다.

　수용자를 이해하는 가장 간편한 틀은 바로 C-A-B / P-A-P / T-P-O입니다. 이 9가지 알파벳 단어들로 수용자의 심리와 행동을 체계적으로 생각해 보면 많은 커뮤니케이션의 문제가 쉽게 풀리고는 합니다. 그럼 하나씩 이야기를 해 보겠습니다. 일단 C-A-B 먼저 시작해 보겠습니다. C는 바로 인지(cognitions: thoughts)를 의미합니다. 소비자의 이성에 소구하는 방법입니다. 메시지를 통해 이성적인 판단을 끌어낸다고 할 수 있습니다. 다음으로 A는 감성(affect: feelings)을 의미합니다. 마지막으로 B는 행동(observable behaviors)을 의미합니다. 인지와 감성이 관찰할 수 없어서 설문지 등을 통해 측정해야 하지만 행동은 보이는 것이라 쉽게 측정할 수 있습니다.

　P-A-P는 제품이나 서비스의 구매 전을 의미하는 P(pre-acquisition), 구매를 의미하는 A(acquisition) 그리고 구매 후를 의미하는 P(post-acquisition)를 의미합니다. 소비자의 병원 서비스 이용 전-중-후로 나눠서 커뮤니케이션 내용이 달라질 수 있습니다. 마지막으로 T-P-O는 언제 소비자가 구매하는지를 의미하

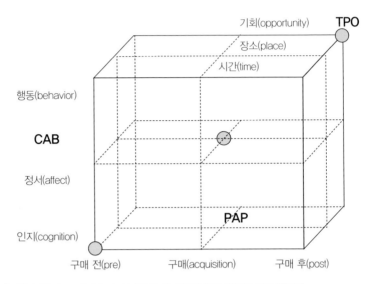

[그림 4-9] C-A-B / P-A-P / T-P-O 소비자 행동 분석을 위한 방법론

는 T(time), 어디서 구매하는지 P(place), 어떤 기회로 구매하는지 O(opportunity 또는 occasion)로 세분화해 소비자 행동을 분석할 수 있습니다. [그림 4-9]에서 보는 것처럼 3에 3을 그리고 다시 3을 곱하면 총 27개의 조건이 생성될 것입니다. 이런 여러 세부 조건의 요구 사항에 맞춰서 소통의 내용과 방법을 달리할 수 있습니다.

환경 분석에 따른 캠페인 수용자를 찾아낸 후에는 그에 따라 병원 브랜드의 강점을 살리고 약점과 위험 요소를 약화할 수 있을 캠페인 전략 구상이 이어집니다. 캠페인 목적을 실현하기 위해 타깃별로 어떠한 전략으로 커뮤니케이션해 나갈 것인지를 보여 줘야 합니다. 목표 대상별 커뮤니케이션 주제(communication theme)나 맞춤 메시지를 만들어 소통 방향성을 제시할 수 있어야 합니다. 전략 수립에는 캠페인의 콘텐츠 창의적(content creative) 측면이 제시되어야 합니다. 여기서 기획자의 경쟁력이 발휘됩니다. 구체적으로 기획자의 능력은 전략 수립에 있으며, 여타 기획안과 차별화될 수 있는 지점이 바로 여기입니다. 창의적 콘텐츠의 기본은 역시 수용자의 심리에 대한 이해입니다. 우리말로는 다 '필요'라고 비슷하게 번역되지만, 메시지를 받는 대상의 니즈(Needs: 음식, 옷, 주거지, 건강처럼 기본적으로 필요한 것들)의 결핍을 채우라는 메시지가 될지, 대상의 원츠(Wants: 원츠는 개인의 지식, 문화, 인격 등에 의해 구체화된 니즈)를 충족시키라는 것일지에 따라서 커뮤니케이션의 방향은 크게 달라집니다. '목마름을 달래기 위해 소다를 마셔라.'라고 이야기하는 것과 '목마름에는 XX콜라다.'라고 이야기하는 것이 다른 것처럼 니즈와 원츠를 구분해서 소통하는 것이 중요합니다.

미국 버지니아에 위치하고 있는 마샤 제퍼슨 여성 병원(Martha Jefferson Women's Health Center)의 광고를 보면 목표 환자가 '방문해야 할 이유(reason for visit)'와 '결과(outcome)'를 매우 단순하게 표현하면서 환자에게 적극적으로 내원을 설득하고 있습니다. 두리뭉실하지 않은 직접적 메시지를 표현하는 데도 불안하거나 우울한 느낌이 들지 않는 것이 인상적인 광고입니다. 많은 병원이 부정적이거나 자극적인 메시지를 남용하다 보니 그렇지 않아도 힘든 과정을 겪어 가고 있을 환자들에게 근심만 더하는 경우가 많다는 점을 생각해 봐야 할 것입니다.

환경 분석 조사를 통한 진단으로 우리 병원의 과제가 무엇인지, 누구를 대상으로 어떻게 이야기를 풀어가야 하는지가 앞서 언급한 과정에서 나왔다면, 다음은 구체적인 실행 방법을 제시해야 합니

[그림 4-10] 마샤 제퍼슨 여성 병원의 광고물
출처: https://www.mjhfoundation.org

다. 타깃별 혹은 커뮤니케이션 주제별로 어떠한 세부 실행 방법을
활용해야 할지를 정하는 것은 해당 병원이 현재 가진 인적·물적
능력에 따라 정해집니다. 많은 실행 방법을 집행할 수도 있고 일부
를 선택하여 실행할 수도 있습니다. 방법의 가짓수를 늘리는 것이
최대의 효과를 거두는 것은 아니므로 기획자의 현명한 선택과 집중

이 요구됩니다. 그리고 집행할 시기별로 실행 방법의 효율성에 차이가 날 수 있으므로 시의적 이슈 또한 검토되어야 합니다. 앞서 언급한 각 단계에서 단순히 바로 앞에 직면한 경영적 문제에만 집착하지 않고 장기적 관점에서 전체적인 움직임을 조망해야 합니다.

캠페인 실행 과정에서는 시장환경(market), 미디어 환경(media), 자금력(money)을 고려해야 합니다. 캠페인 실행 전반에서 늘 염두에 둬야 할 것이 바로 "충분한 자원(resource)이 있는가?"입니다. 여기서 자원은 단순히 재정적인 영역에서 마케팅 예산(marketing budget)의 정도뿐 아니라 관련한 인적 자원 여부 그리고 시간과 노력을 투자할 수 있는 상황적 여력까지를 모두 포괄하게 됩니다. 주어진 상황에 따라 어떤 자원이 더 중요하고 또 덜 중요할 수도 있겠지만 캠페인의 성격에 따라 자원 분배를 최적화하는 것이 필수적입니다.

많은 경우에서 병원들이 예산은 충분히 있더라도 마케팅 커뮤니케이션을 담당할 인력이 충분하지 못한 경우가 흔합니다. 특히 작은 병원과 의원에서는 경영자가 직접 커뮤니케이션 업무까지도 담당하는 경우가 대부분입니다. 원장님이 커뮤니케이션 업무까지도 모두 처리하는 일당백의 슈퍼맨이나 원더우먼이 되어야 할지도 모르겠습니다. 이런 경우에는 인력 자원이 부족한 상황이라고 진단할 수 있습니다. 물론 의료진이 의료 외 분야에서도 상당한 능력을 갖추고 있다고 가정해도 세부적인 커뮤니케이션의 전문성까지 겸비하기란 쉽지 않습니다. 또 변화하는 젊은 소비자들의 문화에 맞춰 제대로 소통하기란 어렵습니다. 물론 진료에 이미 소진된 체력

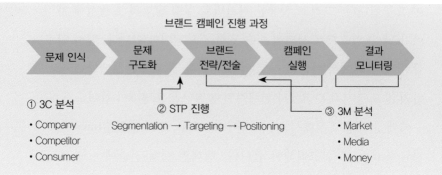

[그림 4-11] 브랜드 캠페인 세부 진행 과정

으로 이런 가외 업무까지 해결하기란 대단한 부담일 것입니다. 이런 버거운 상황에서는 과감한 판단으로 전문가에게 관련 작업을 적극적으로 외주를 주거나 전문성 있는 전담 인력을 채용하는 방안을 고려할 필요가 있습니다.

　브랜드 캠페인 기획은 병원이 직면한 문제의 정의에서 시작합니다. '잘 정의된 문제(well-defined problems)'는 자연스럽게 제대로 구조화된 기획을 끌어냅니다. 반면에 '잘 정의되지 못한 문제(ill-defined problems)'는 기획에 걸림돌이 되며 결국 주먹구구식 캠페인으로 이끌게 됩니다. 문제의 정의는 우리가 생각하는 것보다 힘듭니다. 특히 특정 병원 브랜드를 오랫동안 관리·운영해 온 병원 관점에서 브랜드를 제삼자적 객관적인 시선(third person view)에서 냉정하게 바라보기보다는 주관과 경험적인 성패를 기준으로 해석하는 경향이 있습니다. 그래서 캠페인 기획자들은 커뮤니케이션 컨설턴트라는 외부인의 관점에서 문제를 제대로 정의한 후 효과적인 캠페인 기획을 입안해야 합니다. 캠페인 기획자는 기존 캠페인의 관습과 타성을 부수고 객관적으로 시장 안에서 브랜드를 진단하며 '의미 있는 다름'을 만들어 낼 수 있도록 논리적이면서도 때로는 엉뚱할 수 있는 '캠페이너 사고방식'을 훈련해야 합니다.

미국 콜로라도 덴버에 위치한 내셔널 유태인 병원(National Jewish Health)은 호흡기 질환에 뛰어나다는 점이 병원의 특장점이지만 소비자들이 그 점을 잘 모른다는 점을 문제로 삼았습니다. 광고에서 직접 호흡기 질환에 최고인 병원이라고 이야기하는 대신에 내셔널 유태인 병원은 환자가 가지고 있는 '환자 개인

[그림 4-12] 내셔널 유태인 병원의 광고
출처: https://www.nationaljewish.org

의 스토리'에 중심을 두고 캠페인을 전개했습니다. 한 댄서가 호흡기 문제로 춤을 출 수 없게 되었던 안타까운 상황이었지만 병원의 치료로 다시 춤을 출 수 있게 만들었다는 '치유의 스토리'를 광고 소재로 활용한 것입니다. 자칫 새롭지 못할 수 있는 광고물을 독특한 스토리텔링과 아름다운 그래픽 디자인을 통해 제작하여 병원의 특성을 잘 알리는 동시에 병원의 품격과 인간미까지 함께 높인 아이디어가 있는 캠페인 사례입니다.

병원 브랜딩을 위한 전략적 포지셔닝

고객 리서치를 통해 대략적인 병원 커뮤니케이션 아이디어가 도출된 후에는 메시지를 다듬고 또 수정하는 일련의 창작 과정이 이어지게 됩니다. 이러한 과정 중에 병원을 어떤 이미지로 차별화(differentiation)할지를 고민하는 '브랜드 커뮤니케이션 포지셔닝(Brand Communication Positioning)'이 필수적입니다. 포지셔닝(positioning)이라고 하면 '고객의 마음속에 경쟁 병원과는 다른 모습으로 우리 병원을 어떻게 그려 줄지'를 결정하고 실행하는 과정을 의미합니다.

더 구체적으로 살펴보면 세분화된 특정 소비자들의 욕구를 만족시킬 수 있도록 표적 시장에 경쟁 브랜드와 차별화된 브랜드 콘셉트를 고객과 잠재 고객의 마음속에 강력하게 인식시킴으로써 구매 결정에 있어서 항상 떠오르는 브랜드가 되도록 커뮤니케이션하는 것입니다.

브랜드 커뮤니케이션 포지셔닝이란?   — □ ✕

시장의 소비자들을 세분화해 우리 브랜드가 목표로 할 수 있는 특수한 계층(segment)을 찾아낸 후 우리 브랜드가 그 목표(target) 소비자의 욕구를 어떻게 만족시키고 얼마나 그들의 생활에 효용이 될지를 알려 주는 커뮤니케이션 과정이다.

예컨대, 삼성전자는 과거 '서비스 면에서는 최고다'라는 강력한 고객 지향적 포지셔닝을 통해 경쟁사들을 압도한 바 있습니다. 포지셔닝의 특징은 단순히 우리의 바람을 투사하는 것이 아니라 우리의 경쟁 우위를 진단하고 경쟁 병원 브랜드와 소비자의 욕구를 반영해 결정한다는 점입니다. 삼성전자가 이런 포지셔닝 자산을 획득하는 데 얼마나 많은 광고비와 시간을 투자했을지 짐작할 만합니다. 서양 속담처럼 "로마는 하루아침에 이뤄진 것이 아닙니다(Rome wasn't built in a day)". 포지셔닝의 핵심은 바로 '경쟁적인 차원'입니다. 경쟁 가운데서 우리 병원의 브랜드를 소비자가 원하는 방향으로 차별화해 소통해야 합니다. 이렇게 차별적 이점이 소비자에게 편익을 주어서 시장에서 성공할 수 있어야 합니다.

물론 우리 브랜드의 현재 모습을 대대적으로 바꿔야 할 때는 포지셔닝을 대폭 수정한다는 의미를 담아서 리포지셔닝(re-positioning)

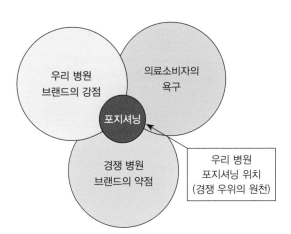

[그림 4-13] 병원 브랜드의 경쟁 우위와 포지셔닝

출처: 이문규, 김종배, 이인구(1998).

이라고 부릅니다. 물론 물리적인 제품이나 상업적 서비스를 포지셔닝하는 것과는 다르게 병원이라는 의료서비스는 치유라는 차별적인 가치와 특성을 내포한다는 점에서 세심한 주의를 요구합니다. 이 분야에 관심이 있는 분은 앨 리스(Al Ries)와 잭 트라우트(Jack Trout)가 공저한 『포지셔닝』(1979)을 읽어 보시면 좋겠습니다. 마케팅의 고전이지만 지금 읽어도 대부분이 내용이 적용 가능하다는 점이 놀랍습니다. 이 책에서는 "어떤 업종이든 시간이 지날수록 1, 2위 업체가 시장을 주도하고 3위는 군소 브랜드로 전락한다."라고 주장했습니다. 국내 병원의 경우에는 상위 10개 병원까지는 소비자의 인식과 시장에서 건재합니다. 이런 점은 우리 삶에서 필수 서비스이며 타 서비스 대비 비경쟁적 시장이기 때문이라고 볼 수 있습니다. 포지셔닝 과정에서 자문해야 할 세 가지 큰 질문은 다음과 같습니다.

1. 우리는 어디에 있는가(Where are we)?
2. 어디로 가야 하는가(Where we need to go)?
3. 어떻게 가야 하는가(How can we be there)?

정리하면 현재를 진단하고 목표를 정하고 방법을 구체화한다는 의식의 흐름과 다르지 않습니다.

포지셔닝의 방법은 매우 다양하겠지만 대표적인 기준을 간단한 체크리스트 형식으로 살펴보면 다음과 같습니다.

☑ **병원 서비스 자체**: 치료 목적과 관련해서 어떤 차별적 서비스가 제공되는가?

☑ **병원 서비스의 가격**: 소비자의 관점에서 본 의료서비스의 가격은 어떠한가?

☑ **의료기술의 혁신성**: 의료서비스와 관련된 기술이 고객에게 중요한 사항인가?

☑ **의료서비스의 용도**: 그 제품이 한 가지 용도로만 사용되는가? 다용도인가?

　예) 피부과는 치료 목적이기도 하지만 미용 목적이기도 합니다.

☑ **의료서비스의 품질**: 소비자는 제품의 품질을 어느 정도로 중요하게 생각하는가?

　예) 다른 병원에서도 유사 서비스를 제공하면 먼 거리를 이동해 방문할 필요가 없습니다.

☑ **서비스 유통 경로**: 소비자가 서비스를 만나는 모든 유통 방식들은? 소비자의 기대는?

　예) 병원을 쇼핑몰 안에 입점시킨다면? 새로운 유통 방법을 통한 포지셔닝이 가능합니다.

☑ **시장의 기호**: 소비자의 기호 트랜드의 변화를 의미합니다. 거대한 변화 가운데 의료시장에 바라는 것은 무엇인가요?

　포지셔닝에 주로 활용되는 시각화 도구가 바로 포지셔닝맵(positioning map)입니다. 퍼셉추얼맵(perceptual map)이라고도 불리는데 한국어로는 지각도(知覺圖)라고 번역되기도 합니다. 가로축과 세로축으로 나뉘는 4개 분면 가운데 우리 병원이 소비자에게 이해되는 현재 위치 매김을 이해해 보고 또 향후 위치 매김까지 고심해 볼 수 있습니다. 물론 한 축을 더해서 총 8개 분면으로 나눠서 더욱

입체적인 설명도 가능합니다. 단, 해석이 상당히 어렵고 실제 활용
에 있어서 직관적인 의사결정이 어려우므로 주로 4개 분면을 사용
한 지각도가 활용됩니다. 브랜드의 포지셔닝을 판단하기 위해서는
시장 전체를 가로와 세로로 나눠 보는 기획자의 예리한 통찰이 전
제됩니다. 예컨대, 병원시장을 환자들이 병원들에 가지고 있는 인
지 정도와 태도 긍정성으로 나눠 본다면 우리가 알고 있는 많은 병
원을 대략 위치시킬 수 있을 것입니다. 지각도를 그려 보기 전에 다
음에 열거한 기본적인 질문에 자문해 보면 좋겠습니다.

☑ 현재 우리 병원은 소비자(환자)에게 어떻게 인식되고 있습니까?
☑ 현재 우리 병원과 가장 가까운 경쟁 병원은 어떠합니까?
　　예) 예: 거리의 경쟁, 규모의 경쟁, 종목의 경쟁
☑ 우리가 바라는 이상적인 이미지로 목표 집단에 포지셔닝이 되어 있
　　습니까?
☑ 바람직한 포지셔닝은 무엇입니까?
☑ 바람직한 포지셔닝을 확립하기 위해서는 어떠한 수단을 취해야 하
　　겠습니까?

　　포지셔닝맵에서 세로축과 가로축의 내용은 우리 캠페인의 목
적에 맞아야 하며 시장 조사에 따라 과학적으로 이뤄지지만, 때
론 기획자의 직관과 시장에 대한 그동안의 이해에 따라 결정되기
도 합니다. 위치를 결정하는 것 역시 과학적인 접근과 직관적인
접근을 필요에 따라 섞어 활용하고는 합니다. 이번 기회에 여러
분 병원의 포지셔닝을 여러 축으로 그려 보는 과정 가운데서 우

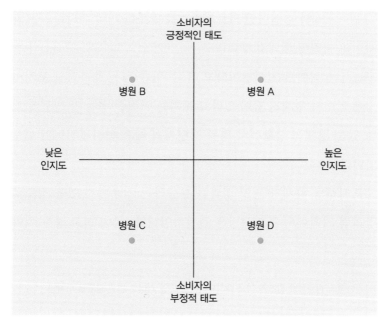

[그림 4-14] 병원 포지셔닝맵 예제

출처: https://sloanreview.mit.edu

리 병원의 현재와 미래를 고민해 보는 것도 좋은 기획 훈련이 될
것입니다.

　의료 분야에서 포지셔닝 과정은 크게 감성적 포지셔닝과 기능
적 포지셔닝의 두 유형으로 구분해 볼 수 있습니다. 예컨대, 우리
병원의 탁월한 치료 기능을 강조해 의료기관으로서 전문적 의미를
전달할 것인지 아니면 환자를 이해하는 인간미를 지닌 감성적 매
력을 강조할 것인지를 고심해야 합니다. [그림 4-15]의 엘 카미오
병원 광고물을 보면 다양한 인종의 의사들을 출연시켜 목표 소비
자의 다양성에 소구하고 있습니다. 또 의료기술에 강하다고 설득
하고 있습니다. 이렇게 기능적으로 이야기할 수 있습니다. 반면에

[그림 4-16]의 헌신적인 의료서비스를 강조한 미국 유타주의 프라이머리 어린이 메디컬 센터(Primary Children's Medical Center)의 광고는 감성적인 포지셔닝이라고 볼 수 있습니다. 효과적인 포지셔닝에 있어서 정해진 답이 있다고 보기는 어렵습니다. 각 병원이 처해 있는 경쟁적 상황에서 병원 경영자의 중요 의사결정이기 때문입니다.

포지셔닝 자체가 경영 성과를 보증하는 경우까지 있을 정도로 창의적 기획에서 포지셔닝은 결정적입니다. 국내 최고 장수 치약

[그림 4-15] 기능성과 전문성을 강조한 미국 캘리포니아주의 엘 카미오 병원 광고물 디자인
출처: https://www.elcaminohealth.org

[그림 4-16] 헌신적인 의료 서비스를 강조한 미국 유타주의 프라이머리 어린이 메디컬 센터

출처: http://www.itssodesign.com

브랜드 중 하나로 1998년에 출시된 2080 치약은 28~32개의 치아 중 적어도 20개의 건강한 치아를 80세까지 보존하자는 국민 치아 건강을 목표로 개발되었습니다. 장수를 욕구하는 소비자의 인지적 바람과 숫자가 주는 과학적 의미를 적절히 조합해 만들어진 브랜드로 당시 성능만을 지나치게 강조하던 경쟁 치약 군들과는 차별화를 통해 현재까지도 최고 브랜드 중 하나로 여겨지고 있습니다.

많은 경우 의료진의 직관에 의존해서 포지셔닝 전략을 입안하고

[그림 4-17] 포지셔닝을 통해 시장에서 강자로 자리매김한 2080 치약
출처: https://www.newspim.com/news/view/20121113000392

또 그에 따라서 광고/PR과 같은 커뮤니케이션을 실행하는 경향이 있습니다. 아무리 급하고 예산의 압박이 있다고 하더라도 실제 의료서비스 소비자의 목소리를 듣거나 제삼자적 시각으로 병원의 현재를 객관적으로 진단하는 과정이 꼭 필요합니다.

뉴미디어 시대, 병원 브랜딩의 큰 흐름은 '하이테크 + 하이터치' 라고 볼 수 있습니다. 과거의 병원 커뮤니케이션 내용을 보면 '하이테크'만 강조한 경향이 있습니다. 첨단의 기술 그리고 남다른 치료 기술만 지나치게 강조해 온 것입니다. 그러다 보니 병원들의 포지셔닝 그리고 세부 메시지가 다들 비슷비슷해서 차별화가 어려웠습니다. '하이테크(High-tech)'가 일종에 하드웨어적인 틀이라면 '하이터치(High-touch)'는 소비자의 감성 타점을 효과적으로 가격하는 것이 핵심입니다. 과거 보수적이고 진지한 형태의 하이테크 마케팅이 주를 이루었던 반면, 향후 병원 마케팅은 목표 소비자의 감성을 움직일 수 있고 흥미를 불러일으켜서 참여를 독려하는 커뮤니케이션으로 변모하고 있습니다.

병원 커뮤니케이션 캠페인의 통합적 관점 그리고 전략과 전술

브랜드 캠페인에서 통합(integration)은 상당히 중요합니다. 여기서 통합이라고 하는 것은 다층적인 의미를 지닙니다. 우선, '기존의 캠페인 주제(theme)와의 통합'이 중요합니다. "브랜드 활성화를 위한 핵심 사항은 그 브랜드가 처음에 가진 브랜드 자산이 무엇이었는지를 이해하는 것입니다"(Keller, 1998). 기존에 진행되었던 브랜드 캠페인과 달라야 하지만 브랜드 자산이라는 차원에서는 핵심 가치에 대한 공통성을 유지하는 것이 브랜드 자산을 지속해서 축적하는 데 결정적입니다. 다음으로 기업(병원)가치와의 통합입니다. 병원이 지닌 사명(mission)과 비전(vision) 그리고 병원이 추구하는 목표(goal) 그리고 현재 진행되는 브랜드 캠페인과의 연결과 통합이 중요합니다. 예컨대, 단기적 매출 상승만을 목표로 특정 캠페인을 진행했을 때 매출 목표는 달성할 수 있겠지만 장기적으로 병원 브랜드 가치와 병원의 장기적 지속 가능성에는 부정적 영향을 줄 수 있습니다.

다음으로는, '브랜드와 미디어와의 통합'을 고민해야 합니다. 주어진 예산 아래 가용한 미디어 채널들의 적절한 배합 그리고 상승 작용을 위한 최적의 조합을 구성하는 것입니다(media mix and match). 최근 소비자들은 다매체 환경에서 다양한 미디어를 동시에 복합적으로 활용하고 있습니다. 미디어 동시 소비(simultaneous media consumption)라고 불리는 현상이 바로 그것입니다. TV를 보면서 스마트폰을 쓰거나 모바일 앱을 통해 음악 콘텐츠를 소비하면서 다른 업무를 진행하는 등 다양한 매체를 동시에 소비하고 있습니다. 또한 콘텐츠를 소비하는 동시에 실시간으로 의견을 개진하기도 하는 등 미디어 활용이 상당히 복잡해지고 있습니다. 이러한 '사회적 시청(social viewing: 온라인 콘텐츠를 여러 사람이 동시 시청하고 의견을 나누는 것)'이 문화적 기술적 장벽을 넘어 본격화되고 있는 것입니다(최윤정, 2014).

이러한 다양한 미디어 활용을 염두에 두고 브랜드 캠페인에 있어서 상승 작용을 극대화하는 것이 필수적입니다. 이제 소비자는 광고를 수동적으로 보고 개인 단위에서 독자적으로 해석하기보다는 소셜 미디어에서 실시간으로 즉각 반응하면서 브랜드와 적극적으로 소통하고 있습니다. 문제는 디지털 소통이 늘 긍정적 방향이 아니라 부정적인 방향으로도 쉽게 움직여 간다는 점에 유념해야 합니다. 실제로 많은 브랜드가 이런 소셜 미디어 환경에서의 소통 과정에서의 실패를 통해서 위기를 경험했고 때로는 브랜드 가치를 크게 잃어버린 경우도 다수 있었습니다. 때로는 잘못된 브랜드 소통이 되돌리기 힘든 위기로 변모된 때도 있었습니다.

미디어 통합과 관련해서 세부 채널의 통합도 유념해야 합니다. 마케팅의 4대 요인(4 marketing mix)에서 광고는 프로모션

(promotion) 영역 아래 있고 그 프로모션 범주 아래에는 수많은 마케팅 커뮤니케이션 활동이 존재합니다. 이런 활동들이 일어나는 다양한 채널(channel)이 각기 다른 목소리를 내는 것은 마케팅 효과에 있어서 효율성을 떨어트릴 뿐 아니라 때로는 부정적 영향을 줄수가 있습니다. 따라서 브랜드 캠페인 진행에 있어서 각 채널이 조화롭게 일정한 방향의 목소리를 낼 수 있도록 '조정(coordination)' 해 주는 것이 필수적입니다. 그래서 커뮤니케이션 담당자는 일종의 오케스트라를 통솔하는 지휘자처럼 앞서 언급한 통합들을 진두지휘할 수 있도록 논리적 합리성 그리고 창의적인 사고와 함께 브랜드 캠페인에 대한 책무성까지 갖춰야 합니다.

브랜드 캠페인에서 전략(strategy)이라고 하면 전술(tactics)과 일면 유사하지만, 근본적으로 다른 의미를 지닙니다. 전략은 더욱 장기적이고 효과적인 측면을 강조하는 반면에, 전술은 단기적이고 효율적인 부분에 집중합니다. 전략과 전술은 상호 독립적이면서도 상호보완적 관계를 지닌다는 점을 명심해야 합니다. 전술은 전략이라는 큰 우산 아래서 존재하지만 훌륭한 전략이 좋은 전술로 연결되나, 좋은 전술이 모여 훌륭한 전략을 만드는 것은 아니라는 점을 이해해야 합니다. 전략과 전술의 꼼꼼한 얼개 가운데서 브랜드 캠페인이 전개되며 광고 콘텐츠와 소비자에게 콘텐츠를 전달할 채널도 달라집니다.

많은 병원이 전략과 전술을 잘못 결합하는 실수를 자주 범하고 있습니다. 다양한 형태의 광고 메시지를 각종 상황에 맞춰 급급하게 전하고 있지만 다양한 목소리가 하나의 줄기와 방향성을 가지지 못하는 경우가 발생하는 것입니다. 각종 시민 사회를 위한 봉사 활동, 언론 홍보 그리고 블로그와 제휴 마케팅 등 다양한 커뮤니케이션 채널이 전하는 메시지가 충돌하는 경우가 흔히 발생하고 있습니다. 여기서 문제점은 큰 전략적 목표를 가지고 각종 목소리를 조율해 나가는 캠페인 기획자가 없거나 있더라도 기획자가 조율에 실패했기 때문입니다. 흔히 "우리 병원은 이만큼 노력했으니 괜찮겠지?"라면서 마케터가 자기 위안에 빠지는 경우가 많습니다. 또 많은 경우 액티비티(activity)를 생산성(productivity)으로 착각할 수가 있습니다. 분주하게 움직이는 것이 곧 생산적인 캠페인을 하는 것은 아닐 수 있습니다. 노력은 많이 했는데 좀처럼 몇 발자국밖에 나아가지 못할 때 전술은 좋지만, 전략은 부실한 경우를 흔히 발견하고는 합니다.

브랜드 캠페인은 앞서 언급한 전략과 전술을 염두에 두고 근시안적 민첩성과 장기적 청사진을 가지고 집행해야 합니다. 같은 맥락에서 효과성(effectiveness)과 효율성(efficiency)을 동시에 고려해야 합니다. 여기서 효과성이라고 하면 목적에 도달했는지를 이야기하고, 효율성이라고 하면 같은 목표 달성에 있어서 얼마나 적은 투입 비용과 노력이 소요되었는지를 의미합니다. 흔히 성공 브랜드 캠페인이라고 말할 때는 전략과 전술 그리고 효과와 효율 측면의 우수성을 모두 고려해서 성공 캠페인으로 명명하게 됩니다.

매우 한정된 예산 속에서 다양한 커뮤니케이션 업무를 수행해야 하는 병원 조직의 입장에서는 흔히 효율성을 강조하는 경향이 있습니다. 부족한 예산을 통해서 소기의 커뮤니케이션 결과를 이뤄

내는 데 급급하기 쉽습니다. 병원이라는 업종에서 효율성과 효과성에 우선 순위를 이야기하라면 효과성이 더욱 중요하다고 볼 수 있습니다. 효율성을 강조하는 근시안적인 기획이 짧게 보면 많은 성과를 거둔 것처럼 보이겠지만, 조금 더 넓은 시각에서 봤을 때는 인적 노력과 예산을 낭비하고 있는 경우가 흔합니다. 단기적 행동 반응형 CTA(Call to Action) 광고가 반복되면 장기적으로 병원의 브랜드 자산을 깎아 냅니다. 할인을 남발하는 레스토랑일 경우 할인이 없으면 자연스럽게 손님의 발길이 멀어지는 것과 비슷합니다.

병원 커뮤니케이션 캠페인을 위한 크리에이티브 브리프

성공하는 캠페인과 실패하는 캠페인은 많은 경우에 '종이 한 장 차이'입니다. 이 한 장이 바로 크리에이티브 브리프입니다. 좋은 캠페인을 만들기 위해서는 좋은 로드맵(roadmap)이 필요합니다. 캠페인은 혼자 만드는 것이 아니라 다수의 전문가가 공동으로 작업하는 경우가 많고 작은 병원이라 소수 인원이 작업에 매달린다고 하더라도 그들 간 소통하는 데도 혼선이 생길 수 있습니다. 심지어는 캠페인을 입안한 당사자조차도 캠페인을 진행하면서 그 취지를 잊고는 합니다. 그래서 '문서화(documentation)' 과정이 꼭 필요합니다.

어렵고 복잡하고 비용을 많이 들인 캠페인이 곧 성공 확률이 높다고 보기 힘듭니다. 제대로 된 로드맵을 따라가는 캠페인이 쉽고 강력한 캠페인입니다. 이 로드맵을 짧게 정리한 것이 바로 크리에 이티브 브리프(creative brief 또는 CR 브리프; 이하 '브리프')입니다. 브리프는 소통을 위한 장치이기 때문에 매우 명확하고(clear) 초점을 잃지 말아야 합니다(focused). 사실 이 원칙은 모든 비즈니스 문서 작업에 적용되는 바입니다.

[그림 4-18]은 글로벌 광고 대행사인 사치앤사치(SAATCHI & SAATCHI)의 크리에이티브 브리프 문서입니다. 다른 광고 대행사 의 브리프와는 소소하게 다를 수 있지만, 캠페인의 내용과 목표를 1페이지로 간략하게 드러낸다는 면에서 핵심 내용은 크게 다르지 않습니다. 사실 형식보다는 '내용'이 중요합니다. 브리프가 담아야 하는 것은 '무엇을(What)' '누구에게(Whom)' 그리고 '왜(Why)' 캠페 인해야 하는지에 대한 주요 사항입니다. 길어야 두 장 분량의 문서 이지만 작성에는 생각보다 오랜 시간이 소요됩니다. 짧아서 어려 운 문서일지도 모릅니다. 그래서 효과가 있는 브리프를 쓰려면 충 분히 시간을 투자해서 이해가 깔끔할 때까지 계속 수정하는 것이 최선입니다. 잘 읽히고 이해되는 것이 중요하지만, 문서 안에는 가 장 중요하게 강조하고 싶은, 남들이 하지 않았던 메시지 하나는 꼭 있어야 합니다. 물론 그것이 바로 브리프의 창의성이자 기획자의 '한칼'입니다. 광고에서 관심(attention)을 끌기 위한 전략이 캠페인 기획의 절반 이상을 차지하는 것과 다르지 않습니다. 동료들의 관 심도 못 끄는데 소비자의 관심을 끌 가능성은 당연히 적겠죠.

브리프가 '설득의 기초 문서'라면 브리핑(briefing)은 '설득의 과

CREATIV EBRIEF

CLIENT	BRAND	DATE

JOB TITLE (주제)	BUDGET (예산)

CAMPAIGN REQIREMENT (캠페인의 요건)

THE TARGET AUDIENCE (목표 시청자)

WHAT IS THE ADVERTISING INTENDED TO ACHIEVE
(캠페인을 통해 성취하고자 하는 바는?)

THE SINGLE-MINDED PROPOSITION (한마디로 요약하는 소비자 제안)

SUBSTANTIATION FOR PROPOSITION (소비자 제안에 대한 뒷받침)

MANDATORY INCLUSION (필수적으로 포함할 내용)

DESIRED BRAND IMAGE (바람직한 목표 브랜드 이미지)

TIMING OF CREATIVE WORK (마감일 및 기타 일정)

[그림 4-18] **사치앤사치의 크리에이티브 브리프**
출처: https://saatchi.com

정'입니다. 설득의 최초는 바로 자기 설득입니다. 본인조차도 스스로 설득이 안 되는데 어떻게 타인을 설득할까요? 다음으로 팀 또는 동료를 설득하고 나아가 캠페인에 비용과 시간을 투자해 줄 병원의 의사결정자를 설득하게 됩니다. 캠페인은 조금은 긴 호흡입니다. 병원 커뮤니케이션 담당자는 '단기적-중기적-장기적 관점'을 동시에 가지고 경영진의 설득을 얻어 낼 필요가 있습니다. 효율성을 통해 단기적 성과를 거뒀다고 하더라도 그 방향이 달랐다면 차기 연도에 모든 것을 새롭게 다시 시작해야 하는 상황까지 발생할 수 있습니다. 속된말로 '삽질'을 무한히 반복하는 경우가 흔히 발생합니다. 커뮤니케이션을 활용해 손상된 브랜드를 재활성화하려면 혁명에 가까운 변화를 단행해야 합니다.

병원이라는 조직의 특성상 빠르고 급격한 호흡보다는 느리고 또 안정적이며 무게감이 있는 효과성 중심의 캠페인이 적합할 수 있다고 봅니다. 물론 이런 캠페인은 병원의 특성에 따라 조금은 다를 수 있습니다. 예컨대, 성형외과나 피부과와 같이 소비자의 취향과 선호에 민감한 경우에는 마케팅에 대한 성과 주기가 더욱 빠르므로 공격적이고 효율성이 높은 방법론을 사용하는 것도 타당할 수 있습니다. 이런 점은 병원의 업종 및 상황적 특성을 충분히 고려하면서 커뮤니케이션 담당자가 취사 선택할 수 있어야 할 것입니다. 과다하게 공격적인 마케팅을 통해 병원의 브랜드 가치를 떨어트리는 것은 아닌지 항시적인 자기 경계도 필요합니다.

미래병원:
병원 브랜딩 그리고 커뮤니케이션

5

병원 커뮤니케이션 캠페인과
스토리텔링

'백문이 불여일견(百聞而不如一見)', 백 번 듣는 것보다 한 번 실제로 보는 것이 훨씬 낫다는 말이 있듯, 보고 느껴지는 것처럼 생생하게 전달되는 스토리의 힘은 대단합니다. 광고계의 전설적인 인물인 데이비드 오길비(David Ogilvy)는 "최고의 광고는 광고 자체에 주의를 끌지 않으면서 제품을 파는 광고"라고 강조했습니다. 광고 같지는 않은데 끌리는 스토리, 바로 그것이 가장 강력한 설득력 있는 소통의 무기입니다. 바야흐로 '스토리텔링의 시대'입니다. 광고는 회피하려고 하지만 흥미로운 스토리에 늘 사람들은 목말라합니다. 스토리 가운데 가장 강력한 스토리가 바로 건강에 대한 스토리가 아닐까 합니다. 소셜 미디어 환경에서는 일방향(one-way) 커뮤니케이션 캠페인 전달이 아니라 청중의 공감과 참여를 만드는 것이 결정적입니다. 이 장에서는 병원 브랜딩을 위한 커뮤니케이션 캠페인에서 창의적 스토리텔링의 중요성과 활용 방법에 대해 알아보려고 합니다.

병원 커뮤니케이션 캠페인에서 스토리텔링의 역할

헬스케어뿐 아니라 전 산업에서 품질의 평준화로 브랜드 이미지의 차별화가 중요해졌습니다. 더 나아가서 브랜드 스토리가 중요해지고 있습니다. 그런데도 요즘 광고는 화려하기만 한 경우가 많습니다. 컴퓨터그래픽, 편집기술과 인공지능의 도움으로 시청각적으로는 완벽에 가깝지만 뭔가 부족한 느낌은 지울 수 없습니다. 병원 광고 커뮤니케이션에서 단순히 유명인(celebrity)이나 의료 전문가가 보증인(endorser)으로 등장해 병원의 장점을 열거하는 방식에서 벗어나 창의적인 시도가 늘어 가고 있습니다. 흔히 창의성(creativity)이란 "한 번도 만나지 않았던 두 가지 이상의 단어나 의미를 유의미한 관계로 만나게 하는 것"이라고 정의됩니다. 서로 다른 것이 만나 새로운 것을 만든다는 것이 핵심이죠. 물론 브랜딩에서 크리에이티브는 목표 소비자(잠재 환자)로부터 예상되는 반응을 고려해야 하며, 마케팅 목표와 일치하는 방향으로 결정되어야 합니다. 이런 방향성이 없다면 예술이나 작가의 취미라고 볼 수 있습니다. 그 창의성의 중심에 '스토리텔링(이야기 만들기)'이 있습니다.

수많은 광고의 융단폭격 가운데서 원하는 콘텐츠를 소비하는 요즘 독자들의 주목(attention)을 끌기란 더욱 힘들어지고 있습니다. '주목이 바로 돈(Attention is money)'이라는 주의경제(attention economy)라는 개념까지 등장할 정도로 주목은 바로 환전 가능한 실제 자산으로 기능합니다. 시선을 끌기 위해 캠페인이야말로 그 어느 콘텐츠보다 더 기발해야 합니다. 광고를 즐겨 보는 사람은 광고주 정도밖에는 없습니다. 물론 당연한 말씀이겠지만 사람들은 대부분 교육, 설교, 훈계를 싫어합니다. 보고 싶지 않은 광고가 훈계까지 한다면 더 실망스럽겠죠. 실제 N사가 2019년에 발표한 언론사와 광고수익을 나누는 '광고수익 배분 6대 팩터'를 보면 양적 팩터 가운데서 핵심은 여전히 '독자의 주의'를 끄는 데 있음을 알 수 있습니다([그림 5-1] 참조).

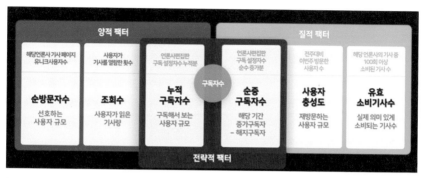

[그림 5-1] N사가 언론사와 광고수익을 나누는 '광고수익 배분 6대 팩터' 도해

출처: http://www.naver.com

　이런 환경 가운데 광고의 내용과 방식은 자연히 자극적인 것이 주를 이루는 것입니다. 문제는 전통적인 광고 방식에 대한 소비자의 적극적인 저항입니다. 온라인 광고를 차단해 주는 전문 소프트웨어인 애드블로커(Ad Blocker)를 설치하는 소비자가 늘고 있습니다. 소비자 입장에서 애드블로커는 광고에 노출되는 피로감을 없애고 관심 주제에 대한 빠른 웹서핑이 가능하다는 점에서 인기를 얻고 있습니다. 애드블로커는 아시아 국가들보다 유럽이나 북미 국가들에서 더 활발하게 사용되고 있는데 북유럽 국가들과 영국, 독일, 프랑스 등은 비교적 높은 광고차단 소프트웨어 이용률(20~39%) 보여 줍니다. 특히 15~25세 젊은 소비자들의 애드블로커 이용률은 50%를 상회하고 있어서 젊은 소비자에게 광고 집행을 곤란하게 하고 있습니다.

　단순히 광고 자극을 넘어서 소비자를 실제로 움직일 수 있는 스토리 방식이 최근 주목받고 있습니다. 바로 사용자 충성도나 재방문 등을 계산하고 그 중요성의 비중을 높여 가면서 '자석처럼 소비자를

애드블로커란?   — □ ✕

온라인 광고를 미리 차단해 주는 광고 차단 소프트웨어를 말합니다. 흔
히 애드필터(ad filter)라고도 불리는데 인터넷 익스플로러나 크롬과 같
은 웹브라우저에 추가로 설치되어 HTML, 어도비, 쇼크웨이브와 같은
인터넷 광고의 다양한 코드를 자동으로 감지하고 작동을 선제적으로 차
단함으로써 광고 노출을 사전에 방지하는 기능을 합니다. 때로는 애드
블로커가 본인의 광고만 보여 주는 때도 있어서 애드웨어(adware)라고
분류되기도 합니다.

끄는 콘텐츠(magnetic content)'의 중요성을 인식하고 있는 것입니다.

트랜스 미디어 스토리텔링 전문가인 헤리 젠킨스(Henry Jenkins)
MIT대학교 교수는 그의 저서인 『융합문화(Convergence Culture)』
(2008)에서 '참여적 문화(participatory culture)'는 단지 기술적인 수
준에 따라 완성되는 것이 아니라 바로 콘텐츠 소비자의 손으로 직
접 완성된다고 주장했습니다. 아무리 잘 만들어진 광고 콘텐츠라
도 소셜 미디어 환경에서 참여를 유도하지 얻지 못한다면 소기의
광고 효과로 이어지기 힘들다고 이해할 수 있습니다. 반면에 완성
도가 부족하더라도 소셜 반응을 제대로 끌어낸다면 바로 효율적인
브랜드 캠페인이라고 평가할 수 있습니다.

같은 맥락에서 소셜 미디어에 집중한 브랜드 캠페인이 가장 주
목하는 지점은 바로 '획득된 미디어 효과(earned media effect: 캠페
인을 통해 얻은 자발적 구전 효과)'의 극대화라고 볼 수 있습니다. 그
리고 이를 만들기 위해 집행한 캠페인이 어떻게 온라인상에서 충

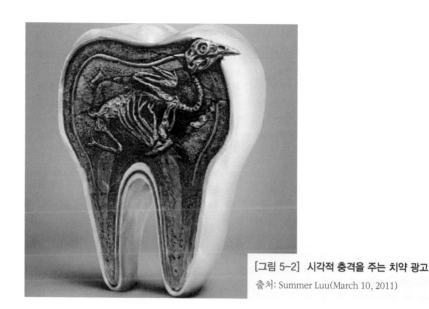

[그림 5-2] **시각적 충격을 주는 치약 광고**
출처: Summer Luu(March 10, 2011)

[그림 5-3] **호기심을 통해 자연스러운 주목을 유도하는 고속도로 광고**
출처: https://fairwayoutdoor.com

분한 웹 가시성(online visibility)을 얻을 수 있을지를 고심해야 합니다. "검색되지 않으면 존재하지 않는다."는 명제가 일상화된 요즘 디지털 검색 환경에 더 친절해질 필요가 커진 것입니다. 또 검색과 참여를 끌어내기 위한 양질의 브랜드 스토리 개발이 브랜드 캠페인에서 결정적인 역할을 담당하게 되었습니다.

커뮤니케이션의 효과는 크게 콘텐츠가 만들어 내는 '메시지 효과(message effect)'와 메시지를 전달해 주는 매체가 주는 효과인 '채널 효과(channel effect)'로 구분해 볼 수 있습니다. 소셜 미디어를 포함한 수많은 신매체가 성장함에 따라 '채널 효과'에 대한 관심이 크게 늘어 갔지만 최근 소셜 미디어의 급성장은 효과의 중심을 다시 '메시지(또는 콘텐츠)'로 돌려 놓았습니다. 소셜 미디어가 가지고 있는 콘텐츠 공동소비에서의 핵심이 바로 '창의적 콘텐츠(creative content)'이기 때문입니다.

창의적 스토리와 기술을 결합할 때 그 커뮤니케이션 효과는 극대화됩니다. 2016년 미국 맴피스(Memphis)에 소재한 세인트 주드 어린이 연구 병원(St. Jude Children's Research Hospital)은 여행 전문 기업인 익스피디아(Expedia)의 후원으로 'St. Jude Dream Adventures' 캠페인을 진행했습니다. 오랫동안 투병해야 하는 어린 환자들에게 가상현실을 통해 간접적으로 여행 체험을 제공하여 환자의 치유를 돕고 힘든 병원 생활 적응을 도왔습니다. 방 안 사방이 모두 초대형 스크린으로 설치된 특별한 방에서 어린이들은 생생한 가상현실을 체험하고 실제와 유사한 여행을 간접 경험할 수 있었던 것입니다. 소셜 미디어에 활발하게 공유되면서 본 캠페인

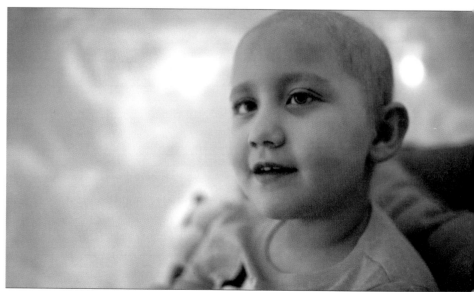

[그림 5-4] 중병을 앓고 있는 어린 환자들에게 특별한 여행 체험을 제공한 익스피디아의 마케팅

출처: AD AGE, https://adage.com/creativity

을 진행한 병원뿐 아니라 후원사인 익스피디아도 상당한 홍보 효과를 거뒀습니다. 스토리텔링의 성공은 바로 사람들의 마음을 이해하는 것에 있다는 점을 배울 수 있었던 캠페인입니다.

실제로 미디어를 통해 유통되는 수많은 콘텐츠 가운데 이제 브랜드 캠페인의 수단으로 개발된 브랜드 스토리(brand story)의 비중이 크게 높아지고 있습니다. 직접 광고형 스토리, 간접적 광고 스토리, 그리고 소비자가 브랜드에 관해 이야기하는 자생적 브랜드 스토리까지 포함하면 우리 소비자들은 취침 시간을 제외한 대부분 시간을 반강제적으로 브랜드 스토리와 함께하고 있다고 볼 수 있습니다. 특히 디지털 미디어를 통해 확산하는 브랜드 스토리는 '이야기 가치(talk value)'를 추구하며 소비자의 자발적 공유(sharing)를 통해 확산하는 효과를 위해 총력을 다하고 있는 것입니다(김병희, 2012). 하지만 각종 자극적이고 설득력 있는 스토리가 넘쳐나는 스토리 과잉의 경쟁적 환경에서 상품/서비스를 판매하겠다는 분명한 의지를 지닌 브랜드 캠페인이 소비되고 공유되며 효과를 발휘하는 것은 생각처럼 쉽지 않습니다.

실제로 병원에서 환자가 경험한 미담이나 직원들의 소소한 이야기를 병원 홍보를 위한 브랜드 콘텐츠로 개발한 사례가 많아지고 있습니다. 하지만 이러한 사례들이 실제로 온라인 소셜 미디어를 통해서 회자되는 경우는 극히 드뭅니다. 그 이유는 스토리 제작물의 완성도가 부족하다는 이유가 물론 주요하겠지만, 사실 더 중요한 이유는 콘텐츠가 가지고 있는 내용의 진정성이 부족하고 콘텐츠가 숨기고 있는 의도기 '병원 마케팅을 위한 무엇'이라는 뚜렷한 목적이 있다는 것을 소비자가 알고 있기 때문입니다. 물론 이런 정도의 완성도를 가진 콘텐츠조차도 드물고 '치료 또는 시술 전후 비교 광고(before-after advertisement)'나 진료과목이나 새로운 치료법에 대한 버겁도록 긴 서술이 주를 이루는 것이 현실입니다.

　광고학에서 이러한 이슈를 설득 지식 효과(persuasive knowledge effect)라고 부릅니다(Friestad & Wright, 1994). 구체적으로 사람들은 타인이 설득하려는 의도가 있을 때 방어적으로 대응하는 경향이 높으며 사람들은 청소년기 이후에 일종의 설득 지식이라는 방어기제(defensive mechanism)를 확고히 하고 광고/마케팅 자극으로부터 자신을 보호하고 있는 것입니다. 그래서 병원이 급조해 낸 진정성이 부족한 브랜드 콘텐츠에 대해서 상당히 방어적이 되는 것입니다. 특히 병원이라는 일종의 공공성을 담보하고 있는 특별한 서비스업의 경우에는 직접적인 설득 의도가 드러나는 콘텐츠는 종종 도리어 부정적 결과로 이어지기도 합니다. 따라서 병원을 위해서 브랜드 스토리를 개발할 때는 여타 서비스 업종을 위한 스토리를 개발할 때보다 더 신중해질 필요가 있습니다.

　지나친 광고 설득의도(persuasion intention)가 도리어 브랜딩에 부정적 영향을 주는 경우는 쉽게 찾을 수 있습니다. 코를 심하게 고는 것은 당사자에게도 숙면을 방해하는 걱정거리겠지만 함께 사는 가족들에게 크나큰 고통이 됩니다. [그림 5-5]의 코골이 전문병원 광고는 과학적 치료 방법을 통해 코골이 증상을 완화할 수 있다고 강조하고 있습니다. 하지만 산소호흡기를 쓰고 있는 환자의 모습을 보여 줌으로써 의도치 않게 코골이 치료에 대한 두려움을 증

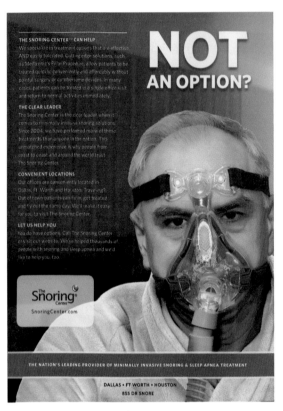

[그림 5-5] 코골이 전문병원 광고

출처: https://snoringcenter.com

폭시키는 듯합니다. 소비자에게 공포를 심어 주려는 의도는 없었겠지만 실제로 이 광고를 접한 소비자들은 치료 과정에 대해 큰 두려움을 느꼈을 것입니다. 광고 심리학에서 콘텐츠를 보고 느낀 공포가 일정 정도(역치 수준: threshold)를 넘어갔을 때 공포활용 광고(fear appeal advertising)의 효과가 낮아진다는 많은 연구가 있었습니다(Ray & Wilkie, 1970). 이처럼 병원 브랜드 콘텐츠에서 공포를 강조하는 방법은 주목을 얻는 데는 성공적이지만 실제 내원을 일으키는 데는 한계점이 있다는 점을 명심해야 합니다. 단순히 자극적인 스토리를 만들어 내는 것뿐 아니라 그 후에 우리 병원에게 어떤 실익이 되는지를 고민해 봐야 할 것입니다.

병원 스토리텔링의 성공 전략

각종 스토리가 폭발적으로 생산되고 확산하는 현재의 환경은 가히 '복잡 스토리 환경(complex story environment)'이라고 간주할 수 있습니다. 24시간 매 순간 우리와 함께하는 스마트폰은 스토리의 무한 생산 공장이라고 할 수 있습니다. 이런 카오스적인 스토리 환경에서 브랜드 스토리를 만들고 유통하는 브랜드 캠페인은 크게 두 가지 위기를 맞이하고 있습니다. 우선 스토리 생산(story production)의 위기입니다. 복잡 스토리 환경에서 소비자들은 제한된 시간과 능력 속에서 새로운 스토리를 접하게 되고 결국 스토리 큐레이션 서비스 또는 본인의 자발적 의지에 따라 선별적으로 정보에 노출하는(selective exposure) 현상이 한층 심화하고 있는 것입니다. 독자 여러분이 잠시 책을 덮어 두고 "오늘 본 광고 중 기억나는 광고를 이야기해 보세요."라는 요청을 받으면 광고를 기억해 낼 독자분이 있을까요? 많은 광고에 노출되지만 기억하기 쉽지 않습니다. 이러한 선별적 스토리 소비는 대중매체의 위기와 맞물려 있는데 소비자들이 대중매체의 비차별적 정보를 소비할 기회가 점차 줄고 있다는 점을 알아야 합니다.

스토리 가운데서 가장 많은 주목을 받는 사연이 단연 '건강과 의료에 대한 스토리'라고 할 수 있습니다. 실제로 전파 미디어와 디지털 미디어 어디를 보아도 건강 콘텐츠가 무수합니다. 웹 포탈뿐 아니라 TV홈쇼핑을 가득 메운 무수한 건강 정보를 가장한 건강식품

광고는 정보가 아니라 피로함으로 다가올 정도입니다. 가시오가 피부터 천마까지 유행에 유행을 창조하면서 새로운 소비를 만들어 갑니다. 과장이나 허위 광고는 문제가 있겠지만 좋은 제품까지 이런 마케팅 정보 공해 가운데서 존재감을 발휘하지 못하는 경우도 많습니다.

의료와 건강이 주목을 받다 보니 다양한 제품과 서비스에도 건강을 중심으로 한 마케팅과 홍보가 진행되는 사례도 크게 늘고 있습니다. 2020년 11월에 보도된 기사를 보면 삼성전자 '갤럭시 워치 3'에 탑재된 '심전도 측정 기능'이 사용자의 목숨을 구한 사례가 언론에 소개되기도 했습니다(머니투데이, 2020. 11. 3.). 단순히 제품 관련 기능을 소개하는 대신에 소비자 생활의 단편을 중심으로 기능을 소개하다 보니 독자에게 더 의미 있게 받아들여졌다고 볼 수 있습니다.

선별적 스토리 소비는 결국 같은 나이의 유사 사회심리계층

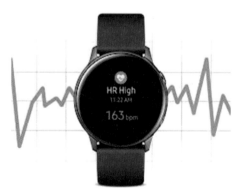

[그림 5-6] 갤럭시 워치의 심전도 기능
출처: https://www.samsung.com

(Social Economic Status: SES)의 소비자더라도 다른 내용의 스토리 추구하는 계층 내 '스토리 디바이드(story divide)'를 초래하고 있습니다. 예를 들면, 이제는 특정 소셜 미디어에 접속하는 동일 나이의 유사한 사회적 배경의 소비자더라도 자신의 선호에 맞는 취향 콘텐츠만 선택적으로 소비하고 있는 것입니다. 과거 브랜드 캠페인이 계층에 따라 다른 미디어를 소비하는 것에 착안해 미디어나 채널을 선택하는 '미디어 디바이드(media divide/channel divide)'를 고심하며 커뮤니케이션 전략을 마련했지만, 이제는 같은 미디어 속에서도 다른 스토리를 찾는 브랜드 스토리 전략을 고민하게 된 것입니다. 사실 유튜브는 이런 스토리 디바이드를 더 극대화했습니다. 여러분 동료의 유튜브 추천 영상과 여러분의 추천 영상은 전혀 다를 것입니다. 100만 유튜버 팔로워를 자랑하는 유튜버더라도 특정 영역에 무관심한 시청자에게는 무명의 유튜버일 뿐입니다.

브랜드 캠페인에서 '스토리 유통(story distribution)'의 전략에 주목해야 합니다. 과거 유통의 방식이 전통적 관점의 광고매체를 통한 유통이었다면 이제 스토리 유통의 방법론은 혁신을 거듭하고 있습니다. 이 변화의 중심에는 '소비자의 목소리(consumer voice)'가 있는데 결국 소비자 스스로가 제품에 관한 이야기를 창조 또는 변용하는 동시에 대중에게 공유해 유통하도록 유도하는 것입니다. 결국, 병원을 포함한 기업에 주어진 과제는 기초적으로 개발된 스토리를 최적의 장소와 상황에 내어 놓는 것이고 소비자의 자발적 유통을 촉진하는 것이라고 볼 수 있습니다. 특히 병원 마케팅에서 구전의 중요성은 절대적입니다. 구전은 고객들에게 의료서비스에 대한 절대적인 정보를 제공합니다.

　새로운 고객의 약 30%가 긍정적 구전을 통해 상품이나 서비스를 선택한다고 합니다(Zeithaml et al., 1996). 특히 의료서비스는 광고와 홍보에 대한 엄격한 규제로 인해 마케팅이 활발하지 않고 따라서 지인이나 웹을 통한 구전에 의지한 병원 선택이 주로 이루어지고 있습니다. 건강과 생명을 다루는 의료서비스의 선택에 있어서 구전의 중요성은 무시할 수 없습니다. 구전을 촉진하기 위해서 다양한 방법론을 활용할 수 있습니다. 그 가운데 하나는 영향력 있는 인물과의 협업입니다. 월드 스타인 조니 댑(Johnny Depp)은 대형 병원들을 깜짝 방문하는 것으로 유명합니다. 그는 자신이 주연으로 열연한 〈캐러비언의 해적(Pirates of the Caribbean)〉의 주요 인물인 잭 스패로우(Jack Sparrow) 선장으로 차려 입고 어린 팬들을 찾아가고는 합니다(https://metro.co.uk). 이런 흥미로운 방문 행사는

[그림 5-7] **조니 댑의 환자 방문(Great Ormond Street hospital)**
출처: https://starfever.ru/dzhonni-depp/34517

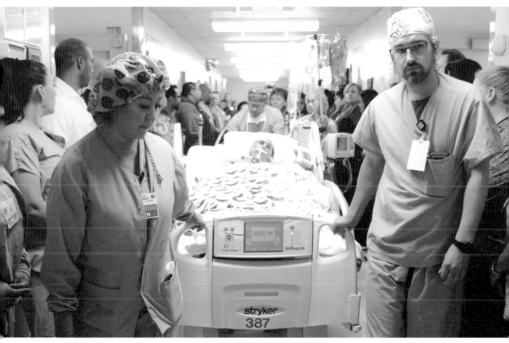

[그림 5-8] 장기기증을 통해 5명의 생명을 살린 장기기증자를 위한 감사 행사

출처: https://www.insideedition.com

이야기 소재가 되고 소셜 미디어에 큰 영향력을 만들어 내는데 병
원에게나 또 배우에게나 모두 긍정적인 의미로 대중과 소통할 수
있는 효과적인 협업입니다. 이처럼 병원은 다양한 방법을 통해 소
셜 미디어에서 구전을 만들어 내고 있습니다.

　2019년 12월 미국 캘리포니아 남부 샌디에이고(San Diego)에 위
치한 트라이시티 병원(Tri-City Medical Center)에서는 본인의 장기
를 기증해 5명의 생명을 살린 장기기증자(Gwen Daigle, 당시 51세)
에게 감사를 표현하기 위해 의료진이 경건한 감사 행사를 진행했
습니다. 본 행사 관련한 보도는 2020년 기준 유튜브에 약 400만 시

청자를 기록할 정도로 전 세계적으로 큰 구전 효과를 일으켰습니다. 장기기증자에 대한 진정성 있는 감사의 마음을 담은 독특한 동영상 스토리가 많은 사람의 공감을 얻은 것입니다. 이 행사 영상을 병원에 대한 홍보 콘텐츠라고 인식한 사람은 없을 것입니다. 그만큼 진정성과 의미를 담은 행사였고 종국에는 세계적인 반향을 만들어 낸 것입니다.

스토리 유통에서 또 중요한 것은 소비자의 행동 패턴에 기반을 둬서 '발견 가능성(find-ability)'을 높이는 것입니다. 주요 검색엔진에 '키워드 최적화(keyword optimization)'을 통해 검색도를 높이는 것뿐 아니라 제품과 관련된 온라인 사이트의 최적화를 통해 온라인 환경에서 소비자의 흐름을 자연스럽게 유도하는 것이 필수적입니다. 마지막으로 스토리 유통에서는 경쟁사 대비 광고량을 의미하는 'SOV(Share of Voice)'가 아니라 'SOVV(Share of Valuable Voice)'가 더욱 중요한데 여기에서 SOVV라고 하면 얼마나 많은 소비자가 '브랜드의 발전에 도움이 되는 목소리(valuable voice)'를 내고 있는가를 의미합니다. 의미 있는 목소리라면 단지 긍정적이고 일방적인 응원뿐 아니라 관심이 있는 쓴소리까지 포함하는데 SOVV가 많아질수록 브랜드에 대한 소통을 확산하는 데 긍정적 효과를 만들어 냅니다. 고객의 쓴 소리에 침묵하지 않고 합리적으로 대응했을 때 부정적 이슈조차도 긍정적으로 바꿔 낼 수 있습니다. 이런 맥락에서 의료소비자의 민원/불만이 병원 경영에 주는 함의는 상당합니다.

디지털 미디어 채널의 폭증은 생산된 브랜드 캠페인을 위한 스토리를 매체에 유통하는 데 복잡성을 더해 주고 있습니다. 구체적으로, 앞서 언급한 스토리 디바이드에 따라 과거에 보지 못한 콘텐츠와 브랜드 스토리의 충돌이 늘어 가고 있는 것입니다. 예컨대, A 소셜 미디어 채널에 삽입돼 소비자에게 전달된 브랜드 스토리가 A 채널의 매체 성격 또는 콘텐츠 성격과 맞지 않아서 목표한 광고 효과를 거두지 못할 수 있습니다. 광고가 도달은 했지만 소기의 성과를 거두지 못하게 된 것입니다. 광고가 삽입된 미디어 콘텐츠의 시청자 영향력에 의지하는 광고의 근원적 한계를 고려할 때 이런 콘텐츠와 광고 간의 맥락 충돌은 브랜드 캠페인에 있어서 심각한 문제로 드러나고 있습니다. 이런 이유에서 콘텐츠 의존형 광고가 아닌 스스로 독립돼 소비자를 끄는 '독립형(stand alone) 브랜드 스토리'에 대한 수요가 빠르게 늘어 가고 있습니다. 또 독립형 스토리로 소비자들을 유입시키는 목적의 브랜드 캠페인이 늘어 가고 있기도 합니다.

독특함(originality)을 갖춘 콘텐츠는 큰 매체 비용 없이도 상당한 광고 효과를 만들어 낼 수 있습니다. 최근 마케팅/광고/PR 산업에서 인기를 얻고 있는 개념이 바로 '브랜드 저널리즘(brand journalism)'입니다. 마치 언론이 뉴스를 생산하는 것처럼 기업들이 브랜드 뉴스를 생산해 소비자와 적극적으로 소통한다는 개념인데 독특한 콘텐츠의 생산과 유통을 통해 청중의 자발적 반응을 끌어 내는 것이 브랜드 저널리즘에서 핵심적 역할을 담당합니다. 실제로 삼성은 2015년 삼성 뉴스룸(https://news.samsung.com)을 만들어 광고성 내용을 연성의 콘텐츠로 전환해 전달하고 있습니다. 코

Coca-Cola Journey™
Refreshing the world, one story at a time

| FRONT PAGE | STORIES | OPINIONS | BRANDS | VIDEOS | UNBOTTLED | FOOD |

#5by20 • 2013 Water Report • 2013 Climate Protection Report • 2012-2013 Sustainability Report • PlantBottle Technolog

FRONT PAGE > THE OPENER

The Opener

More Topics | The Opener

Cheesy Bacon Bombs
I was sitting around one day just thinking about how nice it would be to pop a hot, gooey, cheesy, bacon wrapped little dough puff into my mouth, yep, that's what I was ...

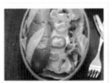

Philly Cheesesteak With Sweet Peppers and Homemade Provolone Sauce

Coca-Cola Chocolate Chip Cookies
Try this twist on a family favorite. Makes roughly 32 cookies. About the Author A native Oregonian, Eva Marie Kosmas currently resides in Los Angeles, California. Her love of ...

Pickled Pepperec Golden Raisins
One of the most endearin of Thanksgiving is the tra behind the holiday that ea holds close to their heartl Thanksgiving may look dif

Flourless Chocolate Chocolate Chip Cookies

Easy Mile-High Pumpkin Pie With Bourbon Caramel Glaze

[그림 5-9] **코카콜라의 여정**
출처: https://www.coca-colacompany.com/journeyxjourney

카콜라는 2012년 코카콜라의 여정(Coca cola journey) 사이트를 론 칭한 이래 영상과 음악, 음식, 여행, 스포츠, 혁신, 컬처 등 독자가 흥미를 느낄 만한 카테고리의 콘텐츠를 정기적으로 제공하고 있습 니다. 앞서 언급한 상업 브랜드뿐 아니라 공공 영역에서도 브랜드 저널리즘은 활발합니다. 미국 백악관 브리핑룸은 누구나 기자가 받는 것처럼 브리핑을 받을 수 있도록 매일 업데이트되는 언론 브 리핑을 공개하고 있습니다. 대통령 또는 대변인이 기자와 나눈 일 문일답까지 일일 공개하고 있는 점이 인상적입니다.

유명 PR 회사인 마크 레이건(Mark Ragan) 레이건 커뮤니케이션즈(Lawrence Ragan Communications) 대표는 "현대 소비자는 자신이 원하는 콘텐츠를 능동적으로 선택하며 정보를 소비한다."며 "따라서 미디어 역시 대중이 원하는 것이 뭔지 파악해 그걸 직접 이야기할 수 있어야 한다."고 주장했습니다. 이제는 병원도 이런 흐름에 따라 독자적으로 또는 기업이나 지역사회에 연계해서 흥미로운 콘텐츠를 만들어 내야 할 것입니다. 실제로 메이요 클리닉은 스프링클러(Sprinklr)라는 소셜 미디어 확산 및 성과분석 시스템(Customer Experience Management: CXM)을 도입해서 의료 브랜드 저널리즘 분야를 선도하고 있습니다.

의료와 관련한 좋은 사례로 실제 친구 사이인 세 명의 전문의가 만나 시작된 유튜브 채널 '닥터프렌즈'는 주목할 만한 의료 콘텐츠입니다. 의학 정보를 쉽고 재미있게 전달하는 콘텐츠로 사랑받으며 2021년 2월 기준 구독자 64만 명이 넘는 인기 채널로 자리 잡았

[그림 5-10] 스프링클러의 소셜 미디어 대시보드

출처: https://www.sprinklr.com

습니다. 의사의 꿈을 지닌 청소년들과 함께하는 실시간 문자 Q&A 코너를 통해 다양한 직업적 궁금증을 해결해 보기도 합니다. 또한 의사의 실제 생활 비하인드 스토리와 간단한 건강 상식까지 전달하면서 거리감 있게 느껴지는 의사를 마치 가족이나 친구처럼 느끼고 공감할 수 있도록 콘텐츠를 독특하게 구성해 사랑받고 있습니다.

닥터프렌즈의 채널에 들어가서 동영상을 인기 기준으로 정렬하면 가장 높은 조회수의 영상부터 차례대로 볼 수 있습니다. 이 중 건강 상식이나 특정 증상에 관한 설명 영상은 이명과 스테로이드, 불면증, 그리고 코골이 정도이고 나머지 영상의 주제는 대부분 의사의 개인적인 이야기, 흥미로운 주제들을 의학과 연결한 것이었다는 점에 주목해야 합니다(결혼, 의대 입시, 직업병, 월급, 쇼핑, 대학 시절 이야기, 영화, 드라마 등). 병원과 의료서비스를 기존의 틀에 맞춰서 관행적으로 생산하기보다는 새로운 각도에서 만들어 내는 시도가 필요합니다.

[그림 5-11] 유튜브 채널 '닥터프렌즈'
출처: https://www.youtube.com/channel/UCVfLNEch9YxD4tX1L-crkMQ

복잡한 스토리 환경에서 브랜드 캠페인이 살아남을 수 있는 또 다른 핵심은 바로 단순함(simplicity)입니다. 물론 여기에서 단순함은 소비자에게 보이는 단순함이며 그 근저에는 데이터와 전략이 기반이 되어야 합니다. 2008년과 2012년 오바마 대선 캠페인에서 크리에이티브 디렉터로 근무하면서 젊은 나이에 업계의 스타로 등극한 스콧 토머스(Scott Thomas)는 디지털 커뮤니케이션의 핵심은 '단순성(simplicity)'이라고 규정했습니다. 오바마 캠페인의 비결을 요약하면 "디지털 커뮤니케이션은 청중이 무엇을 원하는지를 알고 가장 단순한 형태로 원하는 것을 전달하는 것"이라고 강조했는데 소비자들은 복잡하고 아름다운 것을 즐기지만 늘 직접적 (straightforward)이고 일관적(consistent)인 것, 즉 '단순한(simple)' 것을 원하기 때문이라고 역설했습니다. 소비자를 둘러싸고 있는 스토리 환경이 더욱 복잡해지고 생활이 더욱 분주해지면서 소비자는 더욱 단순하고 직관적인 것만을 추구하게 되는 경향이 있습니다.

　스토리는 특히 소비자가 이해하기 힘든 첨단기술/서비스를 소통할 때 강력한 효과를 만들어 낼 수 있습니다. 그 이유는 스토리가 일반인인 소비자의 언어적 표현 방식과 생각의 구조를 그대로 반영하고 있기 때문입니다. 실제로 소비자는 사실(fact)의 나열을 기억하는 것이 아니라 사실이 엮여 의미 있게 해석된 스토리를 기억합니다. 의료서비스를 포함한 첨단 제품의 스토리 경영에서 모범적인 사례로 미국 모터바이크의 장수 브랜드인 '할리데이비슨 (www.harley-davidson.com)'(이하 '할리')을 거론할 수 있습니다. 할리는 제품의 성능을 품목별로 전달하기보다 '할리를 타는 사람의

[그림 5-12] 할리 오토바이의 유류통, 휠 등 각종 부품을 전시한 박물관
출처: https://www.harley-davidson.com

이야기(Harley Rider's Stories)'에 집중했습니다. 또한 크고 작은 모터바이크 부품을 라이더(소비자)에게 개인화된 형태로 제공해 소위 '맞춤 문화(custom culture)'를 할리데이비슨 브랜드의 핵심 경쟁력으로 만들었습니다. 할리를 소유하게 되면 '할리를 타는 그룹(Harley Owners Group: HOG)' 커뮤니티에 소속되는 자부심을 느끼는 동시에 나는 다르다는 '독립감'을 느낄 수 있습니다. 맞춤 세작

을 장려하는 문화적 가치를 통해 할리는 타 브랜드가 대적할 수 없는 존재감과 소비자 충성도를 만들어 냈습니다. 할리의 스토리 경영은 '할리는 기술이 아닌 문화'임을 전달하는 데 중점을 두고 있는데 실제 서점에서는 할리를 타는 할아버지와 할머니, 아버지와 어머니, 그리고 할리 라이더를 꿈꾸는 어린이들에 대한 아동용 서적들까지 발견할 수 있습니다. 할리의 독특한 문화를 어린 시절부터 경작하려는 선두 브랜드의 노력이 반영된 결과입니다. 과연 한국에 가족이 대대로 찾는 병원이 있는지 한번 생각해 보게 되는 대목입니다.

병원 관련한 서비스를 온라인에서 찾아보는 소비자들의 특성은 상당히 인지적으로 과부하에 놓인 사람들이라고 볼 수 있습니다. 긴급하게 의료 관련한 정보를 찾아 보아야 하겠지만, 실제 관련한 정보는 상당히 한정된 데다가 찾았다고 하더라도 의료정보의 진위를 파악하기는 일반인 처지에서는 상당히 어렵습니다. 이런 환경에서 우리 병원이 제공할 수 있는 양질의 서비스를 제대로 커뮤니케이션하려면 콘텐츠 수용자의 인지적 부담을 덜어 주면서 가능한 단순하고 설득력 있는 메시지를 구성해서 전달하는 것이 중요합니다. 그런데도 앞서 언급한 것처럼 설득

[그림 5-13] 척추 관련 전문병원의 광고

출처: https://www.mispinerelief.com

의도가 지나치게 드러나지 않도록 콘텐츠를 설계하는 것이 중요합
니다.

[그림 5-13]의 지면 광고는 한 척추 관련 전문병원의 광고로 '수
술 후 봉합이 잘 된다.'는 사실을 강조하고 있습니다. 그러면서 농
구공의 봉합면(stitch)을 보여 주고 있습니다. 일단 환자들의 시선을
잡는 데는 상당히 성공했다고 볼 수 있습니다. 하지만 이 광고를 접
한 소비자들이 수술 과정에 대한 상황을 생생하게 연상할 수 있고
수술이 완료된 후 나아진 삶을 그려 보기보다는 수술하는 과정에
동반될 여러 불편함을 우려할 수 있습니다. 또한 이 광고는 사실을
기반으로 한 직접적인 설득이라 메시지가 분명하지만 지나치게 분
명한 메시지가 병원으로 환자를 유입하는 뚜렷한 설득 의도를 보
여 주고 있어서 이 광고를 보고 실제 병원에 내원하려는 사람은 많
지 않으리라고 생각합니다. 이처럼 브랜드 콘텐츠는 예술과 과학
이 함께 어우러진 설득의 엔지니어링입니다.

대중매체가 매체 환경을 지배하던 시대에 소비자가 편하게 광고
에 노출되던 여유가 이제는 수 초 내에 마음을 얻지 못하면 곧 소비
자가 떠나 버리는 조급한 디지털 환경으로 빠르게 변해 가고 있습
니다. 변덕이 심한 그리고 집중력이 짧은 현대의 소비자를 잡기 위
해서 커뮤니케이션 담당자는 당연히 독자에게 매력적인 스토리를
제공하려고 하는 것입니다. 최근에는 스토리텔링은 넘어서 스토리
두잉(story doing)을 하자는 주장도 커지고 있습니다. 스토리 두잉
이라고 하면 단순히 "우리 병원이 좋다." "우리 병원이 최고다."라
고 주장하는 직접적이고 일차원적 방식을 넘어서 목표 청중의 참

여까지 유도하는, 즉 일종의 행동을 만들어 내는 것에 중점을 둔 스토리텔링이라고 볼 수 있습니다. 레드불(Red Bull)이라는 음료 회사는 브랜드의 아이덴티티라고 볼 수 있는 '모험에 도전하는 브랜드 성격'을 소통하기 위해서 다양한 소비자 행동을 끌어낼 수 있는 이벤트 프로모션을 진행하고 있습니다. 병원도 단순히 스토리를 통해 청중의 공감과 이해를 끌어내는 것을 넘어서 세부적인 특정 행동으로 끌어내는 것이 중요하다고 볼 수 있습니다. 우리 병원 브랜드 기획자는 이런 시장의 흐름과 소비자의 변화를 인식하고 병원 브랜드 스토리의 새로운 조류를 만들어 가야 할 것입니다.

병원 스토리텔링과 광고 카피라이팅

꼭 동영상이 아니라 단순한 지면 광고라고 해도 스토리는 기본입니다. 사실 스토리의 단서만 있다면 어떤 형태의 광고라도 쉽게 만들 수 있습니다. 스토리의 최종 산출물은 그림 한 장일 수 있고 길게 읽히는 장문의 에세이일 수 있습니다. 아이디어가 구현되는 방법은 글과 영상 그리고 최근에는 VR/AR까지 그 채널의 가짓수가 늘고 있지만, 기본은 여전히 '글쓰기'입니다.

병원 경영진이 글쓰기 전문가가 될 필요는 없겠지만 적어도 스토리의 뼈대가 될 좋은 글을 간파하는 능력을 갖추면 좋겠습니다. 글을 보는 눈이 있고 나서야 자연스럽게 능력 있는 광고인에게 외주를 줄 수 있습니다. 브랜딩에서 가장 강력한 수단인 광고가 데이

터를 중시하다 보니 도리어 오래 가는 기본이 튼튼한 광고 스토리
를 만들어 낼 역량 넘치는 전문가를 찾기가 더 힘들어졌다는 느낌
을 받습니다.

　브랜딩을 포함한 목적 지향적 글쓰기를 배우기 가장 좋은 방법
이 바로 카피라이팅입니다. 카피라이터(copyrighter)들이 글에서 가
장 고심하는 부분은 다름 아닌 '제목(title)'입니다. 여러분은 의료
관련 홍보기사를 접하면서 '읽고 싶다'라고 느낀 경험이 얼마나 많
이 있나요? 아마도 드물 것입니다. 낚시형 카피를 쓰라는 이야기가
아니라 내용을 효과적으로 요약해 설명하면서도 독자에게 읽고 싶
은 욕망을 불러일으키는 '매력과 정직성'을 동시에 겸비한 것이 좋
은 제목이라는 뜻입니다. 그럼 좋은 제목의 주요 요건은 무엇일까
요? 좋은 제목은 쉽습니다. 구체적이며, 짧습니다. 경쾌합니다. 강
렬합니다. 대화적입니다. 여운을 줍니다. 상상력을 자극합니다. 재
미있고 궁금증을 유발합니다. 반면에 문제가 많은 제목의 특징은
어떠한가요? 어렵습니다. 일단, 무슨 이야기인지 모르겠고, 깁니
다. 지리멸렬하고, 재미없으며, 궁금증을 하나도 안 유발합니다.

　제목에 뒤이어 가는 것이 바로 '첫 문장'입니다. 두꺼운 소설책
이나 정보로 가득한 병원의 전단을 받아들었을 때 첫 문장부터 '이
건 아닌데…….'라는 독자의 실망이 있다면 당연히 절반의 실패
입니다. 우리에게 '백경(白鯨)'이라고도 번역이 되었던 허먼 멜빌
(Herman Melville)의 『모비딕(Moby-Dick; or, The Whale)』(1851)은
"나를 이스마엘이라 부르라(Call me Ishmael)."라고 시작됩니다. 독
자는 단도직입적으로 명령하는 이 모호한 문장을 시작으로 두꺼운

책을 읽어 내려가면서 다양한 상징과 함께 궁금증을 풀어 가게 됩니다. "그에게서는 언제나 비누 냄새가 난다." 1960년 강신재 선생님의 단편소설 『젊은 느티나무』의 첫 문장입니다. 여고생 윤숙희가 어머니의 재혼으로 비혈연 오빠가 된 이현규에게 묘한 감정을 느끼게 되는 전체 이야기 전개를 한 줄로 농축해 보여 주는 명문입니다. 이처럼 제목과 첫 문장은 '리드(lead)'라고 불릴 정도로 광고뿐 아니라 비상업적인 글에서도 결정적 역할을 합니다. 물론 처음만 좋고 갈수록 실망하는 작품도 여럿 열거할 수 있겠습니다만, 좋은 작품은 대체로 앞부터 훌륭합니다. 독자들이 큰 의욕 없이 읽어 가는 광고 문구라는 것을 생각할 때 제목과 서두의 중요성은 더 강조할 나위도 없습니다.

　서두가 꼭 글일 필요는 없습니다. 서두가 꼭 한 문장일 필요도 없습니다. 때로는 최초에 등장하는 그림 하나가 전체를 농축해 설명하기도 합니다. 텍스트(text)는 특정한 의도를 가지고 소통할 목적으로 생산한 모든 표현을 이르는 용어입니다. 때로는 비주얼 텍스트(visual text)가 엄청난 효과를 끌어내기도 합니다. 이 책을 통해 여러 번 언급할 데이비드 오길비(David Ogilvy)의 캠페인 가운데서도 명작으로 꼽히는 '해서웨이 셔츠를 입은 사나이(The man in the hathaway shirt)'는 흥미로운 광고로 단 1년 만에 매출을 300% 증가시킨 대단한 캠페인입니다. 오길비는 촬영장으로 가는 길에 약국에서 재미 삼아 산 50센트짜리 검은 안대를 모델에게 씌웠고 이 소재를 광고로 만들었습니다. 소비자들은 '멋진 중년 모델이 왜 한쪽 눈을 잃었을까?' 하는 의문을 가지고 광고의 주인공인 남자가 입고

HATHAWAY'S AERTEX CLUB SHIRTS COME IN NAVY BLUE AND 5 OTHER MANLY SHADES. ABOUT $9.50

Hathaway's Aertex Club—a damnably smart leisure shirt

(with 987,693 tiny windows to keep you cool)

OUR hero is celebrating a modest triumph. He has just discovered a leisure shirt that is cool *and* elegant.

The *coolness* comes from the fabric— English Aertex. A shirt of this airy stuff has 987,693 tiny windows, which let your body *breathe.* They make Aertex the coolest weave you can wear—and probably the healthiest. (It was invented by an English doctor.)

The *elegance* is the work of Hathaway's nimble-fingered cutters. You can detect several of their cunning touches in the Club shirt above.

First, the body is tapered for a sleek fit round the midsection. *No bagginess.* Next, the collar stands a mite higher on the neck than ordinary collars. Much more spruce and tidy, especially under your sport coat or with an ascot.

Other blessings: flat, strong seams. Well-nigh indestructible buttons. And a pair of virtuously long shirt tails that won't slither out of your trousers.

For names of stores and this free *Dictionary of Shirts and Shirtings,* write C. F. Hathaway, Waterville, Maine. Or in New York, call OXford 7-5566.

"Never wear a white shirt before sundown!" says Hathaway.

[그림 5-14] 해서웨이 셔츠를 입은 사나이

출처: The man in the hathaway shirt, 1951년 작품

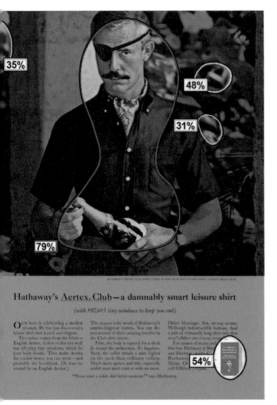

[그림 5-15] '해서웨이 셔츠를 입은 사나이'를 활용한 시선 추적 분석 결과

출처: https://swipefile.com

있는 셔츠를 열광적으로 구매하게 됩니다. 요즘 개념의 PPL(제품
간접광고 Product Placement)과 닮아 있습니다. 직접 팔지 않고 콘텐
츠를 통해 파는 것입니다.

　실제 현대의 소비자를 대상으로 이 광고를 보여 주면서 현대 광
고 효과 분석기술인 시선 추적(eye tracking)을 통해 광고 시선 주
목도를 분석할 때 독자의 54%가 하단 브랜드 로고에 집중할 정도
로 브랜딩 효과가 대단합니다(https://swipefile.com). 최근 나온 광

고물도 브랜드 로고에 시선을 유도하는 비율이 10%에도 못 미치는 경우도 허다합니다. 시선의 움직임도 남자에서 시작해 브랜드 로고로 그리고 다시 셔츠로 이동하는 절묘한 움직임을 만들어 냅니다. 크리에이터의 통찰을 통해 이 정도 결과를 만든다는 점이 놀랍습니다. 이 광고 캠페인에서 안대를 한 남자는 바로 스토리의 리드(lead)가 되는 '브랜드 아이콘' 역할을 하는 셈입니다. 이 캠페인은 다양한 비슷한 캠페인으로 재탄생되기도 했습니다.

관련된 유사 캠페인이 맥주 브랜드로 유명한 도세키스(Dos Equis)가 진행한 '세상에서 가장 흥미로운 남자(The Most Interesting Man in the World, 2006~2018)' 캠페인입니다. 두 명의 미녀들과 함께하는 노년의 신사는 "목마르게 있어라! 친구여(Stay thirsty, my friends)!"를 외치며 독자들의 흥미를 끌어냅니다. 이 신사의 이야기는 현대의 소셜 미디어 덕분에 세계적인 바이럴을 만들어 냈습니다. 영국의 유명 진화생물학자 리처드 도킨스(Richard Dawkins)는 1976년 '밈(meme)'이라는 개념을 최초로 제시했습니다. 밈은 한 사람이나 집단에서 다른 지성으로 생각 혹은 믿음이 전달될 때 전달되는 모방 가능한 사회적 단위를 의미한다고 합니다. 도세키스(Dos Equis)의 광고는 수많은 밈으로 재탄생하면서 엄청난 광고 효과를 만들어 냈습니다. 오길비의 광고도 지금이라면 아마 대단한 밈이 되었을 것입니다. 오길비는 지금은 세계적인 리서치 회사가 된 갤럽(Gallup)의 창업주와 함께 광고의 과학화를 시도한 인물로 유명합니다. 오길비는 "광고에서 가장 중요한 것은 상품이다. 상품을 팔지 못한다면 나쁜 광고다."라고 역설했습니다. 말 그대로 "무

[그림 5-16] 도세키스의 세상에서 가장 흥미로운 남자 캠페인(2006~2018)

출처: https://www.usatoday.com/story/money/business/2014/12/18/fastest-growing-beer-brands/20577731

조건 팔아라(We Sell. Or Else)."의 단도직입적인 철학입니다. 이 판매의 스토리텔링에서 가장 중요한 것이 제목과 서두 역할을 하는 텍스트입니다.

앞서 언급한 것처럼 서두의 중요성은 아무리 강조해도 지나치지 않습니다. 더 소개하고 싶은 이야기는 길지만 지면의 제한으로 이만 마무리하려고 합니다. 이제 제목과 서두 첫 문장을 이해했다고 믿고 글감의 몸통이 되는 스토리를 이야기해 보겠습니다. 대표적인 광고 카피라이팅 포맷을 제시하려고 합니다(〈표 5-1〉 참조). 독자 여러분이 병원 스토리에 대한 특정 글감이 있다면 대표 포맷을 보고 이리저리 끼워서 적용해 보면 좋은 훈련이 될 듯합니다.

〈표 5-1〉 광고 카피라이팅의 대표적인 포맷

형태	설명
1인칭형	광고주와 관련된 사람이나 사장, 기술자 등이 등장하여 광고 상품을 자연스럽게 설명하는 형식
단도직입형	광고 메시지를 스트레이트하게 제시하는 형식으로 흔히 다른 형식과 혼합하여 표현하는 경우가 많음
대화형	의사나 환자, 생산자나 소비자, 부모와 자식 등 어떤 대화의 상대자가 설정되어 대화로 카피를 구성하는 방법
만화형	카피를 만화로 구성하는 형태로 흔히 유머를 가하기도 하며, 유명 만화의 캐릭터를 이용하기도 함
나열형	상품의 특장점이나 서비스를 최대한 나열하는 형식으로 일련의 상품 일러스트를 동반하여 효과를 높이기도 함
캐릭터형	광고주의 캐릭터 입을 통하여 카피가 흘러나오도록 하는 형식으로 캐릭터가 유명이거나 널리 알려져 있거나 개성이 강할 때는 매우 효과적임
가요형	징글이나 징글 형식을 이용한 경우로서 광고 수용자에게 광고 저항을 감소시키며 어필 포인트를 기억시킬 수 있는 강점이 있으나 모든 광고 상품에 다 적용된다고 볼 수는 없음

질의응답형	신제품이나 새로운 서비스의 광고에 흔히 사용되는 방법으로 문제를 먼저 제시하고 그 문제에 대한 대답을 통해 광고 메시지를 전개해 나감
정보 제공형	취미 활용법이나 요리 방법, 신기술 정보, 상품의 다양한 활용법 등 제품과 직간접 정보를 제공하면서 광고 메시지를 설득해 나가는 방법
증명형	흔히 테스트모니얼(testmonial) 형식이라 부른 것으로 연구기관, 공공단체, 관공서 등의 조사·분석 데이터를 제시하는 것을 비롯하여 학자나 유명인의 말을 내세우는 것도 이 형식에 들어감. 이 경우 자료에 대한 출처나 신분 등을 밝혀야만 신뢰도를 높임
연극형	일부 TV나 라디오 등의 전파 광고에서 프로그램 드라마의 일부처럼 보이도록 하거나 비슷한 분위기, 유사한 상황 전개를 통해 광고를 어필하는 스타일
기사형	신문이나 잡지의 기사 또는 방송의 보도 형식을 빌리는 것
의외형	일견 비논리적이거나 비현실적 상황, 즉 의외성을 부여하여 강력한 주목을 유도하는 스타일로 내면적으로는 다른 어떤 형식보다는 치밀성과 논리성이 요구됨
이탈형	상품이나 상품의 속성과는 아무런 상관이 없거나 또는 상품 구매에 대하여 무관심한 내색을 하거나 부정적으로 언급하여 역설적인 효과를 기대하는 스타일로, 다분히 인간의 내면적 감성과 잠재의식에 호소하는 방법

다음으로 한국편집기자협회에서 발행한 편집 지침서 『신문편집』(2009)에서 좋은 기사의 기준을 정리한 내용이 있어 공유해 드립니다. 〈표 5-1〉의 카피라이팅 포맷을 통해 스토리 아이디어의 포맷을 잡았다면 글로 표현할 때는 〈표 5-2〉의 체크리스트를 통해 점검해 보면 좋겠습니다.

다소 오래된 광고 예제이지만 [그림 5-17]의 광고물은 앞서 제시한 포맷 중 '의외형'을 잘 활용하고 있습니다. 카피를 보면 "당신에게 매우 잘 맞는 임부복(Maternity Outfit)이 하나 있습니다."라고 이야기합니다. 그리고 카피 아래에는 임산부가 임부복을 입고 카피 중간에 서 있습니다. 전혀 논리적이지 않죠? 물론 산부인과 광고입

〈표 5-2〉 **좋은 기사 작성을 위한 체크리스트**

1. 첫 줄에서 정곡을 찔러라.
2. 움직임이 있어야 한다.
3. 각 행의 독립성이 있어야 한다.
4. 뉴스를 담아라.
5. 쉽게 표현하라.
6. 간결하게 만들어라.
7. 단어의 중복을 피하라.
8. 시제를 명확히 갖춰라.
9. 독자의 입장을 고려하라.
10. 감각 있고 리듬감 있게 표현하라.
11. 명예훼손과 형평 시비에 주의하라.
12. 기사 성격에 맞는 제목을 달아라.
13. 무리한 조어와 인용을 삼가라.
14. 기사의 비중에 따라 제목 스타일도 바뀐다.

출처: 한국편집기자협회(2009).

니다. 전형성을 깨 버리니 사람들이 주의 깊게 볼 만한 그런 광고
가 되었습니다. 물론 앞서 사례로 제시한 '해서웨이 셔츠를 입은 사
나이'도 동일한 유형입니다. 이렇게 예를 찾아 보고 끼워 보다 보면
여러분의 병원 스토리도 아이디어 찾기가 덜 어렵고 또 재미있을
것입니다.

여러분도 포맷에 맞춰서 여러 번 반복해 연습해 보시면 충분히
좋은 카피를 쓰실 수 있으리라고 생각합니다. 일단 머릿속에 한 스
토리를 떠올리고 카피를 작성했다면, 체크리스트에 맞춰서 과연
내가 쓴 카피가 효과적인 것인지 한번 점검해 보시면 좋겠습니다.
카피는 전략적 목적에 맞아야 합니다. 취미나 예술적 표현이 아니
라 아까운 광고 매체 비용을 투자하면서 하는 '일'입니다. 그래서

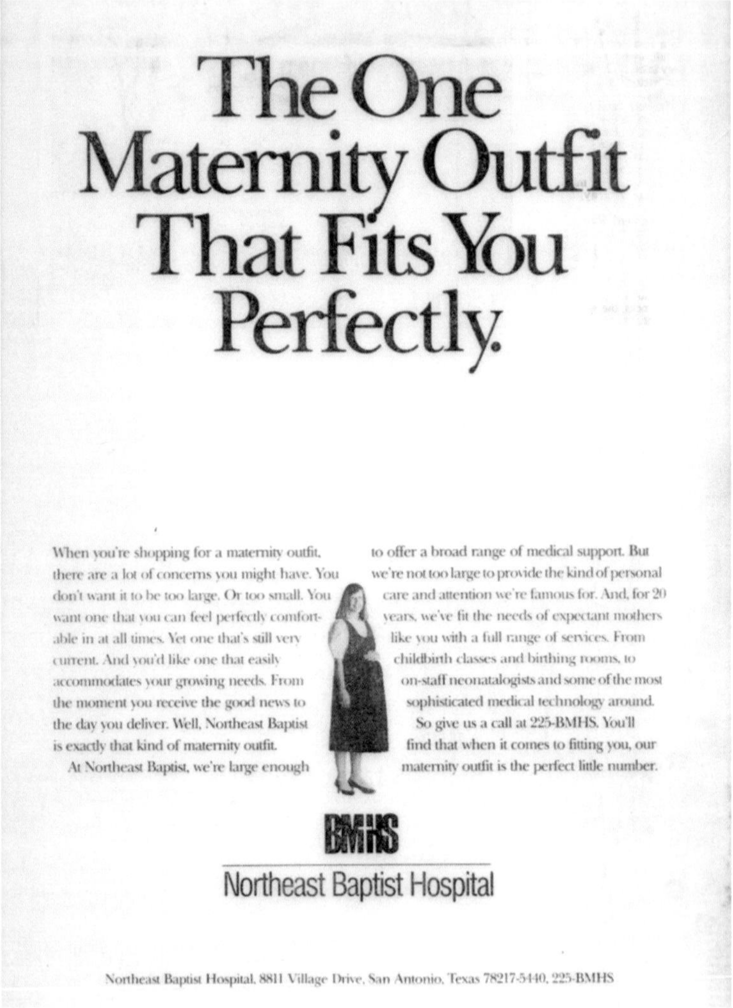

[그림 5-17] **산부인과 광고 예제**

출처: https://tomjonesnbtx.com

마케팅 전략과 비즈니스의 잣대를 가지고 최종 점검을 진행해야 합니다. 물론 완벽한 커뮤니케이션 해결책은 없습니다. 하지만 이런 점검조차 하지 않고 매체 비용을 들여 이런저런 광고를 집행했다면 사실 안 하는 것이 나은 경우까지도 종종 발생합니다.

☑ 병원의 마케팅 목표, 마케팅 전략과 일치하는가?

☑ 내가 제안한 카피 콘셉트(concept: 핵심 개념)는 합리적(reasonable idea)인가?

☑ 메시지 수용자(환자 또는 가족) 대상(target) 설정이 적절한가?

☑ 제공하는 소비자 편익(benefit)이 수용자의 공감을 불러일으키는가?

☑ 소비자의 공감을 뒷받침할 근거(Reason & Why)가 있는가?

☑ 경쟁 병원에 비교해 우리 광고가 차별화(differentiate)될 수 있는가?

제가 좋아하는 한 광고 카피를 공유해 드립니다. 물론 병원에 대한 것은 아니지만 세계적 스포츠 브랜드인 나이키(Nike) 광고에서 활용된 카피입니다(1996년 "Just Do it"-Women Campaign; 〈표 5-3〉 참조). 나이키는 스포츠 브랜드이지만 그 본질은 병원과 닮아 있는 부분이 참 많습니다. 단순히 물리적 수준에서의 기능뿐 아니라 신체와 육체의 건강, 더 나아가 영혼이나 삶의 자세를 이야기하기 때문입니다.

앞의 카피를 읽어 보면 독자 여러분은 쉽게 감동적인 비디오 한 편을 머리에 연상할 수 있을 것입니다. 아름다운 카피지만 그 안에 숨어 있는 마케팅 목적은 분명합니다. 이 스토리는 '여성의 도전의

〈표 5-3〉 **나이키 광고 카피(1996)**

미국에서 여자로 자라다 보면
어떤 사람은 여자를 예쁘다고 하고
어떤 사람은 강하다고 말합니다.
또, 어떤 사람은 귀중하다고 하고
어떤 사람은 거칠다고 말합니다.

미국에서 여자로 자라다 보면
어떤 사람은 그녀에게 강아지를 주고
어떤 사람은 공을 줍니다.

그러나, 어떤 사람은
그녀에게 기회를 줍니다.

Just Do It Nike

식, 자아 발견, 남성과의 대등한 경쟁구도'가 주요 소재입니다. 여기 뒤에 숨은 마케팅 목적은 '여성 스포츠 시장의 점유율 확대'입니다. 1990년대 중반 이후 농구화를 비롯한 남성 스포츠 시장의 포화로 스포츠 브랜드는 여성 시장에 진출해야 하는 당위성이 있었습니다. 나이키는 이런 성장 추진력을 찾아서 이 캠페인을 내세운 것입니다.

이 카피 뼈대에서 광고 제작물을 만들어 낼지 한번 볼까요? [그림 5-18]의 광고물은 이 틀을 바탕으로 만들어진 지면 광고입니다. 한편으로 페미니즘(Feminism)을 상업적으로 이용했다고 느껴지기도 하고 실제로 비판을 받기도 했지만, 여성들에게 전반적으로 큰 호응을 얻은 전설적인 광고 캠페인입니다.

흔히 편집자들에게 스토리텔링의 '세 가지 역량'이 있다고 합니다. ① 기획의 역량, ② 제목의 역량, ③ 문장의 역량입니다. 병원 홍보기사를 만들어 내든, 영상 콘텐츠를 창작하든, 아니면 지면 광고를 만들 때 역시 앞서 언급한 세 가지 역량은 똑같이 요구됩니다.

[그림 5-18] 나이키가 전개한 여성 캠페인 사례

구양수라는 당송시대 문인이 이야기한 '다독(多讀), 다작(多作), 다상량(多商量)'은 글자 뜻 그대로 '많이 읽고, 많이 짓고, 많이 생각한다.'는 의미입니다. 이 말은 아마 학창시절에 귀가 아프도록 들었을 듯합니다. 독자 여러분은 아마도 의료인으로서 상당한 교육을 통해 지적 능력이 이미 뛰어날 것이라고 믿어 의심치 않습니다. 하지만 스토리 만들기는 수학이나 논리학이 아닙니다. 예술성과 즉흥성이 들어간다고 할까요? 그래서 여러분께 가장 필요한 것은 '다작(多作)'입니다. 써 보지 않고 본인의 필력(창작력)을 가늠할 수 없습니다. 흔히 작가들은 '몸이 쓴다.' 또는 '엉덩이가 쓴다.'라는 이야기를 하고는 합니다. 때로는 두뇌가 생각하는 것보다 키보드를 두들기는 손가락이 생각을 대신해 주는 것과 같은 느낌을 받을 때가 있습니다. '내 일이 아닌데…….'라고 우회하지 말고 작은 글쓰기와 영상 만들기에 직접 도전해 보시기를 바랍니다. 도전 속에서 본인의 숨겨진 재능을 발견할지도 모르겠습니다.

병원 스토리텔링과 윤리적 원칙

병원 스토리에서 간과할 수 없는 부분이 바로 '윤리적 측면'입니다. 소셜 미디어 중심의 매체 환경에서 광고 노출의 총량과 같은 구체적인 성과 지표에 급급해 단기간 성과를 거두는 데 집중하다 보니 과다한 경쟁을 하는 경우가 늘고 있습니다. 특히 음란성 콘텐츠와 가짜뉴스(fake news)를 포함한 자극적 메시지를 활용한 '온라인 어뷰징(online abusing)'들이 바로 그것입니다. 여기서 어뷰징이라고 하면 특정 의도를 가지고 소비자를 속여 이익을 취할 목적으로 진행되는 행동을 의미합니다. 댓글이나 조회 수 조작이 대표적이며 광고 콘텐츠 조작을 통한 기만적 온라인 트래픽 유도 역시 넓은 의미에서 어뷰징으로 볼 수 있습니다. 사실 상당수 기사가 광고 페이지로 랜딩을 유도하는 미끼 콘텐츠로 활용됩니다. 이미 온라인에 만연된 이런 방식을 클릭(click)과 미끼(bait)라는 단어를 합쳐 만든 조어인 클릭베이트(clickbait)라고 불리고 있습니다.

요즘도 언론사 온라인 웹페이지나 심지어 주요 포털 사이트에도 버젓이 미디어 내용과 관련이 없는 의료 광고들이 흔하게 게재되

[그림 5-19] 1912년 집행된 가짜 암 치료제 우편 주문용 광고

(American Medical Association's Nostrums and Quackery)

고 있고 또 이런 부정적 콘텐츠가 어린이와 노인 등의 인지적 취약 계층에게 무분별하게 노출되고 있는 것이 현실입니다. 이런 부당한 콘텐츠들은 광고의 주체인 병원 브랜드의 가치를 깎아내릴 뿐 아니라 의료산업 전체에 대한 신뢰를 위협하기도 합니다. 한마디로 요약하면, 근시안적 생각이 오래 지나면 죄로 변합니다(Short-term Thinking → Long-term Guilt).

광고·미디어 분야의 다수 연구가 변칙적 방법을 통한 광고 효과 지표를 높이는 방법이 종국에는 브랜드에 부정적인 효과를 준다는 문제점을 경고해 왔습니다. 데이비드 오길비(David Ogilvy)는 그의 저서에서 "소비자는 바보가 아니라 당신의 부인이다(The consumer isn't a moron. She is your wife)."라고 역설하면서 광고의 윤리적 책임을 강조했습니다. 소비자의 생명과 직접적으로 관계가 있는 의료서비스에 관해서 윤리는 가장 중요하다고 해도 과언이 아닙니다. 대한의사협회가 발간한 『의사윤리강령』(2019)에도 "의사는 의사의 품격을 훼손시키는 자기선전 및 광고를 하여서는 아니 된다."라고 명시하고 있습니다. 미국의사협회(The American Medical Association: AMA)의 의료윤리 규정에도 사기적 광고에 관한 금지조항이 있습니다.

요즘처럼 보이는 성과에 대한 압박이 컸던 시절도 아마 없었을 듯합니다. 윌로우크릭 커뮤니티 교회의 간판 목사인 빌 하이벨스(Bill Hybels) 목사는 그의 저서 『Reveal: Where Are You?』에서 "우리는 숫자로는 성공했지만 참된 제자를 만드는 데는 실패했다."라고 고백한 바가 있습니다. 이제 영국과 아일랜드까지 진출한 미국 최대이자 글로벌 교회의 담당 목사가 들려준 진솔한 고백을 통해 성장만을 중심으로 한 마케팅을 추진하는 비영리 조직에게 좋은 시사점을 주고 있습니다. 다시 말해서, 공공성을 담보하는 병원을 포함한 비영리 조직의 운영자들은 적극적인 마케팅 활동에 앞서서 조직의 철학과 본질을 곱씹어 봐야 할 것입니다. 마케팅이 과학화되고 브랜딩 기법이 고도화됨에 따라 '마케팅 윤리(Marketing Ethics)'는 더욱 강조되어야 할 것입니다. 의료산업의 특수성과 공공성을 인식하고 조금 느리지만 정직하고 효과적인 방향으로 커뮤니케이션을 진행해야 할 것입니다.

병원 캠페인 스토리텔링과 스토리텔러

캠페인은 분명한 목적성을 가지고 있습니다. 그 목적을 얼마나 잘 달성했느냐로 병원 캠페인의 성패가 결정됩니다. 캠페인은 전달하고자 하는 메시지, 소비자의 행동을 변화시키려는 메시지를 제대로 전달해야 합니다. 그러기 위해서는 강력하고 매력 있는 스토리가 전제되어야 합니다. 하지만 간과하기 쉬운 점이 바로 '신뢰'입니다. 의료 분야에서 가장 강조되고 있는 점이기도 합니다.

병원 광고를 포함한 스토리는 신뢰가 핵심입니다. 환자들의 불확실성을 줄이고 안전감을 느낄 수 있도록 해야 합니다. 다음으로 복잡한 의료서비스와 소비자를 이어 주는 연결자가 바로 '스토리'임을 명심해야 합니다. 다시 말하면, 미디어 채널의 폭발적인 증가가 콘텐츠를 전달하는 창구를 다양화하기는 했지만, 여전히 소비자가 원하는 최종 목표는 그들이 진심으로 관심을 두는 콘텐츠입니다. 이런 배경에서 병원의 커뮤니케이션 채널 기획의 중심은 소비자가 의미 있는 콘텐츠를 쉽고 편리하게 만나게 하는 데 있습니다.

향후 병원 브랜드 커뮤니케이션은 소비자가 몰입할 수 있는 콘텐츠를 파악하고 생산해 콘텐츠 성격에 최적화된 채널을 편성하는 방식으로 변화해 갈 것입니다. 최근 수년간 병원 마케팅에 스토리를 활용하려는 다양한 시도가 있었습니다. 하지만 스토리를 어떻게 조직 경영, 특히 병원 경영에 적용할지에 대한 체계적인 접근은 없었습니다. 매력적인 의료 콘텐츠와 소비자의 콘텐츠 소비에 대한 깊이 있는 이해를 통해 병원 경영인들은 다가올 미래를 대비해야 할 것입니다. 같은 인생을 살아가는 사람은 없습니다. 의료인 그리고 고객인 환자와 그의 가족들도 모두 저마다의 이야기를 담고 있습니다. 이런 점에서 병원은 '이야기의 보고(寶庫)'라고 할 정도로 흥미로운 감동의 스토리 소재가 넘칩니다. 그래서 종합병원을 배경으로 하는 의학 드라마가 주요 드라마 장르로 자리를 잡았는지도 모릅니다. 향후 병원들은 병원 서비스에서 또 병원 임직원에게서 발견할 수 있는 흥미로운 스토리를 지속 발굴하고, 다듬고 또 미디어를 통해 유통하는 과정을 통해 일종의 의료 스토리텔러로서 기존과 다른 소비자 가치를 만들 수 있어야 할 것입니다.

미래병원:
병원 브랜딩 그리고 커뮤니케이션

6

병원 브랜딩을 위한
콘텐츠 마케팅과
구전 효과

병원의 '입지 장소와 의료장비 그리고 의료진'은 병원의 본질이 자 몸체라고 간주할 수 있습니다. 여기에 '양질의 서비스'까지 더한 다면 금상첨화입니다. 그래서 대부분의 병의원 광고가 이 내용을 강조하고 있습니다. 하지만 소비자들의 병원 선택에 영향을 미치는 요인들을 고려하면 소비자가 실제 병원에서 얻는 경험이 가장 중요합니다. 다음으로, 소비자는 실제 병원을 선택할 때 본인의 경험뿐 아니라 주변에서 얻은 그들의 경험에 대한 정보도 중요하다고 신뢰하는 경향이 있습니다. 사람들이 주변에 병원을 추천할 때 중요하게 생각해야 할 요인 역시 소비자가 겪은 경험입니다(이경숙, 김정애, 이왕준, 2017). 즉, 소비자들이 병원을 경험하고 나면 이때의 경험이 차후의 선택에도 영향을 미칠 뿐 아니라 다른 사람에게 병원을 추천하는 데도 중요하게 작용한다는 것입니다. 따라서 소비자들이 병원에서 긍정적인 경험을 할 수 있도록, 또 긍정적 구전을 만들 수 있도록 장기적인 관점에서 서비스를 개선할 필요가 있습니다. 문제는 대면 서비스 개선이라는 근원적인 접근을 통해 환자와 지인들 네트워크에 도달하기에는 상당한 시간이 걸린다는 점입니다. 이런 배경에서 미디어를 통한 콘텐츠 마케팅이 필요합니다.

작은 병원이 짧은 시간 내에 앞서 언급한 요소들을 갖추고 고객들의 만족스러운 경험을 만들어 내기란 불가능하다고 볼 수 있습니다. 따라서 변화가 가능한 요소를 긍정적으로 변화시키려는 노력과 함께 병원이 지닌 강점을 목표 소비자에게 알리는 작업이 중요합니다. 그래서 콘텐츠의 힘이 더 중요해진 것입니다. 디지털 미디어 환경에서 사람들은 불특정 다수에게 긍정적 부정적인 정보를 거리낌 없이 전파합니다. 직접적인 구전뿐 아니라 디지털 소셜 미디어를 통한 구전의 힘은 막강해지고 있어서 이를 잘 이용해야 합니다. 이렇게 형성된 무형의 이미지와 평판은 병원 선택의 중요한 요인으로 작용하고 있는 것입니다. 이 장에서는 구전 효과를 높이기 위해 병원이 콘텐츠 마케팅을 어떻게 활용할 수 있을지를 알아보려고 합니다.

병원 콘텐츠 마케팅 전략

최근 디지털 마케팅에서 가장 주목받고 있는 화두는 콘텐츠 마케팅(contents marketing)입니다. 콘텐츠 마케팅이라 하면, ① 콘텐츠를 위한 마케팅(영화, 게임 등 콘텐츠의 성공을 위한 마케팅), 그리고 ② 마케팅을 위한 콘텐츠 관리(브랜드 성과를 위해 영화, 게임 등 콘텐츠를 활용)하는 두 가지 영역을 모두 포괄하고 있지만 병원 맥락에서는 '마케팅을 위한 콘텐츠 활용'이 중심이 됩니다.

소비자별 디지털 미디어 수용의 개인차가 존재하기 때문에 출생 연도에 따라 명확히 분류하는 것은 어렵지만 대략 1980년대 이후 출생한 현재 30대 전후의 '밀레니얼(millenials)' 그리고 그 이후 출생한 세대들이 바로 디지털 네이티브 핵심 연령층입니다. 앞서 언급한 것처럼, 콘텐츠의 유통을 가능하게 만드는 매체 측면에서 보면 디지털 네이티브에 적합한 모바일 미디어에 맞춰진 콘텐츠 활용이 늘고 있는 것에 주목해야 합니다. 짧고 흥미와 가치를 동시에 주는 개인화된 콘텐츠가 급격히 늘어 가고 있는 것은 모바일 미디어의 매체 특성뿐 아니라 디지털 네이티브 세대가 주도하는 시대적 요구를 반영하고 있는 셈입니다. 환자들 특성상 고연령 집단의 병원 이용도가 더 높겠지만 이제 시니어 집단도 디지털 미디어 이용량과 수준이 상당합니다.

뉴미디어 환경의 역동성을 역설한 와이어드 매거진(Wired Magazine)의 전 편집장인 크리스 앤더슨(Chris Anderson)은 극도로 세분된(hyper fragmentation) 수용자 관심의 분포에서 나타나는 패턴을 롱테일(long tail)이라는 개념을 들어 설명했습니다. 매체의 수와 콘텐츠가 폭발적으로 늘어난 최근 미디어 환경에서는 꼬리(tail) 부분이 늘어진 분포를 보이는데 때로는 꼬리 부분 수용자의 관심

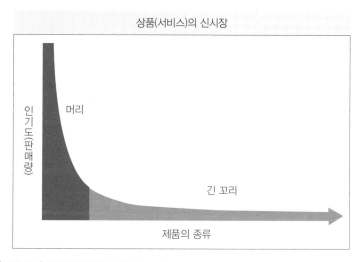

[그림 6-1] 롱테일 현상을 설명하는 도해
출처: Anderson, C. (2006).

이 대중적 관심을 의미하는 머리(head) 부분 수용자의 관심 총량을 웃돈다고 합니다. 요약하면, 미디어 산업은 '매스(mass) 콘텐츠'에서 '니치(niche) 콘텐츠'로 이동 중입니다.

따라서 앞서 언급한 롱테일 현상을 고려할 때, 과거 대중매체 또는 대중적 콘텐츠에 중점을 두고 광고를 편성해야 한다는 정설 대신 이제는 잘게 세분된 다양한 틈새 수용자를 찾아내고 맞춤 콘텐츠를 전달해야 하는 새로운 국면이 펼쳐지고 있습니다. 대중매체의 시대가 공급자 기술이 수용자를 견인하는 시대였다면, 이제는 디지털 미디어 환경은 수용자가 공급자 기술과 콘텐츠 유통 방식을 결정하는 시대로 변모하고 있는 것입니다. 단순한 '볼 기회'를 극대화하자는 목표에서 '참여와 체험의 기회'를 극대화하는 것으로, 다시 말하면 노출의 질을 강조하는 방향으로 브랜드 커뮤니케이션의 패러다임이 변화하고 있습니다. 따라서 향후 병원 브랜딩은 '고객체험(customer experience)'을 브랜드 가치로 환산할 수 있는 대안을 고민해야 합니다.

NYC 라곤센터(NYC Lagon Center)는 뉴욕대학교 소속의 비영리 병원으로 1841년에 개원했으며 공중보건 문제 해결에 힘써 온 병원입니다. 이 병원은 문라봇 에이전시(Munn Rabot Agency)와 손을 잡고 2015년 'Made for New York' 캠페인을 진행한 바 있습니다. TV 광고인 '우리가 하고자 하는 것은(What We Love To Do)' 광고를 제작했고, NYC 라곤센터는 뉴욕과 뉴요커를 찬양하는 메시지를 전달하면서 병원이 어떻게 뉴욕 커뮤니티의 일부인지를 설명하며 공동체적 가치를 강조했습니다. 구체적으로 오프라인 광고 및 프로모션을 통해 뉴욕을 대표하는 아이콘인 택시, 버스, 빌보드 심지어 지하철 카드에도 센터의 슬로건을 넣었습니다. 이를 통해 병원은 미래 환자들에게 도시에 대한 자부심과 소속감을 일깨워 주는 동시에 병원에 대한 친밀감을 높였습니다. 이런 간접적인 콘텐츠 전략은 시민들의 자발적인 공유와 콘텐츠 재생산을 끌어내기도 했습니다.

한 편의 웰-메이드(well-made) TV 광고를 고심해 제작하고 상당한 규모의 자본을 통해 매체에 유통해 노출을 높여 가는 매체 전

[그림 6-2] NYC 라곤센터의 버스 및 지하철 카드 광고 그리고 시민들이 직접 포스팅한 소셜 콘텐츠
출처: https://cargocollective.com/georgerabot/made-for-new-york

략은 이제 존립 위기에 직면해 있습니다. 이와 같은 수용자의 변화
는 광고 방식에서도 변화를 만들어 내고 있습니다. 광고와 콘텐츠
의 구분이 모호한 '네이티브 브랜디드 콘텐츠(native branded content)
또는 네이티브 광고(native advertising)', 특히 '동영상 기반 네이티브
콘텐츠'의 성장은 산업의 변화를 대변하는 주요 현상입니다. '태생
의' '토박이'라는 뜻을 가진 네이티브(native)와 광고(advertising)의 합
성어인 네이티브 광고는 마케팅 메시지를 콘텐츠(정보)의 형식으로,
마치 언론 매체의 기사나 방송 매체의 프로그램처럼 전달하는 디지
털 형태의 광고를 의미합니다. 광고의 역사적 배경과 연결해 보면
네이티브 광고는 애드버토리얼(advertorial: 신문, 잡지와 같은 인쇄 매
체에 기사의 형태를 빌려 광고하는 광고 유형)과 인포머셜(informercial:
방송 매체를 활용한 콘텐츠형 광고)의 장점을 절묘하게 결합한 복합형
포맷(hybrid format) 광고라고 해석할 수 있습니다.

　이런 신유형 광고는 소비자에게 효용이 높다는 점에서 한편으
로 장려할 만하지만, 기사와 유사한 이유로 소비자 기만적인 요소
를 지니고 있다는 측면에서 주의가 필요합니다. 광고를 이해하는
능력을 의미하는 광고 문해도(advertising literacy)가 부족하고 판
단력이 낮은 어린이, 청소년, 노인이나 낮은 사회경제적 계층(low
SES: Socioeconomic Status) 집단의 경우 광고가 아니라 기사로 인
식하는 경향이 있어 특히 주의를 요구합니다. 네이티브 광고 관련
해 타당한 규제의 필요성도 대두되고 있습니다. 미국 연방거래위
원회(Federal Trade Commission: FTC)는 2015년 12월 출판한 네이티
브 광고 가이드라인(Native Advertising: A Guide for Businesses)을 통

해 광고성 뉴스 정보들에 필자의 본명과 온라인 포스팅의 의도를
분명히 밝히도록 규제하고 있습니다. 온라인 광고 관련 기관인 인
터랙티브광고협회(Interactive Advertising Bureau: IAB) 역시 업계 가
이드라인에서 독자들이 일반 기사와 스폰서 기사를 구분할 수 있
도록 네이티브 광고에는 'ABC 브랜드에 의해 제공된(presented by
ABC)' 'ABC 브랜드에 의해 후원받은(sponsored by ABC)'과 같이 광

[그림 6-3] 상업적 의료 정보를 담고 있는 네이티브 광고 예제

출처: https://www.seerinteractive.com

고 의뢰자를 명기하도록 규정하고 있습니다.

국내에서도 기사와 광고를 구분하도록 「표시광고법」과 한국신문광고 윤리강령을 통해 명시하고 있습니다. 문제는 앞서 언급한 가이드라인에 따라 대부분의 미디어가 네이티브 광고에 광고비를 후원한 주체를 명기하고 있지만 많은 소비자는 여전히 광고와 기사를 혼동하고 있다는 점이 더 큰 문제로 지적받고 있습니다. 이런 문제를 법적으로 강제하기보다는 대한의사협회와 같은 관련 단체와 미디어 업계의 협업을 통한 자율적 모니터링과 교정을 통해 건강하고 지속가능한 의료 광고 문화를 자생적으로 만들어 가는 것

[그림 6-4] 콘텐츠 생산자로서 적극적인 병원의 사례: 메이요 클리닉

출처: https://www.mayoclinic.org

이 더 바람직한 접근법이라고 믿습니다.

병원 브랜딩에서도 롱테일 현상은 크게 다르지 않습니다. 수동적 콘텐츠 소비자에서 적극적 참여자인 프로슈머(prosumer: producer + consumer, 생산자로서의 수용자 또는 소비자)로 변모한 수용자들은 모바일 미디어를 통해 직접 콘텐츠를 생산하고 배포하고 공유하는 데 상당히 적극적입니다. 대형 미디어의 '정보 독점'에서 벗어나 단순히 콘텐츠 소비자의 역할을 넘어 콘텐츠를 생산하고 또 확산을 통해 수익까지도 창출하기 시작한 것입니다. 이런 변화 속에서 병원들도 콘텐츠 생산자 또는 출판자(publisher)로서 매우 적극적인 행보를 보입니다.

구체적으로, 독특한 아이디어로 수용자의 참여를 유도하는 크리에이티브를 활용해 소비자의 적극적 구전 효과와 언론 노출(publicity)과 같은 2차 확산 효과까지 고려한 브랜드 커뮤니케이션을 디자인해야 합니다. 단, 확산에만 급급하다가 예상치 않은 문제를 일으킬 수 있음에 유의해야 합니다. 실제로 바이럴 콘텐츠의 가장 큰 장점은 확산이지만, 기존 방송이나 인쇄 콘텐츠와는 달리 창작자가 콘텐츠의 확산을 통제할 수 없다는 한계점이 있습니다. 향후 미디어의 기술적 발전에 따라 브랜딩에서 크리에이티브의 중요성이 더욱 커질 것입니다. 이런 변화를 선도할 수 있는 유연하고 수평적인 커뮤니케이션 조직을 갖출 수 있도록 병원들의 체질 개선이 요구됩니다.

이와 같이 콘텐츠가 주목받는 시대적 배경에서 병원들의 드라마 장소 협찬 등 방송 콘텐츠와 협업하는 사례도 늘어 가고 있습니다. 국내 병원은 이미 방송 PPL의 파급력을 잘 이해하고 있으며, 이를 잘 활용하고 있습니다. 언론과의 인터뷰에서 건국대학교 병원의 오근식 과장은 이에 대해 "드라마 제작발표회를 병원에서 진행하면 각종 방송, 연예 매체를 통한 노출량이 크며 단순 노출 수준이지만 한 번이라도 다녀간 경험이 있는 환자들에게는 옛 기억을 불러일으키는 효과가 있다."고 주장했습니다(메디칼업저버, 2015. 10. 13.). 「의료법」에서는 방송을 통해 병원을 직접 홍보하지 못하도록 금하고 있어서 방송에 직접 노출하는 것은 불가능합니다. 따라서 영상에 등장하는 병원의 로고를 살짝 변형하거나, 제작발표회를 병원에서 개최하는 등의 묘책을 사용해 병원을 홍보합니다. 서울성모병원의 경우 2009년에서 2016년까지 8년간 총 7개의 드라마에 장소를 제공했다고 합니다. 한류 콘텐츠 열풍이 아시아를 넘어 세계로 번져 가는 요즘, 병원의 PPL 효과가 글로벌 의류 마케팅에도 긍정적 효과가 있으리라고 기대할 수 있습니다.

[그림 6-5] 〈슬기로운 의사생활〉(2019)과 〈의사요한〉(2019)의 배경으로 등장한 이대서울병원

출처: 〈tvN〉 〈sbs〉 홈페이지.

병원 브랜딩과 구전 효과

소비자들의 병원 선택은 복합적으로 이뤄집니다. 병원 선택에 영향을 미치는 요소는 의료진의 진료 능력, 병원의 시설물, 고객 사이의 평판, 접근성, 친절한 서비스, 신속한 서비스, 진료비용 등으로 다양합니다(김정연, 2015). 소비자는 앞서 언급한 요인들을 복합적으로 고려하여 병원을 선택하게 됩니다(김정연, 2015; 박광민, 양종현, 장동민, 2015). 이러한 정보는 소비자가 실제로 경험을 통해서 얻는 일도 있겠지만, 주로 주변의 추천과 구전을 통해 인지하게 됩니다. 실제로 의료기관에서 근무하고 계시는 독자분들은 지인들에게 어떤 병원이 또 어떤 의사가 특정 질병에 좋은지 여러 번 문의를 받았을 것이라고 믿습니다. 구전 정보가 부정확한 경우에는 돌고 또 돌아 결국 대형 병원에 방문하겠다고 의사결정을 해 버리게 되는 경우가 많습니다. "설마 대형 병원인데, 아마도 제대로 치료하겠지?"라는 규모에 근거한 결정입니다. 그래서 이런 이유로 3시간 기다려 의사와 3분 면담하는 상황도 자주 발생하고 있습니다.

말하기와 이야기 전하기는 인간이 다른 생명체와 공유하고 있는 기본적인 욕구입니다. 우리는 좋은 것뿐 아니라 나쁜 것도 말을 통해 공유합니다. 사람이 이야기를 하는 하나의 이유는 바로 '대인관계에 대한 욕구' 때문입니다. 욕구 네트워크의 구성원은 돌보기를 통해 상호 관계를 통해 연결되기를 시도합니다. 침팬지가 이를 잡아 주는 것과 현대인이 정보를 전달하는 것의 본질은 사실 유사합

[그림 6-6] 직원을 소재로 소셜 미디어 콘텐츠를 제작하고 있는 시카고 로욜라대학교 병원
출처: https://macnealhospital.org

니다. 자본주의 사회에서 연결되려는 욕구는 우리 인상을 관리하기 위해서 사용하는 방법은 바로 제품이나 서비스에 대한 정보 공유입니다. 한편으로 정서적 조절 기능도 합니다. 우리는 근심을 이야기를 통해 나누면서 근심을 경감시킵니다. 기분이 상한 고객들은 그와 같은 내적 긴장을 해소하려는 목적으로도 구전을 만듭니다. 그래서 긍정적인 소문보다 부정적인 소문의 확산 속도가 더 빠르고 현대에는 더 빨라지고 있는 것입니다.

구전은 매우 신경이 쓰이는 서비스인 의료서비스를 구매할 잠재적 수용자(potential adopter)에게 제품의 가치에 관한 불확실성(uncertainty)을 줄여 주는 결정적 역할을 함으로써 병원 마케팅에서 상당히 중요합니다. 2012년 의료계 전문 신문인 『청년의사』가 실시한 조사 결과는 매우 흥미롭습니다. 물론 지금으로부터 좀 오

래된 조사이지만 현재 다시 동일한 내용으로 조사한다고 해도 크
게 다르지 않을 듯합니다. 전국 만 19세 이상의 시민들을 대상으로
한 조사 가운데 평소 건강 정보를 얻는 매체를 묻는 말에 응답자의
39.4%가 인터넷(인터넷 검색 26.5%, 포털 뉴스 12.9%)이라고 답했습
니다. TV나 신문 등 대중매체가 26.8%로 그 뒤를 이었으며, 다음은
주변 지인 16.7%, 전문가 12.6%, 출판물 3.4% 순이었습니다. 하지
만 실제 병원을 선택할 일이 생기면 상황은 크게 달랐습니다. 인터
넷보다는 가족이나 친구 등 지인의 말을 더 신뢰한 것입니다. 응답

건강 관련 정보 습득 매체

- 39.4%
  - 뉴스 12.9%
  - 검색 26.5%
  - 인터넷
- 26.8% 대중매체
- 16.7% 주변 지인
- 12.6% 전문가
- 3.4% 출판물
- 1.1% 기타

실제 병의원 선택시 도움되는 정보

항목	비율
주변 지인 소개	47.8%
인터넷 검색 통한 정보	11.7%
본인 과거 이용 경험	22.2%
의료기관/의료인에 대한 대중매체	7.6%
인터넷 포털 뉴스	2.5%
병원에서 직접하는 홍보 자료	2.5%
정보 공개 자료	2.9%
의학 관련 출판물	0.8%
기타	2.0%

[그림 6-7] 2012년 의료계 전문 신문인 『청년의사』가 실시한 조사 결과
출처: http://www.docdocdoc.co.kr

자의 47.8%가 실제 병원을 선택할 때 결정적으로 도움을 받은 건 주변 지인의 소개였다고 답했습니다. 본인이 과거에 이용한 적 있는 병원을 다시 선택한다는 응답자가 22.2%로 2위였고, 인터넷 검색을 통해 병원을 선택한다는 응답이 11.7%로 그 뒤를 이었습니다. 이와 같은 패턴은 나이나 학력에 상관없이 가장 높게 나왔다는 점도 주목할 만합니다. 건강 정보는 주로 인터넷을 통해 구했지만 직접 병원에 갈 일이 생기면 아는 사람에게 의존한 것입니다. 스마트 인터넷 시대에도 병원 선택은 결국 '입소문'입니다.

오프라인 또 온라인상의 정보 공유가 그 어느 때보다 활발한 오늘날, 사람들은 각종 커뮤니티를 통해 병원에 대한 후기를 공유합니다. 암이나 외과 수술 등 심각한 병의 경우 치료 방법과 그 효과가 가장 중요한 판단의 기준이 됩니다. 상대적으로 가벼운 병은 진료와 치료에 있어 사실상 큰 차이를 보이지 않기 때문에 병원의 서비스와 분위기에 대한 인식이 병원에 대한 평가를 크게 좌우합니다. '입소문으로 흥하고 망할 수 있는 시대'이기에 병원들은 구전 관리에 힘을 더하고 있습니다.

의료서비스 자체가 다른 서비스 대비 특수한 성격을 지니고 상당히 높은 소비자 관여도를 요구하는 탓에 병원에 대한 커뮤니케이션에 있어서 각종 미디어를 활용한 커뮤니케이션 이상으로 구전에 대한 의존도가 높습니다. 의료와 같은 전문 서비스의 경우 고객에 의한 소개가 가장 중요한 구매 원천이라고 합니다(Beltramini, 1989). 또한 신용 속성이 중요한 서비스 선택에서 소비자들은 개인과 관련이 높은 구전에 의존한다고 합니다(Zeithaml & Bitner, 2000).

구전은 크게 두 종류로 나눌 수 있습니다. 바로 온라인 구전과 오프라인 구전입니다. 온라인 구전(e-WOM)은 오프라인 구전에 비교하면 메시지 전파 속도가 상당합니다. 오늘날의 구전 효과는 오프라인에서의 대인적 차원에서만 국한되는 것이 아니므로 더 중요하다고 볼 수 있습니다. 시공간 제약을 떠나 정보 발신자와 수신자 간의 쌍방향 의사소통으로 만들어지는 구전 정보는 온라인을 통해 생생한 정보로 공유 및 재생산되고 있습니다. 전통적 연구로 구전 분야에서 고전이라고 볼 수 있는 Katz와 Lazarsfeld(1955)의 고전적인 매체 효과 연구를 보면 구전이 상표 전환(다른 상표로 바꿔 구매)에 미치는 효과가 라디오의 2배, 인적 판매(personal sales)의 4배, 신문/잡지 광고의 7배가 된다고 합니다. 대중매체의 영향력이 급감하고 온라인·오프라인 구전의 힘이 극대화된 요즘이라면 디지털 환경에서 구전의 영향력은 매체 광고의 10배, 20배 이상이라고 짐작할 수 있습니다. 한편으로 전통 광고들조차 구전을 염두에 두고 만들어진다는 점도 주목할 만합니다. 소비자가 구전을 찾는 주요 이유는 바로 광고나 기타 상업적 설득보다 더 믿을 만하다는 인식 때문입니다. 또한 본인의 구매 결정에 있어서 근심을 덜고(지각된 위험을 덜고) 빠른 의사결정을 하려는 이유 때문이라고 볼 수 있습니다(양윤, 2014)

메시지 전달 형태를 보면 전통적 구전이 음성언어를 중심으로 한 대면 커뮤니케이션에 의존하는 반면에, 온라인 구전의 경우에는 문자와 영상을 포함한 멀티미디어 형식으로 전달할 수 있습니다. 물론 오프라인이 대면 커뮤니케이션처럼 3차원의 실제 공간에서 각종 비언어적 표현까지 전달할 수 없다는 단점이 있습니다. 한편으로 온라인 구전은 전달된 커뮤니케이션 콘텐츠가 많은 경우에 온라인상에 누적되면서 그대로 남아 있어서 구전 효과가 콘텐츠가 살아 있는 동안에는 지속해서 또 반복적으로 생성된다는 특성도 있습니다. 오래전에 누군가 남긴 병원에 대한 네거티브 리뷰가 수년 동안 부정적 인식을 만들어 낸다면 매우 속상한 상황일 것입니다. 반면에 전통적 방식의 구전은 일회적으로 발생했다가 소멸해 버립니다. 마케팅에서 크게 두 가지 다른 정보가 소비자의 구매에 영향을 준다고 가정합니다. 첫 번째 정보는 기업이 어느 정도 통제가 가능한 광고이고, 두 번째 정보는 기업이 통제할 수 없는 구전입니다. 통제할 수 없지만 가능한 최대한 부정적 흐름이 생기지 않도록 24시간 모니터링과 꼼꼼한 기획이 전제되어야 합니다.

지금까지 언급한 것처럼 전통적 구전이 특정인을 대상으로 하며 전파 속도가 비교적 늦지만, 온라인 구전은 빠르고 기하급수적으로 많은 불특정 다수에게 도달할 수 있습니다. 전통적 구전은 즉각적으로 피드백을 얻을 수 있는 반면에, 온라인 구전은 피드백을 얻는 데 걸리는 시간이 비실시간적입니다. 다시 말해서, 다소의 시간이 있어야 구전 효과를 기대할 수 있다는 점입니다. 우리 병원이 서비스를 개선하거나 웹사이트를 리뉴얼했다고 하더라도 그 변화가 소비자의 목소리로 생성되는 데는 시간이 꽤 소요된다는 것이죠. 전통적 구전은 수신자와 송신자 사이에 유대가 상당히 긴밀하지만, 온라인 구전의 경우에는 유대 관계가 그다지 높지 못하고 강력한 효과를 기대하기에는 부족하다는 차이점도 있습니다.

〈표 6-1〉 전통적 구전과 온라인 구전의 비교

특징	전통적 구전	온라인 구전
커뮤니케이션의 접속	면대면 (face to face)	인터넷 기반 (web based communication)
메시지의 흐름	쌍방적	일방적 또는 쌍방적
메시지의 지속성	일회적, 저장 불가능	저장 가능, 사용자에 의존
메시지의 전달 형태	음성언어를 통한 대화	문자를 통한 전달
메시지의 전파 속도	비교적 늦음	사용자에 의존 (대체로 기하급수적)
즉각적 피드백	즉각적	지연된 피드백, 사용자 의존
기대되는 효과	태도 형성, 변화	지식 변화, 태도 형성, 변화
참여자의 유대 강도	강함(strong tie)	약함(weak tie)

　여기서 유념할 점은 온라인 구전과 오프라인 구전은 서로 떨어진 독립체가 아니라 상호작용한다는 것입니다. 오프라인 구전이 부정적인데 온라인 구전이 긍정적일 가능성은 적습니다. 물론 잠시간 그러할 수 있지만, 이 차이는 금세 줄어들어 비슷한 반응을 보여 줄 것이 분명합니다. 한편으로 온라인 구전이 매우 부정적일 때 오프라인 구전이 긍정적이기 또한 어렵습니다. 이 둘은 서로를 상호 보완하고 상호 영향을 주면서 구전 효과를 만드는 것입니다.

　흥미로운 점은 구전이 단순히 양질의 서비스를 통해서 만들어진다는 것뿐 아니라 각종 온라인·오프라인 매체를 통한 적절한 미디어 전략을 통해서 확대되거나 또 유통된다는 점입니다. 물론 병원 서비스의 품질은 기본입니다. 실제로 환자의 병원 추천 의도에 영향을 미치는 구전 요인은 다음과 같다고 알려져 있습니다. ① 의사와 간호사의 의료서비스, ② 병원 환경에 대한 환자의 경험, ③

투약 및 처치에 대한 환자 경험이 바로 그것입니다(이경숙, 김정애, 이왕준, 2017). 하지만 일반적 구전의 틀을 벗어나서 구전 요소를 개발하는 것도 의미가 큽니다. 모든 입소문의 잠재적인 출발점은 바로 흥미로운 제품과 서비스에 대한 만족입니다. 이렇게 전염성을 만드는 제품이나 서비스를 대화 창조형 제품(Conversation Product or Service)이라고 부릅니다. 혁신적인 병원 서비스를 통해 감정적인 반응을 유발하고 더 대화를 촉진할 수 있어야 합니다. 흔히 "틀을 벗어난 생각을 하라(Think out of the box)."라는 표어처럼 말이죠. 다음은 일반적으로 서비스에서 구전 요소가 되는 것들을 병원 맥락에 맞춰서 저자들이 만든 예제입니다.

☑ **흥미로운 병원 서비스**: 책과 영화가 있는 병원
☑ **혁신적인 병원 서비스**: 국내에서 보기 어려운 진정성 있는 돌봄 서비스
☑ **개인화된 병원 서비스**: 개인 맞춤형 고품질 식단을 제공하는 병원
☑ **복잡한 내용을 쉽게 바꾸는 서비스**: 개인 건강 회복도를 보여 주는 병원 모바일 앱
☑ **값비싼 고급 서비스**: 호텔처럼 디자인된 디자이너형 병실
☑ **눈으로 볼 수 있는 상징적 과시적 서비스**: 특별 VIP 병동, 병원 내 업무 가능한 CEO 서비스

병원 구전 효과와 디지털 미디어

최근에는 온라인 구전 내용을 토대로 서비스의 순위를 보여 주는 일종의 순위(ranking) 사이트가 비즈니스 모델로 늘어 가고 있습니다. 예컨대, 대학이나 학원 심지어 병원까지 순위를 만들고 발표하면서 이윤을 창출하고 있습니다. 또 순위를 정하는 데 주요 자료가 되는 각종 소비자의 리뷰 내용까지 실시간으로 조회하고 비교도 할 수 있는 종합 플랫폼까지 다수 등장하면서 소비자가 생산한 구전을 사업화하려는 시도도 늘어 가고 있습니다. 물론 순위에 대한 신뢰도나 검증 방법에 대한 문제는 여전히 문제점으로 남아 있습니다. 최종 소비자에게 일면 도움이 될 수 있겠지만 병원 입장에서는 추가 비용과 노력이 소요될 상황입니다. 이런 비즈니스가 점

[그림 6-8] 병원랭킹 홈페이지

출처: https://www.goodhosrank.com

차 확대되면서 병원으로서는 구전 관리가 과거에 간주하던 영향력 이상으로 중요해질 것으로 생각할 수 있습니다.

실제로 의료소비자는 특정 신체적 징후가 있을 때 검색 포털 먼저 찾아 보는 경우가 대부분이고 만성이나 중증질환과 관련한 온라인 커뮤니티(네이버 카페 등)가 매우 활성화되어 있습니다. 환자뿐 아니라 환자의 가족들이 주축이 된 온라인 커뮤니티까지도 크게 늘고 있습니다. 특히 치매나 정신장애 같은 질병은 보호자 간에 정보 공유 및 상호 의존이 크게 중요합니다. 이런 커뮤니티에서 발생하는 구전의 양은 엄청나다고 볼 수 있습니다. 물론 긍정적 구전 이상으로 부정적인 구전과 의도적으로 만들어진 음해성 구전도 넘쳐납니다. 이런 영향력 때문인지 병원에서 SNS 계정을 운영하는 등 변화하는 미디어 환경에서 소비자 구전을 만들고 관리하려는

수술후 **직장**복귀 가능한가요? [11]

막막했어요^^(**직장**다니며서 올까지) [46]

직장다니기 힘들어서. 창업이 어떨지 문의드립니다 [9]

부분절제 수술 두달 후 방사선치료 받으며 **직장** 생활 가능할까요? [19]

전절제 또는 부분절제 수술하시고 혹시 **직장**복귀하신 분~~ [10]

직장생활할때 가발 [6]

[원글이 삭제된 답글]Tac하고도**직장** [3]

수술후 바로 **직장**에 복귀 가능할까요? [12]

직장복귀... [12]

저도 **직장**잡고 결혼할수 있겠죠? [27]

직장암으로 제몸 돌보지 못하다 보니 아프네요 ㅠㅠ [4]

직장 선배님들께 여쭤봅니다 [12]

치료받느라 **직장** 그만 두신분 계신가요? [18]

6개월 검진 통과&**직장** 고민 😊 [9]

치료받으며 **직장**생활하면 더 안 좋을까요? [30]

[그림 6-9] 20~30대 암환자 커뮤니티 갈무리

출처: 한국일보(2017. 4. 3.)

노력이 커지고 있습니다.

　병원으로서는 광고비를 덜 들이며 상대적으로 저렴하게 병원의 브랜드 인지도 및 신뢰도를 쌓을 수 있어서 중소 병의원에 특히 효율적일 수 있다는 면에서 주목받고 있습니다. 의료소비자의 구전 전파에 가장 영향을 많이 미치는 것은 '지각된 정보의 유용성(perceived information utility)'으로, 이는 구전 정보가 자신에게 얼마나 유익한가에 따라 수신자가 구전 정보를 수용하고 그에 따라 구전 활동을 하는 것으로 이해할 수 있습니다. 또한 '지각된 정보의 신뢰성' 요인 중에서는 '의료진의 전문성'이 구전 활동에 유의하게 긍정적인 영향을 미친다고 합니다(강수원, 심완섭, 1997). 결국 유용하고 신뢰할 수 있는 정보 제공이 병원 브랜딩에서 가장 결정적이라고 이야기할 수 있습니다.

　윤리(倫理, ethics)는 인간이 지켜야 할 도리, 곧 실제의 도덕이 되는 원리를 의미합니다. 반면에 법(法)은 입법자에 의해 만들어진 타율적(他律的) 강제적(强制的)인 규범이고 정의, 합목적성, 법적 안정성을 추구하려고 합니다. 입소문 자극을 위해 법적 경계는 아니더라도 윤리적 경계를 넘는 경우가 종종 발생합니다. 2021년부터 정부는 SNS에 뒷광고(광고주 명시 없는 콘텐츠형 광고)가 발생할 시, 광고주와 인플루언서에 대해 「표시광고법」 위반에 따라 관련 매출액의 2% 이하 혹은 5억 원 이하의 과징금을 부과한다고 합니다. 이처럼 강한 법적 규제가 있기 전에 미디어/광고업계가 공유하는 '광고주 명시'에 대한 윤리적 규범이 존재합니다. 존재하는 윤리가 작동하지 않을 때 '법적 강제성'이 동원되는 것입니다. 의료 마케팅에

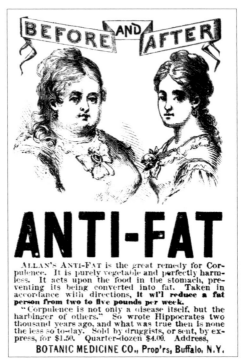

[그림 6-10] 고전적인 비포 애프터 의료 광고

출처: Botanic Medicine Co (1878).

서 윤리적 기준을 준수하는 것이 그 어느 때보다 중요해지고 있습니다.

병원에서 입소문을 자극할 때 소비자의 기대감은 높아지게 됩니다. 예컨대, 치료/시술 전후 사진을 보여 주는 비포-애프터 광고(before-after ad)가 그러합니다. 1800년대 후반에 만들어진 광고를 보면 지금도 그 내용과 디자인이 크게 다르지 않다는 것이 놀랍습니다. 단기적으로 눈길을 끄는지 모르겠지만 기대감만 부풀리고 성과와 실천이 따르지 못할 때 실망을 유발하고 결국 나쁜 구전을 만들어 냅니다. 이런 근거로 좋은 입소문을 만드는 열쇠는 바로 기대와 실천의 균형이라고 볼 수 있습니다. 그래서 늘 기대감을 앞서야 합니다. 너무 과장하거나 허위성을 포함하게 될 때 의료의 정직과 윤리에 문제가 생기기도 하지만, 나아가 부정적인 입소문을 만들 수도 있음을 명심해야 합니다. 우리 병원이 추구하는 브랜드 지향점을 다시 검토하고 고객의 수요를 반영해서 서비스와 상품을 개발해야 할 것입니다. 고객이 병원에서 원하는 '무엇'을 고민하고 관련해 '어떤 콘텐츠'를 원하는지를 이해한 뒤 콘텐츠를 개발해야 합니다.

　다음으로 고객이 원하는 콘텐츠를 찾을 때 온라인 및 오프라인 유입경로를 분석하고 우리 병원에 맞는 채널을 확보해 고객의 참여와 공유를 유도해야 합니다. 마지막으로 COVID-19 사태 발발 이후 건강 문제로 심신이 지쳐 있는 소비자들에게 병원 브랜드의 진중함과 감수성을 잘 유지하면서 그들에게 희망과 위안을 주는 콘텐츠를 제공할 때 병원은 공감과 사랑을 받을 것입니다.

병원 브랜딩을 위한
미디어 전략

앞서 병원 브랜딩에서 콘텐츠의 중요성을 강조하고 구전 효과가 주는 영향력을 이야기했습니다. 디지털 미디어 수와 채널 수가 폭발적으로 증가함에 따라 캠페인에 있어서 미디어 전략(media strategy) 역시 중요해졌습니다. 과거 콘텐츠와 매체가 독립적으로 움직였다면 이제 미디어 전략과 콘텐츠 전략의 구분이 없을 정도로 밀접해진 것입니다. 브랜드의 성격, 조직의 특성, 경쟁의 정도 그리고 경쟁사의 콘텐츠와 매체 활용의 특장점 등 다각적인 환경 검토를 통해 최종적 전략 매체조합(media mix)을 선택하게 됩니다. 언제 어떤 미디어를(예: 신문과 교통광고) 어떻게 엮어 낼까(예: 1월에는 OO과 XX를 얼마씩, 2월에는 어떻게) 이런 의사결정입니다. 한국의 「의료법」상에서는 의료 광고를 "신문·잡지·음성·음향·영상·인터넷·인쇄물·간판, 그 밖의 방법으로 의료행위, 의료기관 및 의료인등에 대한 정보를 소비자에게 나타내거나 알리는 행위"라고 정의하고 있으며 광고매체를 "신문·잡지·음성·음향·영상·인터넷·인쇄물·간판 등"으로 제한적으로 규정하고 있습니다. 특히 전파방송을 통한 의료 광고를 법으로 금지하고 있습니다[「방송법」 제2조 제1호에 의한 방송을 통한 광고 금지(「의료법」 제56조 제3항 제1호)]. 또한 의료인 등이 의료 광고 심의 대상 매체를 이용하여 광고하려는 경우, 의료 광고 자율심의기구를 통하여 사전 심의를 받아야 한다고 규정하고 있습니다(「의료법」 제57조 제1항). 단, 의료기관 기본 정보로만 구성된 의료 광고는 심의를 받지 않을 수 있습니다(「의료법」 제57조 제3항). 말 그대로 매체와 메시지

[그림 7-1] 유형별 의료 광고 사례 및 체크리스트(2020년 7월 6일 발간)

모두 상당히 까다롭습니다. 대한의사협회 의료광고심의위원회는 관련 사항을 책자로 만들어 배포하고 있사오니 관심 있는 독자분들은 홈페이지에서 내려 받아서 점검해 보시면 실무에 큰 도움이 될 것입니다.

미디어의 종류, 광고의 내용, 집행될 시점과 시간, 예산, 집행된 메시지, 마지막으로 법적 이슈까지 고려하고 미디어 계획을 입안하려면 그 선택은 매우 복잡합니다. 그래서 단순히 기획자의 경험, 취향이나 선호에 따라서 매체 선택이 직관적으로 좌지우지되지 않도록 유의할 필요가 있습니다. 노스웨스턴대학교(Northwestern University)의 돈 슐츠(Don E. Schullz) 교수는 통합 마케팅 커뮤니케이션(Integrated Marketing Communication: IMC)을 주창하면서 "IMC는 소비자와 브랜드나 기업과의 모든 접점을 메시지 전달 채널로 생각해, 목표 소비자의 구매 행동에 직접 영향을 주는 것을 목적으로 한다."고 역설했습니다. 여러 매체를 쓰더라도 목소리는 한 방향으로 흘러가야 한다고 이해할 수 있습니다. 마치 여러 개의 공을 던지면 한꺼번에 받을 수 없는 것과 같은 원리입니다. 특히 온라인 매체와 오프라인 매체의 통합적 활용과 취사 선택은 특별히 중요합니다. 온라인 매체를 오프라인 매체에 대안적 선택지로 활용할 것인지 또는 보완재로 활용할 것인지에 대한 의사결정이 필요하며 다른 경쟁 병원의 커뮤니케이션이 온라인에만 집중하고 있다고 해서 쉽게 디지털 채널에만 집중하는 전략을 따르는 것에는 위험이 따릅니다.

현재 시점에서는 먼 미래의 일로 느낄 수 있지만, 병원도 새로운 미디어 기술에 주목해야 합니다. 4차 산업혁명의 격동기에 하루가 멀다고 등장하는 인공지능, AR, VR과 같은 공상 과학의 영역으로 멀게 느껴지던 신기술들이 일상에 활용되면서 미디어 간 그리고 콘텐츠 간 구분을 모호하게 만들고 있습니다. 미디어와 콘텐츠들은 상호 융합하고 해체하고 또 사라지는 과정을 역동적으로 반복하고 있기도 합니다. 디지털 미디어 환경에서 소비자들의 미디어 사용 행태가 크게 변화하고 있으며 병원 브랜딩을 위한 커뮤니케이션 전술에서도 크고 작은 변화들이 나타나고 있습니다. 이 장에서는 변화하는 미디어 환경을 살펴보고 병원들이 어떻게 소비자의 변화 그리고 미디어 기술의 변화 속에서 미디어 전략을 구현하고 있는지, 그리고 향후 발전 방향은 어떠한지를 알아보려고 합니다.

병원의 미디어 전략

미디어는 진화와 생성 그리고 소멸을 반복하고 있습니다. 버글스(Buggles)의 명곡 〈비디오가 라디오 스타를 죽였다(Video Killed The Radio Star)〉는 1980년대 영상매체의 급속한 확산에 따라 위협받는 전통매체인 라디오의 위기 그리고 올드 매체에 대한 향수를 담고 있습니다. "미디어는 메시지다." 1960년대 마셜 매클루언 (Marshall McLuhan)의 주장(McLuhan, 1994)을 브랜드 측면에서 해석하면 콘텐츠뿐 아니라 콘텐츠를 담고 전달하는 미디어 또한 광고된 브랜드의 이미지를 바꾸고 광고 효과를 결정하는 중심 역할을 담당한다고 해석할 수 있습니다.

미국의 교육학자 마크 프렌스키(Marc Prensky)가 정의한 디지털 네이티브(Digital Native)들은 '언제, 어디서, 어떻게 콘텐츠를 어떤 미디어 도구를 통해 소비할 것인가?'를 자율적으로 결정하고 또 이런 결정들이 누적되어 개개인의 미디어 행태와 습관을 형성한다고 합니다(Prensky, 2001). 복수 스크린(multi-screens)을 통해 언제(anytime), 어디서나(anywhere), 원하는 요구(as their want)에 따라 쉼 없이 콘텐츠를 소비하고 있는 디지털 네이티브에게 다가가기 위해 커뮤니케이션 채널들은 사활을 건 경쟁을 하고 있습니다. 대

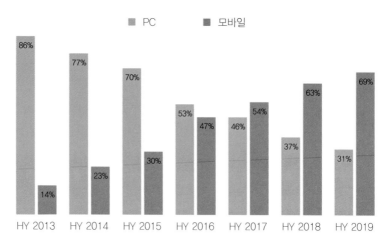

[그림 7-2] 2012~2019년 동안 미국의 PC 대 모바일에서 광고비 비중 추이 변화

출처: https://www.iab.com

중매체에서 PC 기반 인터넷으로 그리고 모바일 인터넷으로 매체의 무게중심이 변화하는 것은 광고비의 변화를 보면 쉽게 이해할 수 있습니다. 실례로, IAB(Interactive Advertising Bureau)의 2019년도 보고서(IAB's Internet Advertising Revenue Report 2019)에 따르면, 2012년부터 2018년까지 광고비 추이를 검토한 결과 2017년부터는 모바일 미디어를 통한 광고비 집행이 PC를 역전해 급하게 상승하고 있는 것을 발견할 수 있습니다.

이와 같은 흐름은 병원 분야에서도 크게 다르지 않습니다. 과거 병원 커뮤니케이션이 주로 지하철, 버스, 교통 터미널 등 교통 광고 또는 전단과 같은 옥외 광고(outdoor advertising)에 의존하는 경향이 있었습니다. 물론, 예산이 비교적 풍부한 경우에는 라디오나 지역 케이블 TV를 활용해 방송 광고를 집행하기도 했었습니다. 2000년 이후에 들어서는 배너, 검색, 블로그를 포함한 PC 기반 인터넷 광고로 다양한 마케팅 활동을 집중했습니다. 2015년 이래 현재까지

[그림 7-3] 교통 광고를 활용한 병원의 매체 집행

출처: [좌] http://millervolpe.com, [우] https://vectormedia.com

병원 커뮤니케이션의 핵심 채널은 단연 모바일이며 주요 콘텐츠는 다름 아닌 동영상입니다.

세부적으로, 모바일 기기에서 텍스트가 아닌 동영상을 통한 커뮤니케이션이 폭증하고 있습니다. 특히 인터넷은 곧 유튜브화 되고 있다고 할 수 있을 정도로 의료를 포함한 전 영역에서 유튜브의 영향력은 막강합니다. 유튜브 크리에이터가 초등학생들의 미래 꿈 목록에서 1~2등을 차지할 정도로 신세대들에게는 영상 콘텐츠가 삶 그 자체입니다. 무한한 콘텐츠 가운데 병원 콘텐츠를 포함한 의료/건강 관련 동영상 콘텐츠가 폭발적으로 늘어나고 있습니다. 누구나 검열 없이 참여 가능한 열린 매체, 콘텐츠의 무한 확장이 가능한 열린 구조(open structure), 콘텐츠의 인기를 통해 개인의 금전적 이익과 명성을 얻을 수 있는 효용 플랫폼이라는 장점은 유튜브의 위상을 대중매체에 비견하는 대표 플랫폼으로 승격시켰습니다. 실제로, 2020년 9월 기준 한국인의 평균 스마트폰 활용 월 유튜브 사용시간은 29.5시간(하루 약 1시간)에 육박한다고 합니다. 국내 월간 순 사용자 수가 4,319만 명이라고 하니 국민 미디어라고 해도 과언이 아닙니다(조선일보, 2020. 10. 8.). 2016년 발표된 디스카우트(Dscout)의 조사 보고서에 따르면, 하루 평균 소비자들은 2,617회 스마트폰을 터치한다고 할 정도로 모바일 의존도는 절대적입니다. 엄지족들의 하루 엄지손가락 스크롤링 운동만 더해도 빌딩의 높이까지 도달할 수 있다고 하니 모바일 매체의 흡입력과 사용 시간이 엄청남을 알 수 있습니다.

미디어 전략에 대한 이해를 더하기 위해서는 미디어의 분류체계인 페이드 미디어(paid media), 온드 미디어(owned media), 그리고 언드 미디어(earned media)에 대한 이해가 필요합니다.

1) 페이드 미디어

기업이 마케팅 비용을 지급한 결과로 미디어에 실리는 종류의 미디어를 칭합니다. 이 종류에는 4대 매체와 디지털 광고를 포함한 전통적 개념의 매체광고들 전체를 포함할 수 있습니다. 앞서 언급한 것처럼 페이드 미디어(paid media)의 중심이 전통매체에서 디지털로 전환하고 있으며 광고비 역시 디지털 중심으로 편성되고 있다고 볼 수 있습니다. 우리가 흔히 이야기하는 전통적 의미의 광고는 모두 페이드 미디어를 통해 집행된다고 봐도 과언이 아닙니다. 많은 경우 페이드 미디어 집행에 있어서 기존의 관습대로 또 일정대로 집행하고 있습니다. 이런 수동적인 방식은 페이드 미디어 효과에 있어서 도움이 되지 않습니다. 기존에 보지 못했던 새로운 매체를 발굴하고 또 기존의 매체이더라도 뭔가 다른 크리에이티브를 더해 그 효과를 극대화할 수 있을지를 고민해야 합니다.

최근 페이드 미디어 중에서 주목받는 매체가 바로 위치 기반 매체입니다. 소비자가 특정 장소에 있을 때 그 정보를 인식해 광고를 전달하는 방식입니다. 현재도 운영되고 있는 매체 가운데 특정 정류장에서 근처에 있는 병원을 비롯한 사업장을 광고해 주는 '버스 하차벨 광고'가 좋은 예가 될 수 있습니다. 최근에는 디지털 위치 기반 광고들이 속속 등장하고 있어 주목해 볼 만합니다. 택시 뒷좌

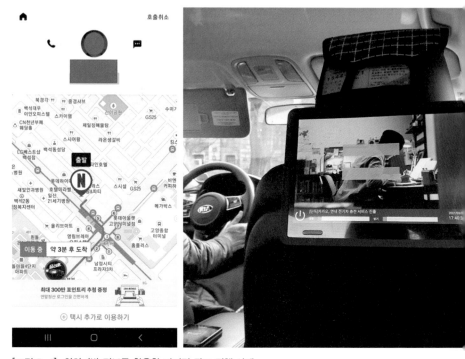

[그림 7-4] 위치기반 정보를 활용한 디지털 광고 집행 사례

석에 설치된 디지털 스크린이나 택시 호출 서비스를 이용할 때 앱 안에다가 광고를 추가하는 방식 등 하루가 멀다 하고 새로운 매체가 등장하고 있습니다. 병원 마케터들은 기존에 효과적이라고 판명된 매체 전략을 유지하는 동시에 새로운 도전에도 게으르지 않아야 할 것입니다.

기존의 매체도 크리에이티브를 더할 때 그 효과를 배가할 수 있습니다. 2011년 편강한의원의 '편강탕' 광고(광고기획사 '미쓰윤' 기획/제작)는 단지 '편강탕'이라는 궁서체의 까만 글자만이 하얀 바탕에 담담하게 쓰어 있는 특이한 크리에이티브로 평범한 페이드 미디어인 교통 광고의 효과를 극대화했습니다. 특별한 콘텐츠를 교통 광고에 집중함으로써 이 광고 캠페인은 온라인에 회자되는 언드 미디어(earned media) 효과를 톡톡히 얻었습니다. 이 광고 이후에 유사한 B급 정서 자극형 광고들이 속속 등장했지만, 이만큼 성공하지는 못했습니다.

[그림 7-5] 2011년 집행된 편강한의원의 '편강탕' 광고

출처: https://wwdoctor.com

2) 온드 미디어

온드 미디어(owned media)란 미디어의 소유주(기업 등)인 운영자가 관리하는 미디어를 의미합니다. 흔히 자사 미디어, 자사 채널이라고도 불리는 기업 사보, 기업 홈페이지, 기업의 공식 블로그, 마이크로 사이트, 기업 직영 전자 상거래 사이트, 페이스북·유튜브·트위터·인스타그램 같은 기업 공식 소셜 미디어 등이 대표적인 사례입니다. 병원에서 운영하는 많은 미디어 자산이 모두 온드 미디어입니다. 광고 없이 온드 미디어로 트래픽을 모아 가는 것은 생각보다 매우 힘든 과업입니다. 우수한 콘텐츠로 방문자를 늘려 갈 수 있지만, 그 속도를 높이기는 쉽지 않습니다. 버밍엄 여성

[그림 7-6] 버밍엄 여성 어린이 병원의 소셜 미디어 콘텐츠

어린이 병원(Birmingham Women's and Children Hospital)은 영국의 대표적인 여성 병원으로 소통채널을 잘 운영하는 것으로 유명합니다. 편안한 그래픽을 통해 병원에 대해 두려움을 가지고 있을 엄마와 아이가 병원에서 겪어 갈 여러 가지 생활을 쉽게 이해할 수 있도록 돕고 있습니다(https://bwc.nhs.uk). 온드 미디어에 관한 사례는 웹사이트와 소셜 미디어 부분에서 상세하게 다루겠습니다.

3) 언드 미디어

콘텐츠의 내용에 기업이 전혀 관여할 수 없는 소비자가 자발적으로 생성하는 미디어를 언드 미디어(earned media)라고 부릅니다. 디

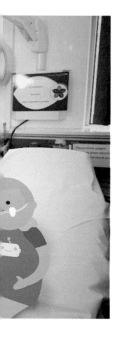

지털 환경에서 미디어의 꽃이라고 불리기도 합니다. 예컨대, 신문이나 잡지사의 사설, 방향이나 제품에 대한 미디어의 독립적인 분석 기사, 리뷰 전문 사이트에 게재된 전문가 의견 등은 기업이 통제할 수 없이 얻어진 것들입니다. 또한 일반 고객들의 댓글 및 브랜드 UGC(user generated content) 등 역시 통제가 불가능하며 긍정적인 콘텐츠의 경우 기업에 좋은 영향을 주기 때문에 기업들은 페이드 미디어나 온드 미디어를 활용한 다양한 브랜드 커뮤니케이션 활동을 통해 언드 미디어를 획득하려고 혈안입니다. 긍정적인 언드 미디어보다 부정적인 언드 미디어를 얻기가 더 쉬우므로 상호작용할 수

있는 소셜 미디어 환경은 양날의 칼이라고 이해할 수 있습니다.

 이러한 미디어 분류에서 페이드 미디어가 과거 절대적인 강세를 보였다면 온드 미디어와 언드 미디어의 중요성이 지속해서 두드러지고 있는 상황입니다. 이는 예산을 절감하고 어카운터빌리티(accountability; 기업 책무성)를 강조하는 요즘의 마케팅 추세 때문이라고 볼 수 있습니다. 하지만 앞서 이야기한 것처럼 비용을 상당히 투자하지 않고서는 온드 미디어로 방문자를 모으거나 긍정적인 언드 미디어를 얻기란 만만치 않습니다.

 디지털 미디어 환경에서 병원 브랜딩은 한층 복잡하고 또 어려워지고 있습니다. 한편으로 여러 기회의 창이 열리고 있기도 합니다. 병원 브랜드 커뮤니케이션에서도 '전통적 매체/콘텐츠 기획'이 설 자리는 점차 좁아지고 있습니다. TV, 라디오, 옥외 광고와 같은

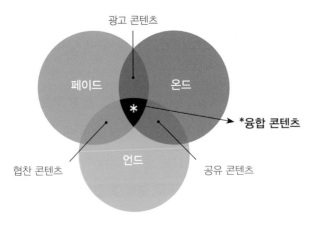

[그림 7-7] **미디어의 3대 분류**

출처: https://medium.com

전통매체를 넘어서 이제 모바일로 대표되는 디지털 미디어까지 적극적으로 수용해 부족한 예산의 한계를 극복하고 최적의 결과를 얻어야 합니다. 이런 급변하는 소비자들에게 다가가기 위해서는 틀을 깬 접근이 필수적입니다. 따라서 이제는 '전달'이 아니라 '전달 방법'이나 '매력적인 콘텐츠를 활용한 전달'이 브랜딩의 키워드로 자리 잡아 가고 있습니다. 같은 맥락에서, '새로운 시대가 요구하는 브랜딩'은 '인간적인 인사이트'를 보다 절실하게 필요로 합니다. 오컴의 면도날(Occam's Razor)과 같은 의사결정의 차가운 합리성뿐 아니라 한층 세심해진 의료서비스 소비자 개개인에 대한 따듯한 관심과 통찰이 필요한 상황입니다.

　병원 커뮤니티에서도 VR(Virtual Reality: 가상현실)과 AR (Augmented Reality: 증강현실)로 대표되는 신유형 메타버스 매체

[그림 7-8] **크리스티아나케어에서 항암 치료에 활용 중인 VR 실감 영상**
출처: https://news.christianacare.org

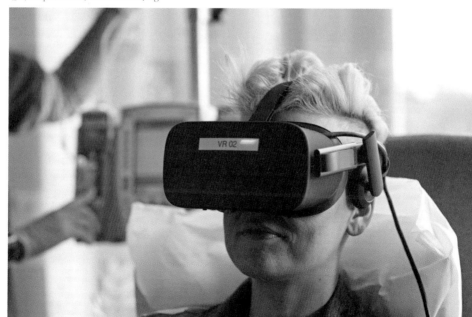

기술들이 속속 도입되면서 수용자들에게 전달의 방법과 표현을 달리하려는 다양한 시도와 실험이 진행되고 있습니다. 메타버스[Metaverse: 가상·초월(meta)과 세계·우주(universe)의 합성어로, 3차원 가상 세계]라고도 불리는 실감 영상 기술이 대표적입니다. 현재 병원에서 치유 보조 목적으로 주로 활용되고 있는 VR/AR은 향후 외부 소비자 대상의 커뮤니케이션에도 적극 활용될 것으로 기대됩니다.

실례로, 미국 델라웨어주 뉴캐슬(Newcastle)에 있는 크리스티아나케어(Christiana Care Health System)는 암 치료를 위한 키모요법(chemotherapy) 과정에서 VR을 활용해 암 환자들의 큰 호응을 얻었습니다. 항암 치료 중 병원 밖을 나갈 수 없는 환자들의 불편함을

[그림 7-9] 딸의 결혼 과정에 VR을 통해 참가하고 있는 환자의 모습

출처: https://vr-iend.com

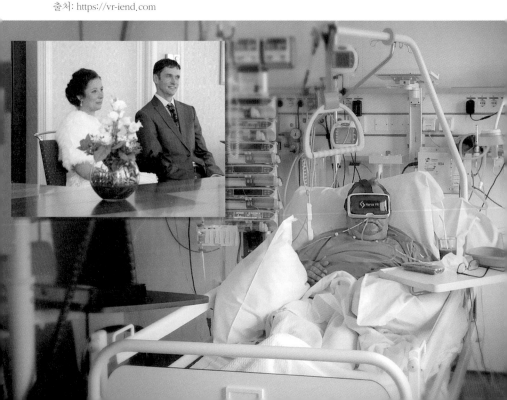

고려해 VR을 통해 병원 밖을 체험하게 해 주었고 다소나마 장기 치료의 답답함을 해소할 수 있었습니다.

또 비슷한 사례로, 심각한 화상으로 피부 치료를 받는 60세 환자는 격리 치료 과정에 있어 딸의 결혼식에 갈 수 없었습니다. 마티니 화상 센터(Martini Burn Center)는 결혼식 앞자리에 VR 촬영 카메라를 직접 설치해 두고 실시간 현장을 중계했습니다. 환자와 가족들의 만족도는 상당했으며 관련 스토리를 네덜란드의 주요 언론지들이 다루고 기사들이 소셜 미디어를 통해 확산되는 등 PR 효과가 상당했습니다.

병원 브랜딩과 홈페이지 그리고 블로그 커뮤니케이션

해외 우수 병원들은 디지털 경제라는 개념을 이미 받아들이고 온라인 채널을 통해 '브랜드'를 관리하고 운영하는 것을 병원의 디지털 트렌스포메이션 핵심 과제로 두고 있습니다. 이들은 온라인을 통해 병원의 브랜드를 적극적으로 관리하고 있습니다. 또한 이들은 병원의 명성을 이루는 모든 커뮤니케이션 요소를 통합적으로 관리하며, 병원의 창조적 활동물(진료, 연구, 교육)들을 온라인 채널을 통해 브랜딩하고 있습니다. 이를 기반으로 기존에 구축한 오프라인에서의 평판을 온라인에서도 공고히 하고 있는 것입니다. 온라인 커뮤니케이션의 기본은 바로 병원의 홈페이지입니다. 홈페이지는 우리 병원을 대표하는 가상현실(virtual reality) 속 병원입니다.

앞서 미디어 부분에서 언급한 것처럼 우리가 별도 비용을 지불해 광고를 하는 것이 아니라 우리가 소유하고 있는 매체이기 때문에 온드 미디어의 대표주자라고 할 수 있습니다. 이런 상징성과 기능을 고려한다면 병원 홈페이지에 더욱 신경을 써야 하겠지만 실제는 그렇지 못합니다.

대부분의 병원 홈페이지는 병원의 경영진이 하고 싶은 이야기만 일방적으로 강조해 전달하는 경우가 많습니다. 당연히 말하는 사람은 의료 분야의 전문가이고 범접하기 어려운 과학적 의료 지식을 비교적 정확하게 전달하려고 합니다. 하지만 실제로 홈페이지를 방문해 필요한 내용을 찾아 읽고 있을 소비자 처지에서는 그 정보를 제대로 이해하기란 상당히 어렵습니다. 아마 독자 여러분도 특정 질환에 대한 우려 때문에 의학 정보를 찾다가 지쳐 포기해 본 경험이 있을 듯 합니다. 찾았다고 하더라도 관련한 세부 정보가 도대체 어디 있는지를 찾고 진위를 구분하기가 상당히 어렵습니다.

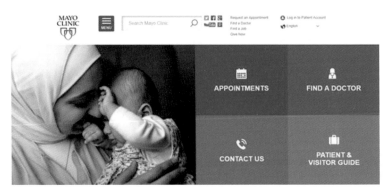

[그림 7-10] 가장 중요한 정보를 중심으로 구성한 메이요 클리닉의 홈페이지
출처: www.mayoclinic.org

한마디로 현재 많은 병원 홈페이지가 방문자에게 매우 불친절한 상황입니다. 이런 점은 공공성을 지닌 많은 기관의 홈페이지에서도 발견됩니다. 앞서 강조한 것처럼 공공재로 인식되고 있는 병원의 현실을 반영한 것이 아닐까 추측해 봅니다. 하지만 이제 병원 홈페이지도 더 고객 지향적으로 되어야 합니다.

　병원 홈페이지는 절대적으로 소비자인 환자 중심으로 만들어야 합니다. 웹디자인 영역에서는 이미 이런 점을 유념하고 사용자 경험(user experience: UX)이라는 용어를 쓰면서 사이트 방문자의 경험을 강조하고 있습니다. 물론 과거 병원의 홈페이지에 비한다면 요즘의 병원 홈페이지는 월등히 나아졌다고 볼 수 있습니다. 그런데도 이런 변화는 시각 디자인적인 세련됨에 머무르는 경우가 많습니다. 또한 중소 병의원의 사례를 볼 때, 홈페이지의 완성도나 예술적 표현의 역량이 다른 서비스 산업에 비교할 때 현저히 부족한 것이 사실입니다. 물론 예외적으로 미용과 관련된 시술을 중심으로 하는

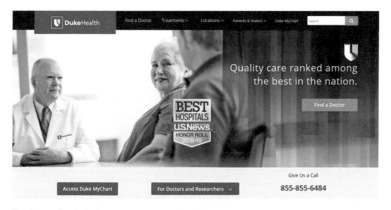

[그림 7-11] 랭킹 정보를 중심으로 시선을 잡아 주는 듀크대학교 병원 홈페이지
출처: www.dukehealth.org

병원은 상당한 수준으로 발전해 있어 논외로 하겠습니다.

우리가 병원 홈페이지를 만들고 운영할 때 보기도 좋고 이해하기도 쉽고 정보를 찾기도 편하며, 마지막으로 방문을 끌어낼 수 있는 홈페이지로 만들 수 있을지를 진지하게 고민할 시점입니다. 흔히 병원 홈페이지 제작에 있어서 자주 거론되는 사항들(Web to MD 참고 및 보완)을 체크리스트 형식으로 만들어 정리하면 다음과 같습니다.

☑ 편하고 직관적인 디자인(easy, intuitive navigation)

☑ 빠른 웹사이트 사용(fast-loading)

☑ 스마트폰에 최적화된 디자인(mobile-friendly design)

☑ 의료 전문가 정보를 찾기 쉬운 사이트(specialist finder/specialist directory)

☑ 위치 검색 편의성(location finder/location directory)

☑ 사이트에서 종합 검색 기능(website content search)

☑ 다중 언어 지원(multi-lingual support)

☑ 온라인 환자 정보 검색(online patient records)

☑ 온라인 결제 기능(bill-pay portal integration)

☑ 각종 병원 내 이벤트 알림 일정표(event calendar)

☑ 환자 교육 관련한 정리된 자료(robust, evidence based patient education content)

☑ 병원의 순위나 리뷰(rankings or review)

다음 장에서 소개할 해외 병원들의 홈페이지와 블로그를 검토해 보면 이 장에서 이야기한 내용을 검토해 본다면 조금 더 손에 잡히지 않을까 합니다.

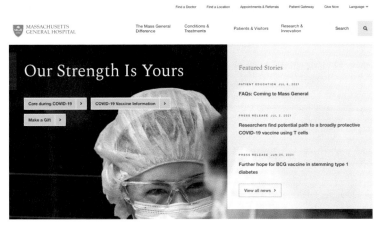

[그림 7-12] 각종 정보 요소를 상단에 찾기 쉽게 정리해 둔 메사추세스 종합병원 홈페이지

출처: www.massgeneral.org

병원 브랜딩과 소셜 미디어

미디어 전략에서 소셜 미디어의 적극적 활용이 요구되고 있습니다. 브랜드 캠페인은 장기적 안목에서 브랜드의 성장을 도모해야 하지만 또 한편으로는 소셜 미디어 환경에서 적정한 효율성을 유지할 수 있도록 빠른 보폭으로 움직여야 한다는 점을 명심해야 합니다. 또 원칙적으로는 브랜드 전략의 기본은 그대로 유지하되 광고적 전술은 조금 더 시기적절하게 새로운 방법까지도 활용할 필요가 있습니다. 소셜 미디어는 실시간 소비자 반응을 수집해 분석할 수 있다는 강점이 있지만, 한편으로는 소비자들의 반응에 대한 통제와 예측이 어렵다는 단점도 있습니다. 이런 이유로 24시간 끊임없는 모니터링이 필요하며 때로는 실시간 대응해야 한다는 점에

서 인적 · 물적 자원에 대한 요구가 상당합니다. 따라서 캠페인 목
표에 적합한 소셜 미디어 채널을 어느 정도의 노력을 통해 타사와
경쟁 브랜드 대비 어떻게 활용할 것인지를 결정하는 것이 캠페인
기획자의 중요한 역할이 된 것입니다.

세계적 예술가인 앤디 워홀(Andy Warhol)은 "미래에는 모든 사람
이 15분 만에 유명한 사람이 될 것이다."라고 예언한 바 있습니다.
이제 실제로 개개인의 영향력이 극대화된 세상이 열렸습니다. 개인
의 영향력을 중심으로 한 온라인 매체가 젊은 소비자들에게 파급 및
확산에 유용하지만 부정적 댓글 등에 따르는 콘텐츠 오염이 심하고
앞서 언급한 것처럼 마케팅 통제력을 상실하는 경우가 흔합니다.

구체적으로, 원하지 않은 콘텐츠에 광고가 인접해 삽입되는 광

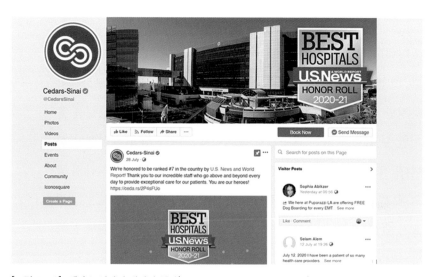

[그림 7-13] 세다스 시나이 메디컬 센터(Cedars-Sinai Medical Center)가 운영하는 공식 페이스북
페이지

출처: http://facebook.com/CedarsSinai

고 자동화에 따르는 문제가 최근 심각하게 대두되기도 했습니다. 물론 콘텐츠의 성격과 소비자의 상황적 맥락을 인식하는 광고 집행을 돕는 인공지능의 발전으로 광고 집행이 더 고도화되고 있지만, 여전히 완성도 면에서는 부족하고 각종 오용 사례가 나타나고 있기도 합니다.

　소셜 미디어는 브랜드 캠페인 담당자에게 여러 가지 도전과 기회를 동시에 주고 있습니다. 소셜 미디어는 서로 간에 기능적으로 분화하고 또 복합적으로 연결돼 가면서 브랜드 캠페인에 새로운 도전을 가져오고 있습니다. 페이스북(Facebook)과 인스타그램(Instagram)은 공유(sharing)를 위해서, 트위터(twitter)는 실시간 뉴스 소통(real-time news), 아마존(Amazon)은 상거래의 중심지(online hub for transaction), 넷플릭스(Netflix)는 동영상 엔터테인먼트, 그리고 구글(Google)은 지식의 발견(knowledge discovery)이라는 기능으로 탄생했지만, 이제 점차 복합적이고 융합된 형태로 연결돼 가고 있습니다. 구체적으로 페이스북은 친구 간의 교류를 돕는 본디 역할을 넘어 각종 미디어 콘텐츠를 공유해 가는 역할이 중요해지고 있으며 인스타그램은 상거래 기능이 크게 강조되고 있습니다. 이러한 소셜 미디어의 진화에 맞춰 브랜드 캠페인도 함께 진화해야 합니다.

　Han과 Wiley(2013)의 분류에 따르면, 의료서비스 기관에서 소셜 미디어를 이용하는 주요한 이유는 몇 가지 항목으로 나누어 볼 수 있다고 합니다. 미국의 사례이지만 다른 나라에도 비슷하게 적용될 수 있는 분류라고 생각됩니다. 먼저, 일반인들이 현재 건강 상태를 유지하기 위한 목적의 소셜 미디어입니다. WEGO와 WebMD와 같은 정보 제공 사이트가 대표적입니다. 다음으로, PatientLikeMe 웹사이트처럼 환자들이 현재 가진 질병을 관리하거나, iGUard와 같이 임상실험을 모집하기 위한 목적으로도 활용됩니다. PatientsLikeMe나 Medhelp는 개인적인 건강 기록이라는 기능이 있으며, radRounds와 같은 사이트들은 건강 관리 전문가를 양성하는 과정으로 새로운 소셜 미디어 계정을 이용하기도 합니다. 마지막으로, 공중 보건 관련 안내 및 캠페인을 알려 주는 CDC(Centers for Disease Control and Prevention) 사이트와 같은 예도 있습니다.

미국의 노스쇼어 대학교 병원(North Shore University Hospital)은 소셜 마케팅을 위해 디지털 마케팅 전문회사(회사명: Rise interactive)와 함께 환자들이 원하는 정보를 파악하고, 소셜 미디어를 통해 정보를 제공했습니다. 체계적으로 환자가 원하는 분야를 분석하고 디지털 미디어를 이용한 전략을 수립하여 계절과 관련된 건강 정보나 전문적인 의학 논평을 인포그래픽으로 개발했습니다. 인포그래픽의 주제는 철저하게 환자들의 눈높이에 맞추도록 했다는 점이 독특합니다. 콘텐츠 제공 방식 역시 고객의 눈높이에 맞춰 인포그래픽은 요약 자료와 실제 내용을 모두 볼 수 있도록 두 종류로 제작하고 요약 자료는 트위터부터 페이스북까지 병원의 공식 소셜미디어에 게재했습니다. 환자들이 요약 자료를 먼저 접한 후 전체 내용을 보기를 원하는 환자들만 연결된 링크를 통해 병원 블로그로 들어갈 수 있도록 했습니다. 이렇게 다층적인 콘텐츠 디자인을 한 것은 병원의 소셜미디어를 찾는 이용자들의 인지적인 특

[그림 7-14] WebMD

출처: https://www.webmd.com

[그림 7-15] PatientsLikeMe

출처: https://www.patientslikeme.com

성을 이해하고 필요에 맞춰 세분화한 것입니다(출처: https://www.riseinteractive.com).

소셜미디어에서 핵심은 뭐니 뭐니 해도 동영상 콘텐츠(video contents)입니다. 이제는 의료 관계자들이 영리 목적으로 동영상을 직접 제작하거나 출연하는 등 적극적인 행보를 보이는 것도 심심치 않게 찾아볼 수 있습니다. 향후 MZ세대(1980년대 초~2000년대 초 출생 인구)가 우리 사회에 주류로 나설 때 즈음이면 동영상은 문자 텍스트의 위상을 넘볼 수 있을지도 모르겠습니다.

실례로, 소위 약방(약 방송)의 소비자 영향력은 상당한데 소비자가 약국에서 브랜드를 거론하며 직접 구매 결정을 하게 되는 DTC(direct to consumer: 소비자 대상 판매품) 제품군의 경우 특정 방송 방영 후 매출이 급상승 또는 급감하는 등 그 영향력이 대중매체를 위협할 정도입니다. 국내에서도 한 약사 유튜버가 부정적으로 언급한 모 회사의 제품 판매량이 급감한 바 있습니다. 또 한 유명 약사 유튜버는 사생활 문제로 미디어 활동을 전면 중지하는 등 기존의 광고 마케팅 모델이 바뀌면서 많은 기회와 문제가 두드러지고 있는 상황입니다. 약사뿐 아니라 의사와 간호사에 물리치료사까지도 전면적으로 유튜브에 등장하면서 소위 의료인 유튜버 춘추전국 시대를 맞이했습니다. 대중의 의료 건강 분야에 대한 관심 정도를 짐작할 만합니다.

광고와 콘텐츠의 경계가 모호해지면서 소위 '뒷광고(undisclosed ads)' 논란이 거세어지고 있습니다. 간단히 이야기하면 광고임을 밝히지 않고 소셜 채널을 통해 광고를 집행하고 후원사로부터 금품을 받는 것을 의미합니다. 2020년 말에 병원 광고를 둘러싼 의료법 위반 여부 논쟁이 대표적입니다. 유명 유튜버들은 그들의 소셜 영향

[그림 7-16] 약방으로 유명한 한 유튜버의 유튜브 방송 장면 중 갈무리

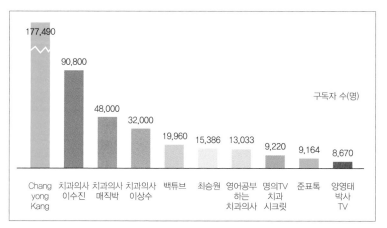

[그림 7-17] 2019년 9월 기준 구독자 상위 10위권 치과의사 유튜브 채널 현황
출처: http://dentalnews.or.kr

력을 활용해서 '의료인이 아닌 자는 의료에 관한 광고를 하지 못한
다.'라는 「의료법」 조항을 위반한데다가 광고비를 받지 않고 소개
하는 인상을 줘서 시청자들의 잘못된 판단을 유도했다고 합니다.
의료뿐 아니라 다양한 분야에서 '내돈내산(내가 돈 내고 내가 산) 제
품'이라고 강조하면서 방송했지만 실제로는 특정 회사에서 협찬을
받아서 진행한 사항이 탄로 나는 경우가 많습니다.

　소셜 미디어를 활용한 불법 의료 광고도 상당히 많습니다. 「의료
법」 제56조(의료광고금지)에서는 비급여 진료비에 대한 할인 · 면제
광고(이벤트성 가격할인 광고 등) 환자의 치료 경험담을 통해 치료 효
과를 오인하게 하는 광고, 다른 의료인 및 의료기관과의 비교 광고
등을 금지하고 있습니다. 또한 신문(인터넷신문 포함), 방송, 잡지
등에 특정 의료기관 · 의료인의 정보(연락처, 약도 등)와 함께 제공
되는 기사 또는 전문가 의견 형태의 광고를 금지하고 있습니다. 이

런 유형의 광고는 사실 여부와 관계없이 소비자의 신뢰를 높여 의료서비스 선택에 큰 영향을 줄 수 있기 때문입니다.

불법적 의료 광고 사례들은 유튜브뿐 아니라 다수 SNS에서 비슷하게 찾아 볼 수 있습니다. 2019년 한국소비자원에 따르면, 온라인 의료광고 실태 조사 결과 「의료법」 위반이 의심되는 광고는 당해 833건이었다고 합니다. 매체별로는 인스타그램 432건(51.9%), 유튜브 156건(18.7%), 페이스북 124건(14.9%) 순이었으며, 특히 '이벤트성 가격할인' 광고는 이미지·게시글 광고가 특징인 소셜 네트워크 서비스(SNS)에서 주로 많았다고 합니다. 소셜 미디어의 특성상 사전 검열이나 실시간 감시는 불가능합니다. 앞서 언급한 사례는 단속된 소수 유튜버들이라고 간주할 수 있을 정도로 검증되지 않은 상업적 의료 정보의 양은 대단합니다. 향후 SNS와 유튜버의 영향력이 점차 강력해지면서 뒷광고나 불법 의료 광고 사례도 크게 늘어날 것입니다. 유튜버의 윤리적 일탈에 따른 광고주 피해도 막대할 수 있음을 알아야 합니다. 따라서 병원을 포함한 의료기관들은 소셜미디어 의견 선도자를 활용할 때 매우 신중해야 할 것입니다. 작은 금전적 성공을 위해 큰 위험을 자초하는 것만큼 어리석은 브랜딩은 없기 때문입니다. 앞서 언급한 몇몇 문제점에도 불구하고 소셜 네트워크를 통한 소통은 병원을 포함한 전 의료산업에서 이미 대세입니다.

소셜 미디어를 통해 얻어지는 많은 데이터는 소비자 연구적 관점에서 유용한 도구가 될 수 있습니다. 소셜 미디어상에서 집계되는 소비자의 온라인 '디지털 발자국(digital footprint: 소비자가 남긴

온라인 흔적)'을 축적하고 이에 대한 빅데이터 분석을 통해 소비자
가 실시간으로 만들어 내고 있는 우리 브랜드에 대한 반응들을 집
계하고, 숨겨진 소비자 인사이트를 발굴할 수 있다는 장점이 있습
니다. 소비자가 브랜드 웹사이트와 브랜드 소셜 미디어에서 활동
하는 내용이 고스란히 댓글과 방문 로그 파일(log file) 형태로 온라
인에 남아 있고 이를 자동으로 수집하고 분석하는 과정을 통해 과
거에는 알지 못했던 통찰을 얻을 수 있다는 것입니다. 병원이 운영
하는 소셜 미디어에 달린 댓글의 내용과 '좋아요' '싫어요' 등의 감
정 반응들은 특정 병원에 대한 소비자의 목소리 일부를 반영하고
있다고 볼 수 있습니다. 실제로 온라인상에서 병원을 비롯한 각종
서비스 기관에 대한 누적된 소비자 평가를 통해 신규 고객이 얻어
지거나 고객이 우리 병원을 떠나는 경우도 많아지고 있습니다. 이
런 맥락에서 병원은 소셜 미디어에 목을 매고 있는 것이 사실입니
다. 때로는 소셜 미디어 반응 성과에 집착한 나머지 불법적인 조작
을 통해서 성과를 부풀리다가 돌이키기 힘든 위기를 맞이하는 경
우까지도 있습니다. 실제로 중국의 식당과 병원들이 사람을 고용
해서 가짜로 업장 앞에서 줄서기 마케팅을 진행했지만 줄서기가
조작된 것이었다는 사실이 알려진 후에는 소셜 미디어를 통한 불
매운동이 일어나기도 했습니다.

　과대한 맞춤 마케팅이 주는 사생활(privacy) 침해에 대한 우려도
심각해지고 있습니다. 소위 리타겟팅(re-targeting) 광고라고 불리
는 개인정보 활용 온라인 광고는 특정 웹사이트를 독자가 떠난다
고 하더라도 모바일에서 PC를 막론하고 며칠에서 길게는 몇 주까

지 따라다니면서 병원 내원을 추동합니다. 의료 분야에서도 마케팅에 매우 적극적인 피부과 등은 이미 적극적으로 활용하고 있습니다. 개인 맞춤형 광고는 집행 이전에 개인의 허가(permission)을 얻어야 하는데 이런 부분이 무턱대고 생략되거나 허가를 주는 주체가 허가 제공 여부에 대해 제대로 인지하지 못할 정도로 허가 과정이 지나치게 간소화된다는 점을 이미 많은 소비자 단체에서 지적하고 있습니다. 의도적으로 또는 실수로 소비자가 제공한 개인정보가 독자에게 장기간 성가심과 불쾌감을 줄 수 있음에 주의해야 합니다.

병원 브랜딩과 커뮤니케이션 과학화

캠페인 성과 분석이나 캠페인에 진행상의 관련 정보들이 바로 실시간 성과 대시보드(dash board: 상황판)를 통해 실시간 업데이트되고 있는 것이 현실입니다. 기존의 브랜드 캠페인과 최근 디지털 캠페인의 가장 큰 차이점은 바로 광고 효과 분석의 실시간 진행이라고 볼 수 있습니다. 소위 AB 검증(AB split testing)이라고 불리는 실시간 광고 효과 비교 분석이 가능해지면서 브랜드 캠페인의 성과를 짧은 단위에서 측정하고 또 수정할 수 있게 된 것입니다. 구체적으로, 무작위비교연구(Randomized-Controlled Trial: RCT)라고 불리는 실험연구 방법론을 디지털 마케팅 현장에 적용한 것입니다. 회원 가입률, 재방문율, 구매전환율 등의 정량적 마케팅 지표를 달

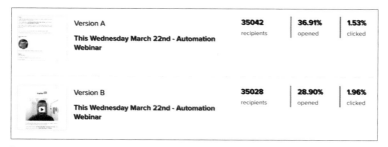

[그림 7-18] AB 검증(AB split testing)

출처: https://www.mailerlite.com

성하는 데 더 적합한, 최적의 조건을 찾기 위해 사이트 방문자를 임의로 두 집단으로 나누어, 한 집단에게는 기존 사이트(control site)를 보여 주고 다른 집단에게는 새로운 사이트(experimental site)를 보여 준 다음, 새 사이트가 기존 사이트에 비해 좋은지를 판단하는 방식입니다. 캠페인 담당자로서는 매 순간 변화하는 나의 광고 콘텐츠 또는 매체 선정에 대한 효율과 효과성을 점검하고 또 바꿀 수 있게 된 것이라 실무자에게 큰 도움이 됩니다.

　하지만 한편으로, 병원이 양적으로 수치화되는 목표에만 집중하면서 소셜 미디어에 얼마만큼의 반응을 얻어 냈는지를 마치 브랜드의 성공과 동일시하는 경향이 커지고 있습니다. 이와 같이 단기적 성과에 함몰되어서 장기적인 병원 브랜드 가치 구축에 어울리는 느린 호흡과 대범한 전략을 전개하기 힘들다는 문제점도 커지고 있음을 유념해야 합니다. 병원의 실제 가치와 소셜 미디어에 표현된 가치 그리고 소비자의 목소리가 같은 것일 때 소셜 미디어의 힘이 가장 강력해진다는 점을 명심해야 합니다.

Keckly와 Hoffmann(2010)은 병원 등 의료기관이 소셜 미디어를 통한 소통 채널을 만들어 운영할 경우 주의해야 할 점으로 세 가지를 강조했습니다. 첫째, 병원의 진료와 관련한 내용이 공개됐을 때 위험 및 분쟁의 소지가 있다는 점입니다. 둘째, 내용의 공개에 대하여 고객들의 신뢰 및 동의를 얻을 필요가 있습니다. 셋째, 콘텐츠의 품질을 유지하기 위해서는 충분한 인적 · 물적 지원이 필요하다는 점입니다.

2010년 이후 의료산업의 기업화와 디지털화가 가속화되면서 웹 사이트나 소셜 네트워크 등 다양한 채널을 통해 고객과 소통하려는 시도도 더 커졌습니다. 비대면 시대의 온택트(on-tact: 온라인 접촉) 활성화에 따라 많은 광고가 디지털 매체로 유입되면서 새롭고 다양한 디지털 커뮤니케이션이 등장할 것으로 예상합니다. 물론 다른 산업에 비해서는 부족하며 소셜 미디어를 활용하는 수준 또한 병원에 따라서 크게 다릅니다. 여전히 병원의 소식을 일방적으로 알리는 뉴스 게시판이나 긴급사항 전달 역할에 머무르는 예도 있습니다. 반대로 이런 디지털 채널을 통해 고객 만족을 높이고 고객들에게 좋은 평가를 받는 일도 있는 등 병원에 따른 소셜 미디어 경쟁력 차이가 벌어지고 있습니다. 홈페이지나 소셜 미디어의 활용이 기존 환자뿐 아니라 신규 환자를 유치하는 데 큰 도움을 줄 수 있다는 점을 명심해야 합니다.

글로벌 병원들의 온라인 커뮤니케이션 사례

앞서 브랜딩에서 미디어 전략의 중요성을 살펴보았습니다. 디지털 트윈(Digital Twin)이라는 개념이 전 산업에 퍼지고 있습니다. 이 개념은 GE가 주창한 것으로 컴퓨터에 현실 속 사물의 쌍둥이를 만들고, 현실에서 발생할 수 있는 상황을 컴퓨터로 시뮬레이션함으로써 실제 결과를 예측하는 기술을 의미합니다. 이제 병원도 오프라인 전략만을 고민하던 시대에서 나아가 온라인에서도 똑같거나 연계된 경험을 할 수 있도록 온라인 사이트 전략도 고민해야 합니다. 즉, 온-오프가 긴밀하게 연계된 통합적인 경험 제공과 확산을 고려해야 합니다. 병원의 맥락에서 보면, 실제 물리적인 병원도 존재하지만, 온라인에서 존재하는 웹사이트와 소셜 미디어의 동일 병원이 마치 쌍둥이처럼 기능하고 환자의 요구에 대응할 수 있어야 합니다. 많은 병원 웹사이트와 소셜 미디어가 복잡한 정보를 쏟아내는 데 급급할 뿐, 이용자의 이해 여부를 고민하지 않는 경향이 있습니다. 아무리 좋은 약을 먹은들 소화하지 못하면 흡수가 안 되기 때문에 결국 몸에 해가 됩니다. 마찬가지로 매우 좋은 의료 정보라고 해도 수용자에게 이해가 되지 않고 쓰임이 없다면 머리만 아프게 할 뿐입니다.

최고가 되려면 최고 사례를 살펴보는 것만큼의 왕도는 없을 듯합니다. 이 장에서는 글로벌 병원의 대표주자라고 볼 수 있는 클리블랜드 클리닉과 메이요 클리닉의 온라인 커뮤니케이션 전략을 구체적인 사례와 함께 분석해 보려고 합니다. 극도로 복잡해진 디지털 미디어 환경을 속에서 환자들에게 외면받기 쉬운 종합병원의 홈페이지와 블로그 그리고 소셜 미디어가 어떻게 환자들의 사랑을 받게 되었는지 그 실마리를 찾아볼 수 있기를 바랍니다.

#1. 클리블랜드 클리닉이 병원 커뮤니케이션을 잘하는 비결은?

미국을 대표하는 병원 중 하나인 클리블랜드 클리닉은 미국에서 존스홉킨스 병원(Johns Hopkins Hospital), 매사추세츠 종합병원(Massachusetts General Hospital), 메이요 클리닉(Mayo Clinic)과 함께 소위 '미국 4대 병원' 중 하나로 불립니다. 1921년 설립돼 미국 오하이오주를 중심으로 8개의 지역병원과 16개의 가정건강센터를 두고 있으며, 2015년 기준 하루 환자 수는 100만 명에 육박한다고 합니다.

지난 2004년 취임한 토비 코스그로브(Toby Cosgrove) 원장

[그림 8-1] 아부다비(Abu Dhabi)에 세워진 미국 클리브랜드 클리닉 분원(삼성물산 건설)

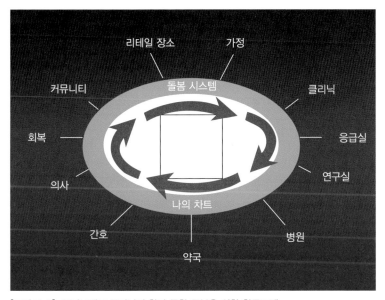

[그림 8-2] 클리브랜드 클리닉의 환자 통합 돌봄을 위한 환류모델
출처: https://my.clevelandclinic.org/about/community/sustainability/sustainability-global-citizenship/patients/integrated-care

은 "환자의 경험이 바로 곧 혁신(Patient Experience is the Hospital Innovation)"이라는 좌우명으로 인간적인 의료 시스템을 구축하기 위해 '통합적 돌봄 시스템(Integrated Care System)'을 중심으로 병원을 혁신적으로 개편했다고 합니다.

1) 클리브랜드 클리닉의 블로그 커뮤니케이션

클리블랜드 클리닉은 병원 경영 혁신뿐 아니라 뛰어난 커뮤니케이션 전략과 실행에서도 주목할 만합니다. 클리블랜드 클리닉은 딱딱한 웹사이트가 아닌 병원의 공식 블로그를 적극적으로 활용하고 있습니다. 블로그(https://health.clevelandclinic.org)를 보면 독자 (환자, 환자 주변인 혹은 잠재적 병원 이용자)가 일상에서 쉽게 다가갈 수 있는 콘텐츠가 잘 갖춰져 있습니다. 예를 들어, 영양 섹션의 '요리하고 남은 음식은 언제까지 먹어야 할까요?', 가정의학 섹션의 '홍역으로부터 가족 지키기'와 같은 약간의 전문성이 보이는 내용부터 수면 섹션의 '무게감 있는 이불이 정말 야간 불안증을 없애 주나요?', 영양 섹션의 '간헐적 단식: 4가지 종류', 정신과 섹션의 '과부화? 마음이 편해지는 5가지 방법' 등 유용한 건강 콘텐츠로 구성되어 있습니다.

클리블랜드 클리닉의 블로그는 2013년에 처음으로 시작되었습니다. 2018년 기준 27명의 콘텐츠 마케팅팀이 온라인과 오프라인

[그림 8-3] 클리블랜드 클리닉의 블로그 메인페이지

출처: http://health.clevelandclinic.org

으로 정보를 올리는데, 소셜 미디어를 포함한 새로운 플랫폼이 생기면 변화에 맞춰 콘텐츠를 확산시키고 있습니다. 콘텐츠 마케팅 팀장 아만다 토도로비치(Amanda Todorovich)와 국내 언론인 미디어 오늘(http://www.mediatoday.co.kr)과의 인터뷰에서 보면 새로운 플랫폼으로 진출과 별개로 실제 콘텐츠 수익은 블로그 광고가 가장 큰 비중을 차지한다고 합니다. 최근에는 소셜 미디어에 밀려 주목을 받지 못하는 블로그를 네이티브 광고 플랫폼으로 성공적으로 활용하고 있다는 점이 매우 인상적입니다.

클리블랜드 클리닉 블로그 운영 원칙을 살펴보면 다음과 같습니다. 우선, 지나치게 자극적인 제목을 사용하지 않는다고 합니다. 클리블랜드 클리닉이라는 브랜드 가치가 자극적 콘텐츠로 주목을 얻는 것 이상으로 중요합니다. 다음으로, 콘텐츠의 신뢰도와 내용의 신빙성을 높이기 위해 콘텐츠 제작자들은 의료진과 긴밀하게 협업합니다. 의학 정보는 시의성이 중요한 콘텐츠가 아닐뿐더러 클리블랜드 클리닉은 전문 의료진이 기사 작성에 도움을 당연히 주어야 한다는 참여적 문화를 성공적으로 조성했습니다. 전문 의료인은 환자들이 정말 필요로 하고 자주 물어보는 질문들에 답하는 콘텐츠를 적극적으로 소개할 뿐 아니라 의료진의 개인 연구를 홍보하고 또 임상 사례 연구를 보고하는 등 의료진에게 부담을 주지 않는 선에서 의료·건강 콘텐츠의 다양성을 확보하는 데 성공했습니다. 건강 정보의 보고라고 할 수 있는 병원의 특장점을 잘 이용한 것입니다.

2) 클리블랜드 클리닉의 유튜브 커뮤니케이션

'의학의 아버지'라 불리는 히포크라테스(Hippocrates)는 "가장 훌륭한 의사는 바로 햇빛과 공기, 그리고 운동이다."라고 주장했다고 합니다. 고대 그리스 시대에도 건강은 미리 지키는 것이 중요함을 이미 알고 있었던 것입니다. 클리블랜드 클리닉은 치료 콘텐츠 이상으로 건강 콘텐츠에 집중하고 있습니다. 구체적으로 클리블랜드 클리닉은 유튜브(https://www.youtube.com/user/ClevelandClinic)를 통해 환자에게 필요하다고 생각되는 다양한 건강 및 의료 콘텐츠를 공유하고 있습니다. 클리블랜드 클리닉 채널의 재생목록을 살펴보면 건강의 달을 맞아 매일 몸과 마음의 건강을 챙기는 내용부터 클리블랜드에서 치료 중인 어린이, 일반적인 건강, 의료 지식, 클리블랜드 클리닉 역사, 전문의료진의 소개 비디오 등의 정보 전달 차원의 영상뿐 아니라 'MENtion It'이나 'Love your hear'와

[그림 8-4] **클리브랜드 클리닉** ⟨Empathy: The Human connection to Patient Care⟩
출처: https://youtu.be/cDDWvj_q-08

같은 건강 캠페인도 진행하고 있습니다. 클리블랜드 클리닉의 조직 문화와 정신을 가장 잘 보여 주는 영상은 바로 〈Empathy: The Human connection to Patient Care〉입니다. 이 영상을 보면 병원 안에서 만날 수 있는 다양한 사연과 상황에 있는 사람들을 소개하는데, 환자들의 사연과 상황뿐 아니라 전문 의료진의 상황과 사연을 같이 보여 줘 인간미와 친근감을 느낄 수 있습니다.

　클리블랜드 클리닉의 유튜브 채널은 특정 병원의 온라인 공간이지만, 환자들 또는 전문 의료진이 자신의 병원 경험을 적극적으로 공유하고 상호 작용하는 장으로 활용되고 있습니다. 또한 의료진을 소개하는 영상을 보면 대략 10분 정도의 영상 속에 어떤 모습의 의료진이 어떤 치료를 맡게 되는지를 직접 설명합니다. 유튜브를 통해서 의사들이 더욱 자신의 모습을 대중에게 공개적으로 드러냅니다. 이 시리즈는 전문 의료진과 환자 사이 거리를 줄이는 것을 목표로 합니다. 전문 의료서비스를 제공하는 병원 환경에서는 환자의 전문적인 지식에 대한 접근성이 낮은 이유로 환자가 치료비를 지급하는 위치에 있음에도 치료가 시작되면 의료진이 더 높은 위치에서 우월적 지위를 행사하고는 합니다. 이런 관계에서는 환자가 자신이 받는 의료서비스에 대한 충분한 질문이나 의사 표현을 못하게 되어 치료 순응도가 낮아질 수 있습니다. 일반적으로, 환자들이 인터넷 검색과 병원 홈페이지를 통해 의사의 이름을 검색하고 학력과 경력 등으로 구성된 건조한 정보를 만나는 것과는 사뭇 다른 접근입니다. 클리블랜드 클리닉은 의사들 스스로 자신의 전문 분야를 말하는 영상들을 통해 환자가 전문 의료인에 대해 가지

는 친밀도나 신뢰도를 높였습니다. 클리블랜드 클리닉의 환자 제
일주의 노하우를 엿볼 수 있는 점입니다.

　클래블랜드 클리닉이 유튜브와 페이스북을 활용하는 또 다른
방법은 바로 라이브 방송입니다. 우선 유튜브 라이브 방송에는
〈클리블랜드의 의료인에게 직접 물어 보세요!(https://youtu.be/
qcRjSD446Mc)〉 코너와 같이 의료인에게 실시간 온라인 소통을 하
거나 사전에 질문을 수렴해 의료진과 의견을 주고받는 라이브 방
송이 운영되고 있습니다. 이런 라이브 방송을 통한 소통에서 환자
들은 외면받고 있지 않다는 느낌을 받게 됩니다. 지난 2018년에는
'페이스북 라이브(Facebook Live)' 기능을 활용해 심장 이식 수술을
실시간으로 방송하기도 했습니다(미디어오늘, 2018. 9. 2.). 자칫 자
극적으로 느껴질 수 있는 실제 수술 장면을 라이브로 방송하는 것
의 장점은 환자와 의료인의 친밀감과 신뢰를 구축할 수 있다는 점
입니다. 라이브에서 보여 주는 수술을 앞둔 환자들에게는 수술 과
정에 대한 이해나 미리보기를 제공해 환자 제일주의를 실천한다는
의의가 있습니다. 또한 이와 같은 투명한 공개가 '투명성 있는 병
원 경영'이라는 브랜드 가치를 소통할 수 있다는 점도 장점입니다.
이와 같은 점들이 수술 장면을 공개하기 위해 복잡하고 힘든 승인
절차를 거치고 라이브 방송 도중 혐오감을 주거나 사생활 보호가
필요한 장면에 특수한 편집을 하면서까지 방송을 제공하는 이유라
고 합니다.

　전체적으로 클리블랜드 클리닉이 미디어를 이용하는 전략은 단
순합니다. 클리블랜드 클리닉은 환자 경험을 향상하고자 환자 제

[그림 8-5] 클리블랜드 유튜브 라이브 방송

출처: https://my.clevelandclinic.org

일주의의 가치와 환자의 긍정적 경험 조성이라는 목적을 가지고 콘텐츠를 생산하고 미디어를 활용하는 것입니다. 고가의 외부 매체를 활용한 광고나 별도의 다이렉트 마케팅이나 잠재 환자 대상 이벤트에 집중하기보다는 실제 병원을 이용 중인 환자나 병원을 이용할 환자를 대상으로 그들에게 꼭 필요한 콘텐츠를 미디어를 통해 제공하겠다는 단순한 원칙을 잘 지키고 있습니다.

3) 클리블랜드 클리닉에서 배운 소통의 교훈

클리블랜드 클리닉은 모든 병원이 외치고 있는 '환자 제일주의' 를 단순한 환자 응대의 서비스적 차원이 아니라 전문적인 의료 제공이라는 병원의 본질에 집중하고 완성도 높은 치료와 커뮤니케이션을 통해 실행하고 있습니다. 전문 의료서비스를 제대로 제공하는 환경을 조성하면서 환자의 신뢰를 얻고 종국에는 환자의 만족도를 높이는 접근을 취한 것입니다. 지엽적 변화뿐 아니라 조직적 단위의 부서 이동이라는 변화를 통해 혁신을 만들어 냈으며 다양한 미디어 채널을 사용해 환자와 의료인 사이의 친밀감과 신뢰도를 높였다는 점에 주목해야 합니다. 또 다른 중요한 점이 바로 '브랜드 관점'과 '환자 제일주의 철학'의 연동입니다. 클리브랜드 클리닉은 브랜드 전용 사이트인 '온브랜드'를 구축해 각종 디자인물과 미디어

[그림 8-6] 클리브랜드 클리닉 브랜드 전용 사이트인 '온브랜드'
출처: https://onbrand.clevelandclinic.org

채널에 활용되는 콘텐츠들이 일관된 브랜드 목소리(brand voice)를 낼 수 있도록 조율하고 있습니다. 예컨대, 브랜드 로고 오용사례들 보여 주면서 타당한 로고만 사용할 수 있도록 하고 각종 브랜드 상품들도 온브랜드를 통해 구매할 수 있도록 채널을 일원화하고 있습니다. 국내 병원들도 클리블랜드 클리닉의 사례를 참고해 우리 문화와 환경에 적합한 환자 경험 디자인과 관련 커뮤니케이션을 진행할 수 있도록 지속적인 노력이 필요할 것입니다.

#2. 메이요 클리닉에서 배우는 온라인 소통의 인간미

고객들의 병원 선택에 있어서 온라인 미디어 운영이 의료진과 병원에 대한 친근감을 느끼게 하고 인간적인 교류를 통해 마음의 장벽을 덜 수 있습니다. 이런 점을 배울 수 있는 가장 좋은 사례가 미국의 메이요 클리닉이 운영하는 홈페이지인 셰어링 메이요 (Sharing Mayo)입니다.

1) 셰어링 메이요 그리고 공유의 정신

미국의 종합병원이자 세계를 대표하는 병원 중 하나인 메이요 클리닉(Mayo Clinic)은 의료진의 수만 5천 명, 그 외 직원들의 수가 5만 8,000명에 이르는 병원으로, 클리블랜드 클리닉과 함께 매년

[그림 8-7] 메이요 클리닉의 전경
출처: https://www.mayoclinic.org

미국 최고의 병원 베스트 3위 내에 들 정도로 명성이 대단합니다. 병원에서 관리하는 환자는 무려 130만 명 정도로 하루에만도 63만 명의 환자가 이 병원을 찾는데, 미국뿐 아니라 다른 나라에서까지도 메이요 클리닉을 찾는 환자가 늘어 가고 있습니다. 병원은 미국 미네소타(Minnesota), 애리조나(Arizona), 플로리다(Florida)에 있으며 의료진 이외에도 많은 기초 및 응용의학 연구진이 질병과 관련된 연구를 진행하고 있으며 의과 대학원까지도 운영하고 있습니다.

메이요 클리닉은 셰어링 메이요 클리닉(Sharing Mayo Clinic)이라는 독립 웹사이트를 운영하고 있는데 최고 수준의 병원의 콘텐츠 이용 전략을 엿볼수 있는 좋은 예시입니다. 2009년에 시작하여 현재까지 꾸준하게 많은 치유 사례들을 공유하고 있습니다. 이 메인 사이트를 중심으로 페이스북과 유튜브 트위터를 연동해 콘텐츠 확산과 소비자 의견 청취 채널로 활용하고 있습니다. 여러 소셜 미디어가 새로 생겨나더라도 홈페이지가 중심을 잡아 주고 있다는 점을 유념해야 합니다.

[그림 8-8] 세어링 메이요 홈페이지의 슬로건

출처: https://sharing.mayoclinic.org

　세어링 메이요에서 특별한 점은 이 웹사이트가 병원을 이용하는 환자와 그 가족, 직원들이 병원의 이용과 관련된 경험들을 공유할 수 있도록 설계되었다는 점입니다. 이 웹사이트의 슬로건을 보면 "Sharing Mayo Clinic Stories from patients, family, friends and Mayo Clinic staff"입니다. 해석하면 '환자와 가족과 친구 그리고 메이요 직원들이 전하는 메이요 병원의 이야기'입니다. 일반적인 병원 홈페이지가 공지사항을 위주로 강제적으로 엮어지는 경향이 있는 반면에, 세어링 메이요는 개방적이고 다면적입니다. 이런 점 때문에 수용자에 더욱 의미가 깊은 콘텐츠로서 깊은 공감을 끌어내고 있습니다.

2) 세어링 메이요 커뮤니케이션의 특징

　세어링 메이요 클리닉은 딱딱한 홈페이지라기보다는 온라인 미디어의 다양한 형태 중에서도 블로그에 가장 가깝습니다. 물론 다양한 소셜 미디어와 연동하고 있지만, 기본은 글과 사진이 주를 이루는 블로그입니다. 이런저런 꾸밈이 있다기보다는 의료 기관으로서 신뢰로운 정보 제공이 가장 중요하다는 원칙에 충실한 사이

[그림 8-9] 셰어링 메이요 클리닉 웹사이트와 쉐어 유어 스토리 버튼

출처: https://sharing.mayoclinic.org

트라고 평가할 수 있습니다. 최근에는 스마트폰으로 접근이 용이한 팟캐스트도 함께 제공하고 있습니다. 병원이 일종의 건강 방송국의 역할을 한다는 점이 매우 독특합니다(팟캐스트 링크: https://podcasts.apple.com/us/podcast/mayo-clinic-radio/id980585709).

셰어링 메이요 클리닉은 병원을 이용하는 환자와 그 가족, 그리고 병원의 직원들이 클리닉과 관련된 여러 경험을 공유할 수 있는 가상공간입니다. 이 웹사이트에 경험을 공유하고 싶은 사람들은 자신의 경험을 담당자에게 메일로 보내거나, 웹사이트의 온라인 양식지(web form)를 통해 담당자에게 보낼 수 있습니다. 여기에 제보된 이야기들은 간략한 편집과 디자인 작업 이후에 웹사이트에 반영됩니다.

2009년에 시작한 이래 환자들이 자발적으로 생성한 많은 이야기들을 질병 아카이브(disease archive) 형태로 정리하여 제공하고 있습니다. 보통 1~3일에 한 번씩 새로운 스토리가 포스팅될 정도로 콘텐츠 업데이트 빈도가 높습니다. 총 56개의 카테고리로 분류

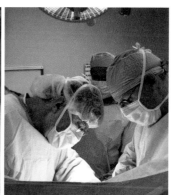

[그림 8-10] 셰어링 메이요 클리닉의 포스팅

되어 잘 정리되어 있는데 카테고리는 대부분 그 이야기에서 등장
하는 병의 종류입니다. 예컨대, 암(cancer), 신경학/신경외과 수술
(neurology/neurosurgery), 심장병학/심장 수술(cardiology/cardiac
surgery), 이식(transplant)의 순서로 콘텐츠 양이 많습니다. 웹페이
지에 접속하게 되면 포스팅된 사연들을 확인할 수 있습니다. 각 세
부 사연을 클릭하면 언급된 질병과 사연의 주인공이 도움을 받았
던 메이요 클리닉의 시설과 의료진 등 직접 관련된 정보를 안내받
을 수 있는 링크와 예약을 잡을 수 있는 링크까지 제공됩니다. 일
종의 소비자가 직접 만들어 주는 광고라고 볼 수 있을 정도로 진실
하지만 한편으로 숨겨진 광고의 역할을 합니다. 셰어 유어 스토리
(Share your story) 버튼을 클릭하면 본인의 경험을 공유할 방법을
상세하게 안내해 줍니다. 또 링크를 통해 본원 및 분원(애리조나, 플
로리다, 미네소타) 비디오 가이드를 제공해 의료원을 찾아오는 방법
및 이용 방법을 비디오를 통해 상세하게 안내합니다.

아마도 사이트의 방문자들은 본인의 현재 건강 상태를 유지하거나 우려되는 질병을 관리하기 위해 정보를 찾다가 이 사이트에 접근할 것입니다. 앞서 직접적 광고보다 소비자로부터 발생한 구전의 힘을 강조한바 있습니다. 방문자들은 본인과 비슷한 신체적·심리적 상황에 부닥친 사람에 관한 이야기를 읽고 공감하며 나에게 관련된 정보를 선택적으로 취득하게 됩니다.

문제는 방문자의 질환을 예측하기도 힘들고 맞춤 콘텐츠를 제작해 두기란 상당히 어렵다는 것입니다. 의료 관련 콘텐츠를 만들기도 힘들고 특히 콘텐츠 수용자에게 의미 있게 만들기 어렵다는 점을 고려할 때 자발적으로 생산되고 전문가에 의해 가공되는 이 사이트의 성과는 대단하다고 볼 수 있습니다. 메이요 클리닉이라는 이미 고객들에게 큰 신뢰를 얻고 있는 의료기관을 통해 운영되고 있으므로, 고객의 신뢰는 이미 확보한데다가 환자들의 경험은 본인들이 직접 웹페이지를 통해 공개를 결정한 내용이기 때문에 초상권을 포함한 법적인 문제가 발생할 가능성도 상대적으로 적은 편입니다.

3) 메이요 클리닉의 커뮤니케이션에서 배운 교훈

셰어링 메이요 클리닉은 기존 병원의 딱딱한 홈페이지와는 달리 스토리 내러티브의 형태로 구성됩니다. 스토리 내러티브란 그 일을 직접 경험한 사람들이 직접 자신의 이야기를 만들어 내는 특징이 있습니다(Garro & Mattingly, 2000). 기존 의료 및 심리학 연구에

[그림 8-11]　메이요 클리닉이 발간하는 『셰어링 메이요』 오프라인 매거진

출처: https://www.mayoclinic.org

따르면 일기 쓰기 등의 자전적 콘텐츠 창조를 통해 '나만의 내러티브'를 만드는 것이 신체적인 제약이 있는 환자에게 긍정적 영향을 미칠 수 있다고 합니다(Broyard, 1992). 이 창작의 과정을 통해 자신의 경험을 보다 정교화하고, 이해할 수 있도록 만들려고 노력하기 때문에 궁극적으로는 긍정적인 피드백과 새로운 관점을 공유할 수 있다는 장점이 있다고 합니다(DeSalvo, 1999). 또한 셰어링 메이요 클리닉에서 공유되는 콘텐츠가 내러티브 형태로 제공됨으로써 병을 이미 가졌고 극복한 사람과 병을 새로 진단받은 환자와의 연결성(connectivity)을 향상하는 효과까지도 기대할 수 있습니다(Han & Wiley, 2017).

　결국 셰어링 메이요 클리닉은 단순 웹사이트를 넘어서 의료라는 맥락에서 인간과 인간을 연결하는 인간적인 가상공간으로 발전한 것입니다. 셰어링 메이요 클리닉은 다른 병원들이 관례로 운영하는 웹사이트나 소셜 미디어 채널과는 달리 병원과 관련된 사람들의 경험을 직접 공유한다는 특징을 가집니다. 이런 강점은 메이요 클리닉만의 장점이 될 수 있으며, 잠재적 고객이나 병원을 찾는 환자들이 병원을 너무 어렵지 않게 느끼도록 하는 데 이바지할 수 있습니다. 국내 병원들도 셰어링 메이요와 같이 환자가 직접 참여해 콘텐츠를 생산해 낼 수 있는 플랫폼으로서 병원 커뮤니케이션을 설계하는 방법을 고민해야 할 것입니다.

미래병원:
병원 브랜딩 그리고 커뮤니케이션

9

병원 브랜딩과
스테이크홀더
커뮤니케이션

병원은 수많은 전문 인력이 함께 일하는 거대한 의료조직입니다. 의료서비스 제공이라는 공통의 목적을 지니고 동일 장소에서 함께 일하고 있지만, 병원에 근무하는 의사와 간호사를 주축으로 한 다양한 직군은 서로 다른 전문성과 특성을 지닌 채 공동의 목적을 위해 협업을 하는 것입니다. 병원의 조직적 복잡성은 병원의 내부 커뮤니케이션 과정을 매우 힘들게 하는 경향이 있습니다. 따라서 병원 내에서 내부의 의사소통을 위해서는 더욱 큰 노력이 필요하다고 할 수 있습니다. 한편으로 병원은 조직의 특성상 다양한 이해집단과 소통을 하게 됩니다. 또 많은 위기 요소도 늘 존재합니다. 이런 점에서 항시적 위기 관리는 선택이 아니라 필수입니다. 이 장에서는 조직, 내외부 커뮤니케이션, 그리고 위기에 관한 내용을 스테이크홀더 커뮤니케이션이라는 주제를 가지고 이야기해 보려고 합니다.

복합 지식융합 조직으로서 병원 그리고 커뮤니케이션

병원을 현대 지식융합 조직 가운데서도 가장 높은 전문성과 가장 높은 수준의 협업 수준을 요구하는 조직이라고 이야기하고는 합니다. 병원의 내부 소통과 관련한 복잡성은 대단한 수준입니다. 병원에 내원하는 환자들은 그들이 가진 질병 또는 건강 관련한 각종 요구사항이 천차만별로 다양합니다. 물론 그들의 질병을 범주

별로 나눌 수도 있습니다. 하지만 복합적인 증상을 지닌 환자들도 상당하고 그들을 상대하려면 협력적 접근이 필요한 경우가 다수입니다. 이런 면에서 고객(환자)과 소통하는 것도 다른 여타 서비스 조직과 비교하기 힘들 정도로 어렵습니다. 따라서 병원 내부 고객인 의사와 간호사로 대표되는 조직 구성원들 그리고 고객인 환자 그리고 그의 가족과의 효과적 소통 방안에 대해 고민해야 합니다.

　병원 조직 성격의 특수성도 무시할 수 없습니다. 이런 특수성 때문에 다양한 소통 이슈가 발생하고는 합니다. 앞서 이야기한 것처럼 병원은 범주상 비영리 조직이지만 병원 운영에 드는 상당한 연구개발 비용 및 장비와 인건비 그리고 각종 유지 비용을 충당하기 위해서는 영리 조직에 버금가는 수익을 창출하지 않으면 조직을 유지할 수가 없는 실정입니다. 따라서 다양한 영리 활동을 진행하는 일종의 '특수 비영리 조직'이라고 볼 수가 있습니다. 이런 복합적 성격은 병원이 소속된 사회와 소통하는 데 상당한 복잡성을 가져 옵니다. 예컨대, 병원에 기대하는 공적 가치와 윤리적 기준은 사기업과 비교하면 매우 높습니다. 병원에서 일어나는 예기치 못한 의료 실수들은 언론에 대서특필 되는 경우가 많습니다. 그리고 의료진의 일탈 행동은 필요 이상으로 사회적인 손가락질을 받는 경우가 빈번합니다. 유교 사상의 영향으로 한국에서는 의사는 교사에 버금가는 윤리적인 잣대로 평가를 받는다고 해도 과언이 아닙니다. 이런 점에서 우리가 병원과 연관된 각종 이해집단과의 소통을 고도화해야 합니다. 또 각종 위기 상황에 적합한 커뮤니케이션 방식을 결정하고 매뉴얼화하는 노력이 필요합니다.

환자 경험을 만드는 커뮤니케이션

미국, 영국, 네덜란드를 비롯한 해외 의료 선진국의 연구에 따르면, 환자 경험(patient experience)을 연구하고 의료에 적용할 때 '환자의 긍정적인 경험'과 '환자 중심 의료'를 강화할 수 있고 궁극적으로는 환자의 증상을 완화하고 치료 순응도까지 높일 수 있다고 합니다. 환자 경험 연구의 목적은 바로 '의료서비스 영역에서 환자의 의견과 가치가 존중되고 환자 중심 의료 문화의 확산과 의료 질 향상'입니다. 물론 전문적인 의료서비스를 환자의 경험에 집중해 평가를 받는 것은 단편적이겠지만, 환자 경험 향상은 의료 품질 측정에 중요한 척도가 됩니다. 국내에서도 2018년 처음으로, 보건복지부와 건강보험심사평가원이 환자가 직접 참여한 '의료서비스 환자 경험' 평가 결과를 공개한바 있습니다. 이러한 변화는 한국 의료계도 의료서비스의 가치를 인정하고 의료서비스를 발전시키기 위한 변화를 시작했다는 것을 의미합니다.

서울대학교 의과대학 도영경 교수(2015)의 연구에 따르면, 연구에 참여한 12인의 초점집단면접(Focus Group Interview: FGI) 참가자들이 모두 입원 진료 중 의료진에 대한 부정적 경험을 언급했습니다. 환자는 병원의 지인을 동원해 치료 환경과 경험을 개선하려고 노력하고 이 과정에서 환자와 보호자들이 소위 '병원의 연줄'을 찾는 현상이 발생하는 공공성의 미비를 사적 자원으로 충당하게 된다고 합니다. 꼭 연구를 인용하지 않더라도 독자 여러분이 수차례 이미 경험하지 않았을까 합니다. 의료는 서비스 산업의 영역에 속하며 일평생 인간의 안녕에 영향을 주는 사회적 기반이라는 점에서 다른 서비스와 차별화되는 의미를 지닙니다.

초기 병원 선택 및 재방문에 영향을 주는 주요 요인에 관한 연구에서 공통으로 언급되는 요인은 바로 친절/공감성, 병원 명성(병원 홍보/평판), 전문성, 효율성(원무 행정, 제도), 편리성(현대 시설, 장비, 환경), 경제성, 접근성(지역), 신뢰성입니다(이주양, 이선영, 정종원, 2017). 이 요인들 가운데서 '친절/공감성'을 포함한 환자의 정서적 경험에 대한 가치가 중요성이 보다 강조되고 있습니다. 하지만 아쉽게도 의료산업에서는 공급자이자 전문지식을 습득한 의료인이 스스로 서비스 제공자라고 인식하지 않는다는 문제가 지적되며 변화가 요구되고 있습니다. 이런 점에서 병원이 경쟁력을 갖추려면, 병원들은 경영 전략이라는 넓은 관점에서 환자의 의료 경험을 긍정적으로 향상할 방법을 고심해야 합니다. 앞서 언급한 정서적 경험에 지대한 영향을 주는 것이 효과적이고 신속한 커뮤니케이션입니다. 환자와 가족이 느낄 경험의 통점(pain points of experience)을 파악하고 선제적으로 다가가 소통할 때 규모와 명성이 부족한 병원일지라도 큰 경쟁력을 가질 수 있습니다.

병원 커뮤니케이션과 스테이크홀더

앞서 병원과 관련된 소통의 복잡성에 관해 이야기했습니다. 마케팅 관점에서는 목표 소비자(target consumer)만 설득하고 그들의 브랜드 선호와 반복적인 방문과 구매를 이끄는 충성도(loyalty)를 창조하는 것이 중요하다고 볼 수 있습니다. 물론 큰 틀에서 이런 접근은 병원이라고 다르지 않습니다. 하지만 병원은 앞서 논의한 독특한 특성 때문에 기존의 마케팅 방법론으로는 접근하기 어려운 측면이 있습니다. 따라서 병원은 소비자뿐 아니라 병원과 직간접적으로 관련된 각종 이해집단을 면밀하게 살펴보고 그들 그룹에 대해 적절하게 대응하면서 병원의 지속적 성장을 도모하는 것이 필요합니다. 경영자 처지에서는 참으로 경영이 까다로운 조직입니다.

여기서 이야기한 이해집단을 흔히 스테이크홀더(stakeholder)라고 부릅니다. 스테이크(stake)라고 하면 바로 관심(involvement) 또는 이해관계(interest)라고 이야기할 수 있습니다. 이해관계자 분석은 조직의 전략을 개발하는 과정에서 핵심 이해관계자(key stakeholders) 발굴, 이해관계자로부터의 지원 극대화 및 부정적 영향(위험) 축소를 위한 분석의 틀을 제공하고 전략적인 이해관계자 관계 관리를 위한 지침을 제공할 수 있습니다.

어떤 사람들은 병원과 강하게 이해관계가 얽혀 있는 예도 있습니다. 예컨대, 현재 입원 중인 환자나 근무 중인 의료진이 그렇습니다. 또한 다른 사람들은 관심이 있지만 강한 이해관계가 있다고 하기 어려운 사람도 있습니다. 강한 이해관계가 있다고 하더라도 그들이 병원에 행사할 힘이 적은 경우가 있고 또 때로는 많을 수가 있습니다. 물론 소셜 미디어 환경이 일상화되면서 누구라도 분노가 생기면 그 힘이 증폭되는 경향이 있어서 누구라도 잠재적 영향력이 대단하기는 합니다. 그래도 어떤 집단이라도 관심을 두고 소통하는 데 힘써야 합니다. 이런 이해관계자를 분석하는 방법을 이해관계자 분석(stakeholder analysis)라고 합니다. 미국의 유명한 흑인 인권 운동가인 마야 안젤루(Maya Angelou, 1928~2014)는 "사람들은 당신이 말한 것도 또 행동한 것도 잊어버릴 것입니다. 하지만 사람들은 당신이 그들은 어떻게 느끼게 했는지는 절대 잊지 않을 것입니다(I've learned that people will forget what you said, people will forget what you did, but people will never forget how you made them feel)."라고 강조한 바 있습니다. 병원의 행동과 언행보다 각 스테이크홀더 집단에 행동과 언행이 어떻게 해석되는지가 더 중요합니다.

이 분석은 프리먼(R. E. Freeman)의 저서인 『전략적 경영: 이해관계자 접근법(Strategic Management: A Stakeholder Approach)』(1984)에서 시작되었다고 알려져 있습니다. 그는 관계자를 '어떤 조직의 목표 달성에 영향을 미치거나 목표 달성으로 인해 영향을 받는 개인 또는 집단'이라고 폭넓게 정의했습니다. 이후 연구자들은 각자의 연구 목적에 맞게 이해관계자를 다양하게 정의하고 있습니다.

이해관계자 분석의 주요 도구로 본 지면을 통해 소개하고자 하는 것이 바로 스테이크홀더 지도(stakeholder map)입니다. 스테이크홀더 지도는 힘−관심 매트릭스(power-interest matrix) 또는 영향력−관심도 격자(The power-interest grid)라고 불립니다(Eden & Ackermann, 2011 참고). 관계자에 관한 연구를 토대로 병원과 연관된 다양한 스테이크홀더는 그들의 힘과 관심의 정도에 따라서 사분면으로 공간상 대치(spacial mapping)를 해 보고 우리가 가지고

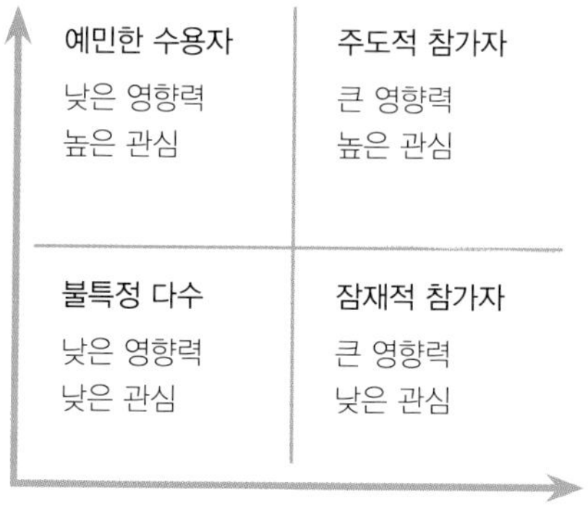

예민한 수용자	주도적 참가자
낮은 영향력	큰 영향력
높은 관심	높은 관심
불특정 다수	잠재적 참가자
낮은 영향력	큰 영향력
낮은 관심	낮은 관심

[그림 9-1] 영향력-관심도 격자 및 대응 전략

출처: Eden & Ackermann (2011).

있는 인력과 예산 그리고 상황적 우선순위에 따라서 커뮤니케이션하는 것이 스테이크홀더 지도의 목적입니다. 앞서 언급한 병원이 지닌 복잡성은 이런 체계화된 커뮤니케이션을 통해서만 대응할 수 있습니다. 결국 중요한 사람에게 더 큰 노력과 특별한 방법을 사용하자는 것입니다.

사분면의 각 분면마다 다른 소통 방침을 사용해야 합니다. 영향력-관심도 격자를 통해 병원의 목적 달성 또는 당면한 문제의 해결을 위해, ① 어떤 이해관계자의 관심과 능력이 중요하게 고려해야 할지를 결정할 수 있습니다. 또 ② 이를 위해 누구를 끌어들여야 하는지, 누구의 동의(또는 지원)를 받아야 하는지, 옹호되거나 억제되어야 할 이해관계자 연합은 어떤 것인지를 파악하는 데도 도움을 줄 수 있습니다. 또한 ③ 결과적으로 이해관계자들이 그들의 견해를 바꿀 수 있도록 설득할 수 있는 커뮤니케이션 전략을 입안할 수 있습니다. 영향력-관심도 격자의 각 사분면에 대한 용어의 정의와 각 대응 전략을 살펴보면 다음과 같습니다.

■ Player: 주도적 참가자

조직의 목적 달성에 관심도 및 중요한 영향력을 모두 갖춘 이해
관계자입니다. 협력적 관계를 발전시켜 나가야 하며 특히 조직 또
는 당면한 문제의 초기 단계에서 매우 중요한 이해관계자라고 간
주할 수 있습니다. 긍정적이거나 부정적일 수 있으나 조직 경영층
이 지속적인 주의와 관심을 기울여야 합니다. 병원에서는 내원 중
인 환자와 가족 그리고 병원에 종사하고 있는 의료진과 직원이라
고 볼 수 있습니다.

■ Subject: 예민한 수용자 또는 실험 대상자

조직의 목적 달성에 깊은 이해관계를 갖지만, 영향력이 부족한
이해관계자입니다. 이들의 필요가 파악되지 않거나 충족되지 않으
면 조직의 목적이나 당면 문제의 해결이 성공했다고 볼 수 없습니
다. 정책의 대상이 되는 집단이거나 정책 집행에 가장 민감하게 영
향을 받는 집단으로, 개별적으로 파악이 어려우면 소득, 지역, 연
령, 관심도 등에 따라 세분될 수 있는 이해관계자 집단입니다. 병원
맥락에서는 환자는 아니지만, 내원이 가능한 의료소비자가 여기에
해당됩니다. 특히 병원 소재지 인근에 거주하는 시민이 이 영역에
속합니다.

■ Context Setter: 잠재적 참가자

조직의 목적 달성에 중요한 영향력을 끼칠 수 있으나 직접적인
관심이 부족한 이해관계자입니다. 이들의 관심이 문제 해결에 있

어 우선순위는 아니지만, 전략의 실행 과정에서 이들의 기본적 요구가 충족되지 않으면 중대한 위험이 될 수 있습니다. 향후 의사결정 과정에서 조직 경영층이 주의 깊게 동향을 파악하고 관계를 개발해야 하는 집단으로 긍정적인 하위 집단에 대해서는 주도적 참가자(player)로 전환해야 합니다. 병원 맥락에서 보면 병원 소재지의 지자체의 장이나 의원을 포함한 행정가와 정치인들이 포함됩니다. 또 언론 역시 잠재적 참가자로 간주할 수 있습니다.

■ Crowd: 불특정 다수 또는 군중

영향력과 관심도 측면에서 모든 것이 부족하여 실질적인 이해관계자로 분류하기 힘든 집단으로 향후 영향력과 관심도가 제고될 수는 있지만, 조직 경영층 관점에서 시간과 노력을 기울일 가치는 없습니다. 이 집단에 대한 기본적인 전략은 너무 멀지 않은 거리를 유지하면서 이해관계자 관리에 조직의 최소한 자원만을 활용하는 것입니다. 병원은 공공재로서 특성상 공중보건의 전파자 역할을 합니다. 이런 점을 염두에 두고 시민들 전체에게 건강 혜택이 될 공중보건 메시지를 전파하는 것도 유의미한 스테이크홀더 관리라고 할 수 있습니다. 실제로 미국인들은 메이요 클리닉이 발간하는 『가정 건강 백과(Mayo Clinic Family Health Book)』를 여전히 구매하고 있으며 1990년 초판이 발행된 이후 5판이 인쇄된 현재까지 150만 권 이상 판매되기도 했습니다.

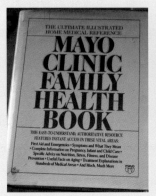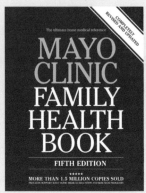

[그림 9-2] 메이요 클리닉이 발간하는 『가정 건강 백과』 제2판과 제5판

병원 스테이크홀더 리서치

의료 영역만큼 소비자 리서치가 등한시되는 영역이 없을지도 모르겠습니다. 고객에 관한 연구가 덜 해도 치유라는 본디 기능에 충실하면 자연스럽게 고객이 찾아 주고 매출도 늘어 갔기 때문이겠죠. 앞서 이야기한 것처럼 경쟁적 환경에서 소비자 관련 리서치는 조직의 성공에서 결정적인 열쇠입니다. 병원의 독특한 조직 특성상 기존의 마케팅 소비자 조사보다 더욱 확대된 개념의 스테이크홀더 리서치(stakeholder research)가 필요합니다.

리서치(research: 연구)라고 하면 흔히 석사나 박사 과정에서나 하는 학술적인 것이라고 느끼기 쉽습니다. 하지만 이런 학술적 목적의 순수 연구뿐 아니라 기업 실무 현장에서 수많은 실용적 연구들이 이루어지고 있습니다. 또 기존의 출판물을 확인해 보거나 관련 온라인이나 도서 정보들을 찾고 분류하는 과정도 문헌연구 (literature review)라고 불리는 엄연한 리서치입니다. 흔히 리서치라고 하면 설문 조사(survey)를 연상하기가 쉽습니다. 실제로 많은 병원 관련 연구는 설문 조사에 근거하고 있습니다. 예컨대, 환자들이 얼마나 우리 병원에 대해서 만족을 하고 있는지 혹 불만족 사항은 무엇인지 등을 다수의 일반 소비자나, 환자 또는 환자의 가족을 대상으로 설문 조사를 진행하는 것입니다. 흔히 설문 결과가 쉽게 수치화되기 때문에 이런 방법을 정량적 연구(quantitative research)라고 부릅니다. 또한 대상자가 본인 스스로 설문에 응답을 자체적으로 한다는 점에서 자기 보고식 연구(self-reported research)라고도 부릅니다. 그러다 보니 환자를 포함한 스테이크홀더를 이해하는 데 있어서 심각한 오류에 빠지는 경향이 많습니다. 사람들은 자기가 알고 있는 사실을 그대로 이야기하지 않거나 때로는 그들 스스로도 무엇에 만족하고 불만족한지조차 알기 힘든 경우가 많습니다.

반면에 양적 조사가 아닌 면접(interview)이나 관찰(observation) 기타 문화인류학적(cultural anthropology)인 탐색 연구를 하는 등의 방법은 수치화되기 힘들어서 질적 연구(qualitative research)라고 부릅니다. 병원 관련 리서치에서는 질적 연구가 상당히 부족합니다. 또한 관련해서 경험이 있는 연구 전문가나 컨설턴트도 찾기가 힘듭니다. 저자들도 과거 소비자를 회의실에 집단으로 초빙해서 클라이언트의 브랜드에 대해 의견을 청취하는 초점집단면접(Focus Group Interview: FGI)를 진행하면서 흔히 모더레이터(moderator)라고 불리는 면접 진행 전문가를 찾기 어려웠던 기억이 있습니다. 숙

[그림 9-3] 초점집단면접의 전형적인 구성

출처: http://cncnews.co.kr

련된 연구자라만 제대로 된 통찰을 얻어 낼 수 있기 때문입니다.

독자의 이해를 돕기 위해 소비자 연구의 대표적인 실패 사례를 하나 공유해 보려고 합니다. 1985년 4월 코카콜라(Coca-Cola)가 펩시(Pepsi) 등 강력한 음료산업 도전자들에게 대응하기 위해 새로운 개념의 제품인 뉴-코크(New Coke)를 대대적으로 선보였지만, 시장에서는 매우 참담한 실패를 경험했습니다. 뉴-코크 시장 진입은 바로 소비자들이 직접 답변한 설문 조사 결과에 기반을 둔 것이었다고 합니다. 그런데도 실패한 원인은 무엇일까요? 소비자들은 그들의 잠재된 욕구가 무엇인지를 모를뿐더러 제대로 표현하지 못했던 것입니다. 누구나 새로움을 추구합니다. 그런데 새로움에 저항하기도 합니다. 이런 현상은 비단 나이든 고객들에게서만 발견되는 현상이 아닙니다. 뉴-코크의 엄청난 실패 이후에 소비자들은 과거에 코카콜라를 돌려 달라고 거센 시위를 하기도 했고, 각종 언론 역시 원래 콜라를 매장에서 살 수 있도록 해 달라고 소리를 높였습니다. 그래서 다시 등장한 것이 오리지널 콜라인 코카콜라 클래식(Coca-cola Classic)입니다. 이처럼 소비자의 잠재적 욕구에 대한

[그림 9-4] 1984년 선보인 후 시장에서 퇴출된 뉴-코크

출처: https://www.coca-colacompany.com/brands

다면적 탐색은 경영 의사결정에 있어서 결정적인 역할을 한다고
볼 수 있습니다.

　소비자 내면에 잠재된 욕구(need)와 바람(desire) 또 그들의 심적
인 변화를 이해하기 위해서는 관례적인 설문 조사에 의존하기보다
는 다양한 방법론을 결합한 다면적 접근(multiple approaches)을 통
해서 리서치를 진행하는 것이 타당합니다. 이것을 학술 영역에서
는 삼각측량(triangulation)이라고 부릅니다(Oppermann, 2000). 향
후 의료 영역에서 많은 학술 및 실용 연구서가 출판되어서 병원 스
테이크홀더 리서치가 보다 풍성해지기를 바랍니다. 여기서 리서치
방법론을 세부적으로 다루기는 지면의 한계 때문에 어렵겠지만,

[그림 9-5] 리서치에서 다면적 방법론을 활용한 삼각측량(triangulation)의 예제

스테이크홀더 각자를 어떻게 리서치 담당자 관점에서 접근할지에 대해서만 이야기를 해 보겠습니다.

　리서치는 하늘의 새가 조망하는 것처럼 멀리서 조망하며 바라봐야(bird's eye view) 하기도 하지만 때로는 연구 대상과 매우 근접해 공감하면서 꼼꼼히 연구 대상의 미세한 변화를 확인해야 할 때도 많습니다. 우선 조망적인 소비자 연구 측면을 살펴보면 의료소비자의 문화적 변화를 고심해 볼 필요가 있습니다. 의료소비자의 변화를 이야기하기에 앞서서 소비문화 전반에 변화를 염두에 둘 필요가 있습니다. 문화의 변화는 상품이나 기타 상업적 서비스에 소비뿐아니라 의료서비스와 같이 건강과 직결된 고관여 서비스 이용에서도 직간접적인 영향을 행사하고 있습니다. 흔히 소비는 세 가지 유형으로 설명됩니다. 우선, 생존 지향적 소비입니다. 개인의 실생활에 도움이 되는 생필품 상품이 주 소비 대상이며 소비 선택의 기준이 상품의 기능이나 효능적 측면에 있습니다. 다음으로, 외부지향형 소비입니다. 개인의 감각적 만족감을 위한 감성 상품들이 주 소비 대상입니다. 이 종류의 소비에서는 소비 선택의 기준이 디자인,

브랜드 등과 같은 심리적 가치에 있습니다. 마지막으로, 내부지향형 소비는 개인의 인간적·정신적 가치 만족을 위한 자아실현적 소비입니다. 소비 선택의 기준이 물질적으로 치우치지 않고 개인적인 가치와 사회적인 가치를 함께 고려한 이성과 감성적 가치에 중심을 둡니다. 병원 관련 소비 역시 앞서 언급한 세 가지 소비 유형 모두에 질환과 목적에 따라서 구분해 볼 수 있을 것입니다.

소비는 문화로서 일정한 흐름이 있습니다. 과거의 소비 패러다임이 저축과 미래를 위한 투자였다면 이제는 더 현재 지향적인, 한편으로 내부 지향적인 소비로 변화하고 있는 것이 큰 패러다임의 변화라고 볼 수 있습니다. 소위 YOLO(You Only Live Once)와 같은 표어가 등장할 정도로 사람들은 현재 그리고 현재의 순간에 매달리면서 미래를 덜 고민하거나 미래의 근심을 잊으려고 합니다. COVID-19를 비롯한 경제 사회적 악재와 물가 상승 및 부동산 가격 폭등 등이 이런 문화적 변화를 더 앞당겼다고 볼 수도 있습니다. 이런 문화가 극단화되어 나타난 것이 바로 파이어(FIRE) 운동입니다. '경제적 자립(Financial Independence)'을 토대로 자발적 '조기 은퇴(Retire Early)'를 추진하는 사람들 또는 그런 움직임을 의미합니다. 30대 심지어 20대부터 파이어 운동에 동참하는 인구가 크게 늘고 있습니다. 이런 움직임은 북미에서 시작해 이제는 세계적 현상으로 번지고 있습니다. 과거의 '짠돌이'가 보다 많은 부를 쌓기 위한 금전적 성취를 목표로 했다면, 지금 젊은 세대의 움직임은 '참자아 실현을 위한 자유 확보'에 보다 가깝게 느껴집니다.

남들과 다른 자아 성취를 위한 목표를 추구하는 움직임은 꼭 파이어 운동이 아니더라도 더 퍼질 것입니다. 물론 이런 문화적 변이는 의료산업에 상당한 변화를 몰고 올 것입니다. 일반 서비스업의 변화에 비해서 의료산업의 변화는 다소 느린 편입니다. 이런 점은 병원으로 대표되는 의료산업에 변화를 대비할 시간적 여유를 준다는 점에서 유용합니다. 실제로 언택트 문화는 COVID-19 발발 전인 2018~2019년부터 상당히 가속화되고 있었습니다. 고객이 도움을 요청하기 전까지는 직원이 먼저 다가가지 않는 '혼자 볼게요' 바구니와 무인 매장 그리고 스타벅스의 사이렌 오더(Siren Order) 등

〈표 9-1〉 보건 및 의료산업에 도입된 챗봇 서비스 사례

기업명	출시	챗봇 서비스 내용
OneRemission	2018	암 환자와 생존자를 위한 식단, 운동, 실천 목록을 제공. 식품의 암 위험도와 이점에 대해 검색 가능. 전문가의 도움이 필요한 경우 온라인 종양학자와 연중무휴 24시간 상담 가능.
Youper	2016	심리 기법 활용 및 대화를 통해 환자의 정서적 건강을 모니터링. 정서적 건강을 증진하기 위해 개인에게 맞는 명상을 추천하고 현재 기분을 추적하며 정서적 건강을 규칙적으로 확인.
GYANT	2016	환자의 증상을 파악하여 의사에게 데이터를 전송해 실시간으로 진단과 처방을 해 줌.
Babylon Health	2013	영국국민보건서비스(NHS)에서 사용 중이며, 개인 의료 이력 및 일반 의료 지식을 바탕으로 상담. 의료진과 실시간 화상 상담도 가능.
Florence	2010	투약 및 복용 알림. 약 이름을 기재해 복용 횟수, 복용 시간 정보 제공. 체중, 기분, 생리 주기를 추적하여 환자의 건강 관리. 의료기관 정보 제공.
NextIT	2002	환자 의료상담을 지원하는 챗봇으로, 의료진 면담 일정 자동화, 약속 공지 등의 의료 행정 서비스를 제공.

의 비대면 서비스가 속속 도입되는 등 당시부터 변화의 실마리가 나타나고 있었습니다. 이런 비의료서비스 산업에서의 변화는 다소 시간이 흐른 이후에서야 의료산업에 도입되고 정착됩니다. 최근에 도입되기 시작한 의료상담 챗봇 서비스는 산업의 디지털화와 '편한 단절'을 추구하는 소비자 수요 그리고 AI 기술의 완성도가 만나 시작된 변화입니다. 비대면 수요와 챗봇의 발전에 따라 의료 정보를 찾기 위해 많은 시간을 낭비하는 수고를 덜 뿐 아니라 근심도 경감할 수 있을 것입니다.

[그림 9–6] 파이어(FIRE) 운동

출처: https://www.listennotes.com

[그림 9–7] 이니스프리의 '혼자 볼게요' 바구니

출처: 아모레퍼시픽 브랜드숍 이니스프리 매장

[그림 9-8] 환자의 정신적인 안정을 위해 개발된 챗봇 서비스인 YOUPER

출처: https://www.headsem.com

한편으로 구매 품목이나 구매 선호도 크게 바뀌고 있습니다. 이베이코리아는 2020년 계열사인 G마켓과 옥션의 판매 데이터를 분석한 결과, COVID-19 여파로 '홀로(HOLO)'가 새로운 트렌드가 됐다고 보고했습니다. 홀로(HOLO)는 건강용품(Health Care), 대용량 제품(Oversize), 집콕 제품(Life at home), 온라인 쇼핑(Online Shopping)의 영어 앞 글자를 딴 키워드입니다. YOLO와 HOLO는 각종 환경오염과 감염병 우려로 지쳐 있는 현대인의 소비를 이끌 주요 흐름이라고 볼 수 있습니다. 이러한 소비 문화의 변화를 무턱대고 비판하거나 일시적 현상이라고 방관할 수만은 없겠습니다만, 병원 경영자나 연구자가 유념해야 하는 점은 이런 변화가 소비자가 병원에 기대하는 서비스뿐 아니라 병원에서 근무하는 사람들의 직무 태도와 업무 방식에도 큰 영향을 준다는 것입니다. 또 앞으로 병원이 변화해야 할 모습에도 여러 함의를 주고 있습니다. 병원서비스 소비도 단순히 질병을 막아 주거나 질병에 대한 치료보다는 능동적으로 건강을 회복하고 나아가서 미리 건강을 확보하는 보다 능동적인 병원들이 늘어날 것으로 기대할 수 있습니다. 또한 고강도의 스트레스 상황에서 상당한 업무를 처리하는 병원 구성원들의 조직 만족도를 높일 방안도 연관해서 고민해야 합니다.

다음으로 고민해야 할 거시적 변화는 바로 '초고령사회로의 진입'입니다. 2020년 80세 이상 주민등록인구가 처음으로 200만 명을 돌파했습니다. 2015년 140만 명 수준이었던 80세 이상 인구 규모를 고려할 때, 초고속 수준의 증가를 실감할 수 있습니다. 의료산업에서도 실버시장에서의 기회 탐색과 고령 환자 대상의 다양한 병원서비스가 늘어 가고 있습니다. 신체적으로 또 인지적으로 취약한 고령 소비자가 요구하는 서비스는 다른 연령층의 요구사항과는 크게 다릅니다. 고령 환자를 적극적으로 돌보는 가족의 역할은 희미해지고 이제 공공복지의 영역이나 사설 의료의 영역으로 이전되고 있는 현실입니다. 인공지능과 로봇기술이 발전하면서 고령층 돌봄 공백을 메울 수 있는 서비스업으로 발전하고 있습니다. 2017년을 시작으로 일본에서 등장한 로봇 장례식이나 디지털 장례식 서비스도 2020년 COVID-19 발발 이후 실험적 단계에서 일상화된 단계로 이행되고 있습니다(참고: Pepper the robot performs Buddhist funeral rites). 노인의 근심과 그들이 원하는 서비스를 파악하고 선제적으로 제공한다면 의료산업이 발전함과 동시에 이용자들이 더욱 만족스러운 생활을 영위하는 데 도움이 될 수 있을 것입니다. 노인뿐 아니라 그 수는 줄고 있지만, 고급 의료서비스와 관련한 서비스 수요

[그림 9-9] 2019년에 출시된 노인 케어 로봇

출처: SARA Home, https://www.eitdigital.eu

[그림 9-10] 장례식 절차에 참여하고 있는 로봇 페퍼

출처: https://www.youtube.com/watch?v=Ce5cPawxFUs

는 도리어 늘고 있습니다. 결국, 청년·중년·노년층 각자에게 가능한 최고의 의료서비스를 제공하는 게 중요하며 수요를 발굴하고 새로 만들어 가려는 노력도 중요해지고 있습니다. 이처럼 스테이크홀더에 대한 이해를 위해서는 거시적 관점에서 소망하는 것이 필요합니다.

일단 가장 중요한 소비자이자 본체인 환자들 먼저 생각해 보겠습니다. 흔히 광고인을 "꿈을 파는 직업"이라고 합니다. "이 아파트를 사면 행복해질 거야!" "이 옷만 있다면 사랑받을 거야!" 소비를 통한 꿈의 실현을 약속합니다. 한편으로 의료인도 다르지 않습니다. 꿈보다 조금 더 구체화된 최종 결과물을 바라기 때문에 '희망을 파는 직업'이라고 봐도 되겠습니다. 죽음을 앞둔 사람은 더 오랜 삶의 연명을 희망하고 건강을 잃은 환자는 건강할 때의 상태를 희망합니다. 의료진은 기술과 노력을 통해 이 희망을 현실화합니다. 오래 또 건강하게 사는 것은 인간이 가진 본질적 욕망입니다. 굳이 '진시황(秦始皇)의 불로장생의 명약을 향한 집착'을 이야기하지 않더라도 인간은 일단 의식주가 보장되는 순간부터 장생(長生)을 욕망하게 됩니다. 환자들은 의료 정보 추구 욕구가 특히 높을 수밖에 없습니다. COVID-19의 확산 이후 소비자들은 제품과 서비스 품질에 대한 강력한 안심/안전(safety)을 원하고 '건강한 삶'에 대한 욕구가 그 언제보다 큽니다. 2020년 이래 극심한 생존 불안에서 시작된 건강에 대한 높은 관심은 위생과 면역 등 바이러스와 연관된 부분은 물론 의료, 건강기능식(건기식), 푸드, 뷰티를 넘어 멘탈케어에 이르기까지 다양한 수요와 서비스를 확대하고 또 새롭게 탄생시키

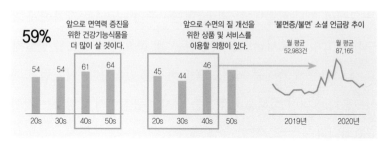

[그림 9-11] COVID-19 이후 소비자 인식 변화
출처: 대홍기획(2021).

고 있습니다(대홍기획, 2021). 건강에 대한 염려는 특히 40~50대에서 실질적인 구매 행동으로 연결될 수 있어 주목할 만합니다. 스트레스나 정신적 건강과 유관한 영역에 대해서는 전 연령층에서 기회의 시장으로 성장할 것으로 보입니다(대홍기획, 2021).

　의료소비자는 스스로 정보를 찾거나 가족이 대신 찾아 주거나 주변인에게 물어보고 인터넷을 검색하는 등 다양한 방법으로 정보 추구 욕구를 해소합니다. 이렇게 많은 정보를 얻게 된 소비자는 이를 바탕으로 의료기관이나 의료진에 대한 태도(attitude)를 형성하게 됩니다. 현대사회에서 정보는 지인보다 검색(web search)에 주로 의존하는 경우가 많아짐에 따라 온라인 검색어 마케팅과 콘텐츠 구비가 사업의 성공에 결정적인 영향을 행사하게 되었습니다. 이런 변화는 경영 컨설팅 회사인 맥킨지(McKinsey)가 제시한 소비자 의사결정 여정 모델(McKinsey Quarterly, 2009. 6. 1.)을 보면 쉽게 이해할 수 있습니다. 소비자에게 특정 병원이 최초검토군(initial consideration set)에 들어간다면 그 이후 사람들은 구전이나 검색을 통해 정보를 적극적으로 추구하고 최초 이용을 하게 됩니다. 물론

이 구매 결정 순간(moment of purchase)에 실망하고 구매를 철회할 수 있습니다. 실제 환자들이 병원을 방문했지만 어두운 인테리어와 불친절한 리셉션 직원에게 실망하고 발길을 돌리기도 합니다. 또는 지나친 치료 방식 강요에 따라 불신이 생기고 다른 병원으로 옮기는 때도 있습니다. 물론 만족한다면 지속적인 구매를 진행하게 됩니다. 이런 과정을 통해서 반복되는 루프(loop)는 더 촘촘해지고 적극적인 평가(active evaluation)에 드는 노력과 시간은 더 줄어들게 된다고 이해할 수 있습니다.

1990년대 이후 국내에서도 주요 종합병원들이 마케팅 개념(marketing concept)의 핵심인 '고객을 위한 가치창조(value creation for customers)'라는 기조를 조직 문화로 받아들이기 시작했습니다. 이 철학을 실천하려는 움직임으로 '환자 중심(patient-centered) 경영'을 주장하면서 의료시장에 만연한 공급자 중심의 경영 관행을

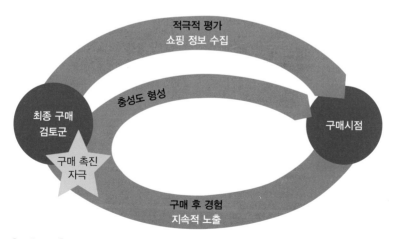

[그림 9-12] 소비자 의사결정 여정 모델

출처: The consumer decision journey (2009).

극복하기 위한 노력을 시도했습니다(황진수, 유병남, 2006). 그런데도 아직 환자 중심은 다소 공허하고 당위적인 구호로 남아 있는 경우가 많습니다. 환자 중심에서 중요한 개념이 바로 공감과 신뢰입니다.

의료에서는 서비스 수요자가 바로 환자라는 점에서 공감(empathy)이 매우 중요합니다. 의료진과 직원들이 아프고 건강에 대해 걱정이 많은 환자와 보호자의 입장에 얼마나 공감하고 배려하는지 혹은 건강상 큰 어려움이 있을지 모른다는 불확실성에 노출된 환자들과 보호자들의 두려움을 이해하는지는 소비자가 병원을 선택할 때 핵심적인 요인입니다. 다음으로 의료서비스와 원무의 정확성, 의료서비스 절차에 있어서 불확실성의 제거, 환자나 보호자의 문제에 대한 진정성 높은 관심을 통해 의료서비스 제공자에 대한 신뢰(trust)를 증진하는 것이 병원 선택 요인이자 만족도 요인이라고 합니다(김복미, 함명일, 민인순, 김선정, 2018). 공감에 대한 중요성은 감염병의 시대라고 불릴 수 있는 요즘 더 강조되고 있습니다. '스트레스가 만병의 근원'이라고 할 정도로 의학적으로 우리 뇌에서 감지하는 몸의 고통과 정서적인 고통은 유사하다고 합니다. 그렇지 않아도 각종 정보공해와 스트레스로 고심하는 현대인에게 감염병 사태가 준 부정적 영향은 대단합니다. 실제로 COVID-19 사태 이후 많은 사람이 '과민성 대장 증후군'이나 '불면증' 같은 신체적 증상을 호소하고 있습니다. 이런 부정적 환경에서 신체적 치유뿐 아니라 공감을 전하는 것이 병원의 큰 역할로 주목받고 있습니다. 실제 미국 언론에서 주목받은 '소 안기(cow hugging)'는 공감과 스트

[그림 9-13] 소 안아 주기 서비스(Aimee's Farm Animal Sanctuary)
출처: https://www.azcentral.com

레스 완화의 중요성을 알려 주는 흥미로운 사례입니다. 한 시간에 미화 70달러가 넘는 비용을 지급하고 소를 안고 있는 것이 한편으로 이해할 수 없지만 이런 '침묵의 안아 줌'이라는 것이 현대인에게 주는 의미를 이해할 수 있습니다. 미래의 병원이 무엇을 제공해야 할까를 고민할 때 한번 참고해 볼 만한 사례입니다.

실제로 미국과 영국 등에는 '병원 광대(Hospital Clowning)'라는 프로그램이 있습니다. 훈련된 광대들이 병원에 방문해 환자들의 신체적 건강 회복과 정서적 안정을 돕는 프로그램입니다. 병원 광대는 1971년 패치 아담스(Patch Adams) 박사와 함께 시작된 것으로 알려져 있는데, 로빈 윌리엄스(Robin Williams)가 주연으로 출연한 동명의 영화 〈패치 아담스〉에서 만나볼 수 있습니다. 아담스 박사는 게준트하이트 연구소(Gesundheit! Institute)에서 많은 환자에게 약값과 진료비를 받지 않고 무료 의료서비스를 제공하기도 했습니다. 그가 출연한 인터뷰를 찾아 보시면 병원에서 소통과 환자 중심의 의미를 이해하실 수 있을 것입니다(참고: Dr Patch Adams Video Podcast Heart Based Medicine). 그는 이러한 헌신적인 노력을 인정받아 2021년 2월에 노벨평화상(Nobel Peace Prize) 후보로 지명되기도 했습니다. 독자 여러분이 이 책을 읽고 계실 시점에는 아마도 노벨상을 수상했을지도 모르겠습니다. 국내의 경우 서울대학교 어린이 병원에도 환아를 위한 인형극장이 있다고 합니다. 이처럼 세계의 선두 병원들은 영리와 공익 그리고 소통에 대해 균형점을 찾기

[그림 9-14] **환자의 치료를 돕고 있는 패치 아담스 의사**

출처: https://www.sltrib.com

위해 노력하고 있습니다.

신뢰와 공감의 기초는 바로 '소통'입니다. 병원의 환경은 굉장히 부정적이고 침울합니다. 건강한 사람조차도 우울해지기 쉬우므로 그곳에 긍정적인 기운을 더하기란 매우 어렵습니다. 앞서 이야기한 것처럼 개별적으로 만나 공감을 전하는 것이 가장 강력한 방법이겠지만, 다수에게 다가가려면 미디어의 힘을 빌리는 것이 필수적입니다. 소비자가 정보를 얻는 방법은 다양하기에 모든 채널을 통해 소통하기란 불가능하므로 가장 주요할 만한 채널을 통해 소통하는 것이 중요하겠습니다. 병원에서 오프라인 및 온라인 채널을 통해 제공하는 각종 정보 제공 리플릿들이 환자들의 정보 욕구를 만족시키고 병원에 대한 좋은 태도를 조성하는 데 주로 활용됩니다. 물론 실제 질병에 대한 정보를 얻을 수도 있겠지만 각종 리플렛을 통하여 병원에 대한 정보를 얻고, 자신의 의료 선택에 대한 확신을 얻고 재방문 결정을 하는 데도 영향을 줄 수 있습니다. 따라서 환자들이 질문이 생겼을 때 바로 대답을 얻을 수 있도록 친절한 의료진뿐 아니라 서비스 응대에 대해 교육받은 직원들을 통해 소비자가 정보 추구 욕구를 해결할 수 있습니다. 또한 온라인 정보 채널의 적극적인 활용도 큰 도움이 됩니다.

다음으로 질병 커뮤니티입니다. 개개인으로서 환자와 동종 질병을 지닌 환자들의 모임은 그 성격 면에서 크게 다릅니다. 의료서비스 경쟁 시장에서 성공을 결정하는 것은 환자가 좋은 치료를 위해 병원을 떠올릴 때 좋은 병원으로 인식되고 호응을 받는 것이라고 한다면, 그 지름길은 바로 질병 커뮤니티에서 좋은 평가를 받는 것입니다. 호응을 빨리 얻기 위해서는 병원 커뮤니티를 생성하고, 커뮤니티 내의 의료서비스 이용자들과 지속적인 커뮤니케이션 과정을 통해 공감대를 형성해야 합니다. 물론 병원의 경우 안티(anti) 브랜드 커뮤니티 활동이 상당히 부담될 수 있습니다. 브랜드 커뮤니티를 적절히 활용하는 것은 브랜드 충성도가 높은 마니아를 적극적으로 육성함으로써 거부 세력에 대응할 수 있다는 장점도 가지고 있습니다(조정현, 정연오, 황재훈, 2006). 실제로 애플의 제품도 역시 다양한 제조상에 문제가 있었음에도 '앱빠'라고 불리는 아이폰만 쓰고 패드에 맥북에 워치까지 쓰는 애플매니아 덕분에 큰 타격을 입지 않았습니다.

외부 고객인 환자와 환자 및 질병 관련 커뮤니티 외에도 내부 고객인 의료진과 스탭도 병원에 영향력을 주는 역할을 담당합니다. 내부 고객의 만족은 환자에 대한 보다 나은 서비스로 이어지고 외부 고객의 만족까지 끌어내는 긍정적인 효과가 있음을 알아야 합니다. 실제로 병원에서 직원들의 직무 이탈은 병원 경영에 부정적인 영향을 주고 있습니다. 최명기(2010)는 그의 연구에서 병원의 서비스 수익 사슬을 '조직의 질 → 직원 만족도 → 직원의 신뢰 → 직원 생산성 → 병원 가치 → 고객 만족도 → 고객의 신뢰 → 이윤 창출'이라는 순환체계를 통해 설명하고 있습니다. 내부 스테이크홀더에 대한 관리는 결국 이윤으로까지 이어진다고 이해할 수 있습니다. 그중에 가장 주목해야 하는 집단이 바로 간호사입니다.

보건의료인력 실태 조사에 따르면, 병원 의료진 중 가장 많은 인원을 차지하는 직군은 바로 간호사입니다. 국내 의료기관에서 간

〈표 9-2〉 최근 언론에 보도된 간호사 관련 기사의 이슈별 분류

구분	내용	발생일
태움/ 자살	서울의료원 간호사 자택 자살	2019. 01.
	고 박선욱 간호사 추모집회-간호사들의 태움 집단 고발	2018. 03.~05.
	서울아산병원 고 박선욱 간호사 자택 자살	2018. 02.
	대구가톨릭대학병원 임신 간호사 야간근무 강요 폭로	2017. 12.
	대구가톨릭대병원 간호사 커뮤니티 및 페이스북 페이지에 간호사 인권 침해 문제 집단 폭로	2017. 12.
	서울대병원 노조, 인력 문제로 인한 간호사 인권침해 폭로	2017. 11.
	폭력적 위계질서로 인한 의료계 괴롭힘 문화 폭로 현상	2017. 11.
	울산대학교병원 노조 장기파업(간호사들 대거 파업 참여)	2017. 09.
	간호사 임신순번제 및 임산부 간호사 야간근로 강요 폭로	2017. 06.
	페이스북 페이지 '간호학과, 간호사 대나무숲'서 간호사들 사이 태움 · 임신순번제 갑론을박	2016. 09.
	SBS 스페셜 방송 … 간호사 태움 및 성희롱 · 성추행 문제	2016. 07.
	간호사 임신순번제 논란	2016. 07.
	전남대병원 수술실 책임간호사 자살	2016. 06.
폭언/ 폭행	부산대병원 정형외과 B 교수 간호사에게 폭언	2017. 06.
	병원 내 '진상환자' 문제 및 간호사의 감정노동 문제 대두	2016. 04.
	창원 경상대병원 교수, 간호사 폭행	2016. 05.
성추행/ 성희롱	부산 대학병원 전문의 '간호사 탈의실 불법 촬영 혐의'	2019. 12.
	서울대병원 노조 '환자 · 직원 무차별 불법 촬영 사건' 규 탄 및 경찰 부실수사 시위, 재수사 요구	2018. 08.
	최남수 YTN 사장 간호사 성희롱 트위터 논란	2018. 01.
	충남대병원 A 진료 교수 간호사 성희롱 및 성추행	2017. 03.~05.
성적 대상화	서울 강남 A병원 의사 부자 간호사 성추행	2016. 08.
	한림대학교 성심병원 성상품화 간호사 장기자랑 강요 및 임금체불 폭로	2017. 11.
	페이스북 '간호학과, 간호사 대나무숲' 페이지에 할로윈데 이 간호사 성적 대상화 코스프레 갑론을박	2017. 11.
	MBC 수목미니시리즈 드라마 '병원선' 간호사 폄하 논란	2017. 09.
희화화/ 무시	드라마 〈의사 요한〉 간호사 폄하, 네티즌들 항의 후 수정	2019. 07.

호사가 차지하는 비중은 52% 규모로 의료인력의 절반이 간호사라고 볼 수 있습니다. 안타깝게도 신규 간호사 2명 중 1명은 입사 1년 이내에 퇴사한다고 합니다. 병원간호사회가 지난 1992년부터 매년 조사해 발표하고 있는 '병원간호인력 배치현황 실태 조사'(보건복지부, 2020)에 따르면 2019년 신규 간호사의 이직률은 45.5%였다고 합니다. 이 같은 이직률은 5년 전인 2015년보다 11.6%p나 상승했다고 합니다. 이런 변화를 보면 시대가 변화했음에도 의료 근무 환경이 그대로이거나 더 악화하였다고 이해할 수 있습니다. 한편으로 신세대 간호사들이 조직에서 요구하는 내용이 크게 변화했다고 볼 수 있습니다. 최근 간호사 관련해서 언론에 보도된 사회적 이슈를 정리하면 그 빈도가 상당합니다. 대표적인 사례를 이슈별로 묶어서 정리하면 〈표 9-2〉와 같습니다.

물론 직무 환경은 간호사뿐 아니라 의사나 다른 스탭에게도 녹록치 않을 것이라고 미뤄 짐작할 수 있습니다. 이런 점은 양질의 의료서비스를 환자에게 제공하는 데 있어서 장벽이 되는 것뿐 아니라 직종 인원에 대한 적합하고 충분한 교육 훈련을 제공하는 데도 어려움이 되고 있습니다. 예컨대, 어렵게 교육해 숙련된 의료인으로 성장한 의료 전문가가 병원을 이탈했을 때 그 병원이 감내해야 하는 기회비용과 손실 시간 등은 상당할 것입니다. 이런 배경에서 간호사를 중심으로 의료진과 스탭들에 대한 직무 만족도(job satisfaction)를 높이는 것이 결정적입니다. 특히 일과 삶의 균형을 추구하는 최근 젊은 직원들의 직무에 대한 기대 수준을 맞추기에 국내 병원의 직무 환경은 여전히 척박하다고 느껴집니다. 사회에서

[그림 9-15] NSCC(Nursing Social Content Creators: 간호 소셜 크리에이터스) 프로젝트
출처: 이화여자대학교 커뮤니케이션·미디어학부.

바라보는 간호사에 대한 왜곡된 시선을 바꾸는 것도 간호사의 직무 만족에 중요한 역할을 합니다. 해외에서 간호사가 차지하는 지위에 비하면 국내는 간호사라는 전문직 의료직은 상당히 저평가되어 있다고 볼 수 있습니다. 실제로 미국에서 병원의 품질 평가(QUALITY ASSESSMENT AND QUALITY ASSURANCE)에서 간호사의 영향력은 상당하며 간호사가 평가를 주도하는 경우도 많습니다.

간호사에 대한 왜곡된 시선을 바로잡기 위해 대한간호협회 산하 간호인력취업교육센터(https://rnjob.or.kr)와 이화여자대학교 커뮤니케이션-미디어학부가 관학협력을 통해 2019년 진행한 NSCC(Nursing Social Content Creators: 간호 소셜 크리에이터스) 프로젝트는 주목할 만합니다. 한 학기 동안 대학생들과 함께 기획하고 제작한 간호사 인식 개선 소셜 미디어 콘텐츠는 온라인에서 큰 반향을 일으키면서 간호사에 대한 사회적 인식 개선뿐 아니라 참가자에게도 의미 있는 학습 체험이 되었습니다(유승철, 강승미, 유주연,

2021). 이처럼 미디어를 통한 의료진에 대한 소셜 캠페인은 궁극적으로는 의료진의 직무 만족에도 긍정적인 역할을 할 수 있습니다.

직무에 대한 만족도는 단순히 급여의 높고 낮음과 같다고 보기는 어렵습니다. 또 근무 강도가 낮다고 해서 직무 만족도가 무작정 높아지는 것도 아닙니다. 따라서 우리의 노력에 따라 변할 수 있는 변인인 병원의 분위기나 문화, 병원의 명성 등 보다 연성인 요소를 변화시킴으로써 직원들의 직무 만족을 높일 방안을 마련해야 할 것입니다. 이런 변화를 위한 중요한 수단이 바로 커뮤니케이션입니다. 실제로 소통의 부재나 잘못된 소통을 통해서 예기치 못한 문제들이 발생하기도 합니다. 언론에서 다뤄진 간호사들의 이탈이나 태움(간호사의 직장 내 학대) 등에 대한 문제는 병원 브랜드에 부정적 영향을 줄 뿐 아니라 사회적 파장까지도 일으키면서 큰 문제로 대두되기도 했습니다. 다행히 최근에는 이와 같은 병원 조직의 직무 환경 개선을 위한 여러 긍정적인 시도가 있었습니다.

2019년 대한간호협회가 개발한 신규 간호사 교육 관리체계 가이드라인을 근거로 시범 운영되고 있는 교육전담간호사제도가 대표적입니다. 교육전담간호사는 프리셉터십 기간 이후 1년간 지속적인 교육 프로그램을 제공하며, 신규 간호사의 임상 수행 능력 지원뿐만 아니라 정서적 지지 및 상담, 경력 관리 및 동기 부여 등의 멘토 임무를 수행해서 간호사의 직무 만족도나 이탈률을 크게 낮췄다고 합니다. 2020년 가톨릭대 부천성모병원 간호부는 신입 간호사들이 임상 현장에 잘 적응할 수 있도록 전담해 1년간 코칭해 주는 '간호사 레지던시 프로그램(Nurse Residency Program: NRP)'을 도

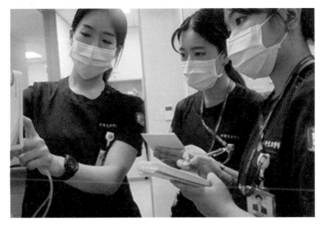

[그림 9-16] **부천성모병원 간호사 레지던시 프로그램**
출처: 간호사신문, http://www.nursenews.co.kr

입했습니다. 이처럼 신입 간호사가 안정적으로 업무에 적응할 수 있도록 돕는 프로그램 개발이 늘어 가고 있습니다.

　간호사의 부족은 국내뿐 아니라 선진국 대부분에서 겪고 있는 상황입니다. 의료 인력의 절반이 간호사라고 할 정도로 의료 최전선의 필수 인력이기 때문입니다. 한 기업이 간호사 인력 수급을 주제로 진행해 매우 긍정적인 사회공헌 캠페인을 한 사례가 있어 소개해 드립니다. 글로벌기업인 존슨앤존슨(Johnson & Johnson)은 간호사 부족을 공감하고 많은 사람이 간호사직에 지원할 수 있도록 웹사이트(https://nursing.jnj.com)를 통해 캠페인을 전개하고 실제 간호사를 육성하는 것을 지원하는 등 큰 사회적 반향을 일으켰습니다. 이 웹사이트를 통해 간호사가 된 사람들의 스토리를 수집하고 광고로 활용하는 등 스토리텔링 전략이 뛰어났습니다. 국내에서도 대한간호협회 주최로 2019~2020년 대대적인 간호사 인식 개

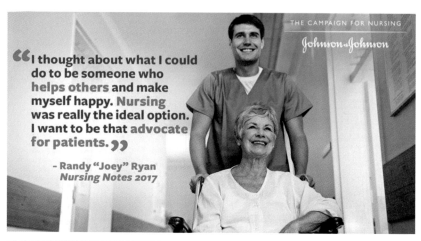

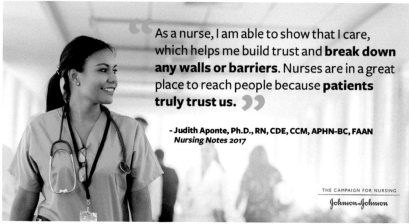

[그림 9-17] 존슨앤존슨의 간호사 육성 캠페인(Preparing Nurses For The Future Campaign)
https://twitter.com/jnjnursing/status/918117251424796672?lang=eu

선을 위한 대국민 캠페인이 전개되어 호평을 받은 바 있습니다.

마지막으로 지역사회(local community)입니다. 근래에 기업에 더

큰 사회적 책임이 요구되고 있습니다. 이는 병원도 마찬가지입니

다. 지역사회의 시민들은 지역에 소재한 병원을 찾는 주요 고객이

기도 하지만 지역 자치의 의사결정자이자 유권자이기도 합니다.

[그림 9-18] 2019~2020 대한간호협회 주최 간호사 인식 개선 캠페인
출처: http://b.medibrand.co.kr

개개인이 큰 힘은 없겠지만 이들이 모였을 때 가지는 힘은 가공할
만합니다. 지역사회의 시민들과 호흡하고 긍정적으로 이해되기 위
해 병원들의 HSA(Hospital Social Responsibility: 병원의 사회적 책무)
를 적극적으로 펼치고 있습니다.

가톨릭중앙의료원에 의해 운영되는 서울성모병원은 천주교의
생명 존중, 가난한 이의 희망, 의료봉사 등의 긍정적 이미지를 가져
와 병원에 투영했고 이를 HSR에 활용한 좋은 사례라고 볼 수 있습
니다. 성모병원은 '사랑의 실천'이라는 명목으로 여러 사랑 나눔 서
비스를 하고 있습니다. 가톨릭대학교 홈페이지의 '사랑의 실천' 항
목에서 찾을 수 있는 서비스 목록을 보면, 자원봉사, 기부 후원, 어
린이 학교 등 병원의 치료와는 상관없는 여러 사회적 책임을 함께

실천하고 있음을 확인할 수 있습니다. 그 외에도 매년 부활절과 성탄 대축일에 환자들을 위해 진행되는 봉사 나눔 서비스와 보통의 성당에서 접할 수 있는 성지순례 프로그램까지 함께 운영하고 있습니다.

스테이크홀더 커뮤니케이션 전략

스테이크홀더에 대해서 어느 정도 심도 있는 이해가 되었다면, 이제 군집으로 분리된 스테이크홀더 그룹에 어떻게 다가갈지를 고민해야 합니다. 앞서 강조한 것처럼 브랜드는 경쟁사 대비 독창적 차별성이 있어야 하며 서비스의 영혼을 드러내는 것이어야 합니다. 브랜드에 대한 정보를 제대로 목표한 스테이크홀더 그룹에 알리기 위해서는 당연히 양질의 콘텐츠가 필요합니다. 또 의료 광고

[그림 9-19] 지하철 역사 내 성형외과 옥외 광고들
출처: http://koreabizwire.com

마케팅과 관련해 다양한 규제가 있음을 명심하고 내용을 다듬는 데 신중해야 할 것입니다.

　그다음으로 각 그룹에 적합한 안성맞춤 콘텐츠로 재가공하는 소위 커스터마이제이션(customization) 작업이 필요합니다. 최근에는 콘텐츠 자체의 창의성 이상으로 전달하는 방법의 창의성이 강조되고 있습니다. 결국 우리가 어떻게 목표하는 집단에 제대로 전달할 수 있을지가 중요해지고 있는 것입니다. 아마 압구정역이나 강남역 역사 내에 즐비하게 늘어서 있는 지하철 성형외과 광고를 보았으리라고 생각됩니다. 물론 이 옥외 광고들이 특정 스테이크홀더에게 의미 있게 또 효과적으로 전달될지도 모르겠습니다. 문제점은 이런 광고들이 스테이크홀더가 아닌 사람들에게도 강제적으로 전달되면서 예기치 않은 부작용이나 소비자 반발까지도 유발할 수 있다는 점입니다. 성형 수술을 하려는 사람의 가족들에게 과연 이 광고들은 어떤 영향을 행사할까요? 광고하더라도 덜 자극적인 방법이 없었을까요? 더 넓고 다양한 관점에서 광고 효과를 고민해 볼 만합니다.

　디지털 기술의 혁신 속에서 전달의 방법은 과거의 방법론을 넘어서는 창의적인 것들이 등장하고 있습니다. 가장 좋은 커뮤니케이션은 '보이지 않는(invisible)' 커뮤니케이션입니다. 보이더라도 작은 몸집과 가벼운 움직임을 통해서 큰 변화(병원 방문)를 일으킬 수 있다면 그것이야말로 콘텐츠의 내용도 창의적이고 전달하는 방법까지도 창의적이라고 볼 수 있습니다. 마치 구글(Google) 포털을 열었을 때 검색창 외에는 백색의 바탕뿐 아무것도 보이지 않지만,

[그림 9-20] 아부다비의 하이웨이 갤러리(Highway Gallery)

구글의 대부분 수익은 바로 검색 광고(search ad)에서 나온다는 것과 비슷합니다. 쾌적한 오프라인·온라인 경험을 제공하는 동시에 조용히 설득력이 있는 커뮤니케이션을 진행해야 합니다.

　창의적인 콘텐츠와 채널 아이디어로 기존에 있던 미디어를 새롭게 탄생시킨 사례는 최근 들어서 늘어 가고 있습니다. 의료 관련 사례는 아니지만 흥미로운 비영리 조직 커뮤니케이션 사례가 있어 소개해 드립니다. 2017년 11월 아랍에미리트의 수도인 아부다비(Abu Dhabi City)에 문을 연 루브르 박물관을 찾는 방문객은 85% 이상이 두바이(Dubai)의 고속도로를 거쳐서 옵니다. 그럼 이 목표 소비자와 어떻게 소통할 수 있을까요? 상상해 볼 수 있겠지만, 이 고속도로 근처는 완전한 사막이라 황량하기 그지없습니다. 총 100km 가까이 사막이 이어진 고독한 고속도로를 흥미로운 콘텐츠 플랫폼으로 활용한 전략입니다. 이 고속도로 중간마다 옥외 포스

터를 세워 놓고 루브르 박물관에서 볼 수 있는 다양한 작품들을 전
시했습니다. 일종의 고속도로 박물관인 것이죠. 운전자가 라디오
FM 주파수를 특정 채널에 맞추면 각 작품에 관련된 음성 가이드를
제공해 주는 아이디어입니다. 물론 고속도로에서 만난 작품들을
직접 보고자 하는 수요가 커졌을 것입니다. 신선한 아이디어로 적
막하고 지루한 고속도로를 일종의 교육적 커뮤니케이션 채널로 변
모시키는 동시에 마케팅 목표도 달성한 좋은 사례입니다.

　앞서 언급한 광고적 접근도 있지만, 병원의 가장 중요한 스테이
크홀더는 1차 고객이라고 불리는 환자와 그들의 가족입니다. 가장
높은 관여도를 지닌 집단이자 병원의 수익에 직접적 영향을 주는
결정적 고객입니다. 환자들은 본인의 건강이나 치료 과정에 대한
불안과 근심이 큽니다. 이 불안을 경감해 주는 것은 치유의 기초단
계라고 봐도 과언이 아닐 것입니다. 아쉽게도 우리 병원의 환자 응
대 서비스는 아직 미흡한 부분이 많습니다. 고객 서비스가 효과적
으로 진행되었는지 확인해 보기 위해 많은 병원은 고객의 피드백
을 받습니다. 서울아산병원 홈페이지의 '고객 서비스' 부서에는 칭
찬 코너가 따로 마련되어 있다고 합니다. 병원을 이용한 고객들이
직접 특정 의료인을 지목해 고마웠던 점을 언급합니다. 병원은 해
당 의료인에게 성과에 대한 보상을 지급하며 더 나은 서비스를 지
속할 수 있도록 격려하는 역할을 합니다. 이와 같은 긍정적 피드백
고리와 보상체계를 설계하는 것은 매우 좋은 방안입니다.

　한편으로 환자들의 걱정을 덜기 위해 디지털 기술을 활용하는
것도 중요합니다. 환자들의 불안 경감을 위해 직접 의사를 포함한

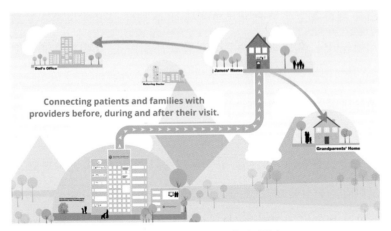

병원 이용 전–중–후 시점에 지속적으로 환자와 가족을 연결한다.

[그림 9-21] 가상의 악수(Virtual Handshake™) 프로그램

의료진이 개입하기까지는 많은 시간과 노력 그리고 비용이 소요
됩니다. 대면 과정 전에 필요한 맞춤 정보를 선택적으로 또 선제적
으로 환자와 그 가족에게 전달한다면 병원에 대한 서비스 만족도
는 크게 높아질 것입니다. 앞서 언급한 시애틀 어린이 병원(Seattle
Children's Hospital, South Clinic; Seattle)의 디지털 혁신 전략의 목적
으로 환자와 가상의 악수(Virtual HandshakeTM) 프로그램을 시작했
습니다. 현실에서 악수하기 힘들겠지만 마치 악수를 하는 것처럼
환자의 의료 관련 정보를 끊임없이 필요한 순간에 가족과 공유하
는 프로그램입니다. 이처럼 스테이크홀더가 힘들어하는 심리적 물
리적 통점(pain point)을 찾고 서비스 혁신이나 디지털 도구를 활용
해 해결하려는 노력이 절실합니다.

병원 위기 관리와 위기 커뮤니케이션

국내 병원도 불안정한 환경 가운데서 확대와 성장을 지향하기보다는 안정감 있는 지속경영을 추구하면서 위기 관리의 중요성을 크게 실감하고 있습니다. 흔히 현대를 '불확실성(uncertainty)의 시대'라고 부릅니다. 첨단 기술로 인간의 통제력이 그 어느 때보다 높아진 요즘이 과거보다 불확실하다는 것이 참 아이러니합니다. '불확실하다'라는 말은 "도대체 무슨 일이 일어날지 모른다." "내가 상황을 통제할 수 있을지를 모르겠다."라는 의미를 내포합니다. 2020년 초 발발한 COVID-19 이후 우리 사회의 불확실성은 그 어느 때보다 높아졌습니다. 가장 신뢰하는 서비스 영역으로 여겨지던 의료 영역까지도 백신과 치료약 그리고 감염자와 관련한 수많은 루머와 가짜뉴스 가운데서 불확실한 영역으로 인식되고 있는 것이 사실입니다.

불확실성이 우리에게 피해를 가져올 가능성이 현저할 때 불확실성은 바로 '위험(risk)'이 됩니다. 각종 바이러스와 잠재적 의료 사고를 포함한 예측하기 어려웠던 잠재적 불안 요소들이 이제는 확실한 위험으로 우리의 일상과 공존하고 있는 것입니다. 불확실과 위험이 일으킨 시민사회의 불안감은 그 어느 때보다도 대단합니다. 이러한 불안감 가운데 가운데서 의료 현장에서 발생한 불안감은 상대적으로 작게 느껴질 정도입니다.

우리는 항공기 사고가 걱정된다고 하더라도 일상의 다양한 목적

[그림 9-22] COVID-19 이후 등장한 가짜뉴스와 사실 검증
https://koreajoongangdaily.joins.com/news/article/Article.aspx?aid=3075052

을 위해 항공을 편리하게 활용합니다. 많은 할리우드 영화가 항공 사고를 영화의 소재로 다루고 있지만, 실제 항공기 사고 확률은 다른 운송수단에 비해 현저히 낮습니다. 같은 맥락에서, 영화와 언론을 통해 또 정치·사회적인 이유로 가공되어 확대 재생산된 '의료 관련한 위험'은 실제보다는 과장되고 왜곡된 경우도 많다고 생각됩니다. 실시간 전 세계적으로 생산되는 의료 관련 정보의 유통은 병원의 존폐를 결정할 영향력을 가질 정도입니다. 따라서 병원 경영자들은 가능한 위험 요소에 대해 충분히 인지하고 체계적으로 대비할 필요가 있습니다.

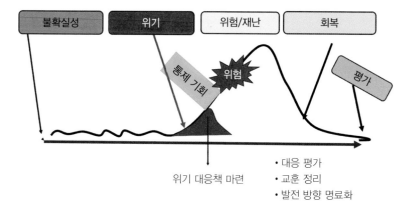

[그림 9-23] **불확실, 위기, 위험, 재난의 단계와 커뮤니케이션 도해**
출처: WHO (2010).

　학자마다 주장은 다소 다르지만, 위험의 부정적 영향이 명확
해 확률(%)로 표현될 정도에 이르면 우리는 이를 '위기(crisis)'라
고 부릅니다. 위험이 다소 모호한 단계라면 위기는 매우 구체적이
고 명확하게 설명할 수 있는 단계라고 간주할 수 있습니다. 나아
가 위기의 부정성이 우리 사회에 전면적으로 발현될 때 이를 '재난
(disaster)'이라고 부릅니다. 일단 재난이라고 하면 사회 구성원 누
구나 현상의 부정성에 대해 이의를 달지 않을 만큼 심각한 상황입
니다. 최근 COVID-19 사태나 후쿠시마 제1원자력 발전소 사고 등
이 재난의 범주에 들어가겠습니다. 따라서 재난 상황에서는 시민
이나 환자 대상의 커뮤니케이션보다는 재난 복구에 우선해 총력을
기울이게 됩니다. 되돌리기에는 이미 엎질러진 물이라고 할 수 있
습니다.
　리스크 커뮤니케이션(risk communication)은 "부정적인 현상 가

운데 높은 스트레스와 긴장 그리고 갈등을 겪고 있을 시민들의 합리적인 사고를 도모하는 전략적이고 과학적인 커뮤니케이션 노력" 정도로 정의할 수 있습니다(EPA: United States Environmental Protection Agency의 정의 참고). '불확실-위기-위험-재난'으로 이어지는 리스크의 연장선 과정 단계마다 전략적인 커뮤니케이션은 항시 중요합니다. 시민과 잘못된 소통으로 야기된 문제는 물리적 재난만큼이나 무섭고 사태 회복에 걸리는 시간도 상당히 깁니다.

재난이나 위기 커뮤니케이션이라는 용어 대신에 '리스크 커뮤니케이션'이라고 달리 표현한 이유는 현상이 현저하게 부정적으로 변하기 전, 통제(control)의 가능성이 비교적 큰 상황 속에서의 소통 노력이 문제 해결 노력만큼이나 효과적이기 때문입니다. 럿거스대학교(Rutgers University)의 피터 샌드먼(Peter M. Sandman) 교수는 위험(risk)을 '위해 요인(hazard)과 분노(Outrage)의 합'이라고 설명했습니다. 위해 가능성이 실제 적더라도 분노가 크다면 느끼는 위

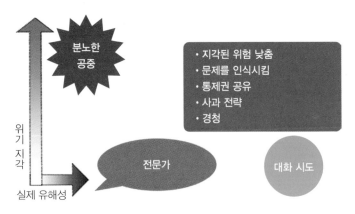

[그림 9-24] 시민의 고양된 위기 인식과 커뮤니케이션
출처: Peter M. Sandman 발표 자료 중

험이 크다는 의미입니다.

의료진과 같이 특정 분야의 전문가(specialist)는 위험을 장기적인 관점에서 분석적으로 접근하는 반면에 전문성이 부족한 일반 시민들은 정서적으로 해석합니다. 따라서 시민과의 소통에서는 시민으로부터 '현상에 대한 합리적인 인식'을 끌어내는 것이 중요합니다. 특히 실제 위험 수준이 낮은 상황임에도 사람들이 위험 수준을 높게 인식하고 분노하는 상황에서 위험 커뮤니케이션을 통한 적극적인 중재가 절실합니다.

소셜 미디어를 포함한 디지털 미디어의 영향력은 그 어느 때보다 막강합니다. 비대면 환경에서 시민들의 옥내 체류 시간이 폭증하고 있으며, 반면 옥외 여가활동의 비중은 급감하고 있습니다. 최근 넷플릭스(Neflex)나 웨이브(Wavve), 왓챠(Watcha)로 대표되는 OTT(Over The Top Service: 온라인 동영상 스트리밍 서비스)의 약진은 이런 디지털 미디어 집중 현상을 반영하고 있습니다. 인간은 진화 과정에서 생존을 위해 부정적 정보에 본능적으로 더 민감하도록 설계되어 있습니다. 유튜브로 대표되는 비디오 소셜 미디어가 점령해 버린 미디어 환경에서 의료 관련 정보에 대한 왜곡은 더 커질 것이고 부정적 정보의 확산도 더욱 빨라질 것입니다.

남아프리카 공화국의 한 의사가 인간의 머리 이식 수술에 성공했다고 주장하면서 사실 여부를 제대로 확인하는 과정 없이 세계적인 뉴스 토픽이 되었던 사건은 소셜 미디어 시대의 콘텐츠 파급력을 가늠할 수 있었던 사건이었습니다. 뉴스는 사실보다 시선을 잡는 데 급급하고 온라인 뉴스의 경우에 독자의 주의를 끌려

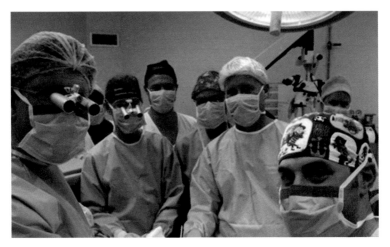

Health · Science · World

World's First Head Transplant A Success After Nineteen Hour Operation

2 năm ago · Add Comment · by newsexaminer · 3.449 Views

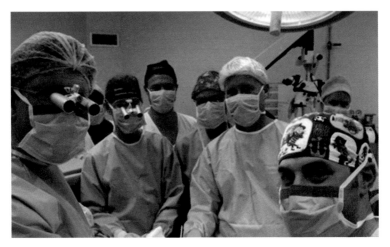

[그림 9-25] 머리 이식에 성공한 스토리를 다룬 뉴스

출처: https://newsexaminer.net

는 조급증이 더 심합니다. 주요 일간지에서 온라인 1인 저널리즘까지 언론은 모두 '흥미로운 이야기'에 굶주려 있다는 점에서는 유사합니다. 사실에 흥미를 더하려고 노력하다 보니 의도적으로 또는 의도치 않게 센세이셔널한 정보에 집중하는 황색언론(yellow journalism)으로 변질되기 쉽습니다. 또한 인공지능 기술까지 이용해 만들어지고 있는 의도적 정보 공해라고 간주하는 가짜뉴스(fake news)의 위협도 커지고 있습니다.

우리가 언론(journalism)이라고 부르는 개념의 외연 또한 무

[그림 9-26] 세계보건기구가 무료로 제공하고 있는 리스크 커뮤니케이션 강좌
출처: https://openwho.org

한 확장 중입니다. 인터넷이 연결된 노트북과 스마트폰만 있다면 누구나 전문 언론인처럼 실시간/비실시간 보도뿐 아니라 논평과 농도 깊은 다큐멘터리까지도 뚝딱 만들어 낼 수 있습니다. 온라인 시민저널리즘 사례로 손꼽히는 한국의 '오마이뉴스(http://m.ohmynews.com)'가 대표적인 사례입니다. 이런 커뮤니케이션 채널이 폭발적으로 증가하는 현실을 충분히 이해하고 병원 경영진은 적극적인 리스크 관리에 힘을 더해야 할 것입니다. 세계보건기구(World Health Organization: WHO) 등 보건의료 단체에서는 위기 관리에서 미디어와 콘텐츠의 영향력을 인지하고 리스크 커뮤니케이션 강좌를 무료로 공개하고 있기도 합니다. 물론 병원보다는 질병 관련 위기를 다루고 있지만 큰 틀에서는 병원에도 적용할 수 있는

Relaxing, Touching the Memory, Music Helps With the Final Transition

Suzanne De Chillo/The New York Times

[그림 9-27] 임종 전 음악을 들려 주는 연주자

출처: Songs of Transition-The New York Timesopinionator.blogs.nytimes.com(2015. 12. 30)

내용이라 관심 있는 독자분은 참고 부탁드립니다.

2015년 12월 『뉴욕타임스(The New York Times)』에 보도된 흥미로운 기사를 읽었습니다. '전환을 위한 음악(Songs of Transition)'이라는 제목의 짧은 글입니다. 죽음이라는 최종 종착역이자 새로운 영역으로의 '전환점(transition point)'에서 환자들은 과연 어떤 생각을 할까요? 여러분이라면 무엇을 원하나요? 미국의 한 병원은 임종에 육박해 있는 환자에게 그들이 평소에 좋아하던 노래를 들려 주고 있다고 합니다. 임종의 순간을 맞이한 환자들에게 음악을 전해 준다는 감동적인 또 누구나 공감할 수 있는 이 스토리는 세계인의 많은 공감을 끌어냈습니다. 이처럼 스테이크홀더 커뮤니케이션의 기본은 이해와 공감입니다. "과연 그들은 무엇을 원할까?"를 자문

하면서 제공할 수 있는 서비스를 고민해야 할 것입니다.

이 장에서는 병원 스테이크홀더의 특성과 적합한 커뮤니케이션의 중요성 그리고 리스크 커뮤니케이션에 대해 알아보았습니다. 스테이크홀더에 대한 면밀한 이해는 병원 브랜딩에서 결정적인 역할을 합니다. 동양의 명 의학서적인 허준의 『동의보감(東醫寶鑑)』에도 "소통이 되면 고통이 없고, 소통이 안 되면 고통이 온다(通卽不痛 不通卽痛)."라는 말이 있다고 합니다. 의학서가 소통에 관해서 이야기한 점에서 작가의 삶에 대한 통찰을 느낄 수 있습니다. 우리 마음속에서 일어나는 자신과의 대화, 그리고 가족 간의 소통도 물론 중요하겠지만 직장에서의 소통이 막힐 때는 결정적인 사고가 발생합니다. 스테이크홀더 커뮤니케이션에서 발생한 문제는 사라지지 않고 잠복하여 있는 문제 요소로 미래의 특정 시점에는 부정적 결과를 초래할 수 있습니다. 소셜 미디어 시대에는 조직의 존망을 결정할 정도의 문제로 삽시간에 그 파괴력이 불어나기도 합니다. 반면, 진심을 담은 효과적인 소통은 조직을 한 단계 더 높은 수준으로 상승시키는 지렛대 역할을 한다는 점을 명심하고 효과적인 커뮤니케이션 전략을 입안하며 또 실행해야 할 것입니다.

미래병원:
병원 브랜딩 그리고 커뮤니케이션

10

병원 브랜딩을 위한
공간 커뮤니케이션

"우리가 기존에 알고 있는 미디어 채널(매체)을 통한 광고/PR만이 설득의 방법은 아닙니다." 병원의 내·외관 디자인, 병원 업무 관련한 각종 인쇄물에서 각종 병원 내외 이벤트, 병원의 의사와 간호사 그리고 스태프, 전시관 및 체험관, 그리고 최근 주목받고 있는 디지털 사이니지에 이르기까지 소비자가 만나는 모든 '삶의 접점(life contact point)'들이 브랜드 커뮤니케이션을 위한 채널(channel, 또는 매체)로 활용될 수 있습니다. 브랜드 커뮤니케이션 채널(Brand Communication Channel: BCC)의 증가 및 다변화에 따라 소비자 체험의 질적(quality of experience) 문제 역시 중요해지고 있다는 점에 주목해야 합니다. 특히 건물과 내·외장 디자인 제작물을 포함한 병원이라는 물리적 공간의 중요성은 보다 대두되고 있습니다. 환자 처지에서 보면 입원 후 24시간을 체류해야 하는 공간이며 길면 수년간 함께 해야 할 공간이기에 그 어느 공간보다 세심하게 설계되어야 할 것입니다. 단지, 아름답고 실용적인 디자인 제작물의 영역을 넘어서 환자의 행복을 위한 체험 그리고 강력한 설득과 브랜딩의 도구로서 공간이 활용되어야 합니다. 이 장에서는 브랜딩 관점에서 병원 공간 커뮤니케이션의 중요성과 세부적인 활용 방안을 알아보겠습니다.

병원 환경과 공간 그리고 감각 마케팅

1) 체험 커뮤니케이션 채널로서 병원의 공간

현대의 소비자에게 직설적 광고를 통해 병원에 관한 호의도 나아가 방문을 끌어내기는 거의 불가능합니다. 자연스럽게, 병원 마케팅 전문가들은 대안적 접근을 진지하게 고민하고 있습니다. 이런 맥락에서 병원의 환경 그리고 공간이 중요해지고 있습니다. 여기서 환경이라는 용어는 특정 서비스가 전달되는 공간의 물리적인 설비를 내포하는 것으로 건축물의 외관, 인테리어, 장식, 분위기 조건들(온도, 조명)을 모두 내포하고 있는 광의적인 개념입니다 (Baker, 1987). 앞서 이야기한 공간을 구성하는 환경 요소들은 우리의 인식과 행동을 우리가 모르는 사이에 자동적으로 변화시키는 힘이 있습니다.

심리학자인 제임스 깁슨(James J. Gibson)이 1977년에 제시하고 1988년 도널드 노먼(Donald A. Norman)이 그의 저서인『디자인과 인간심리(The Psychology of Everyday Things)』를 통해 더욱 정교화한 '어포던스(Affordance)'라는 이론에서는 환경의 힘과 그 응용 가능성을 잘 설명하고 있습니다. 어포던스는 어떤 행동을 유도한다는 뜻으로, 한국어로 '행동 유도성'이라고도 합니다. 또한 이는 행위 유발성, 유발성, 제시성(提示性), 제공성 등으로 다양하게 쓰이고 있지만, 영어명 그대로 사용하는 경우가 가장 많습니다. 병원에

[그림 10-1] 문을 열라고 지시하지만 당기도록 자동반 응을 유발하는 디자인

[그림 10-2] 지나치게 복잡한 엘리베이터 버튼 위치 디자인

서 어떤 공간의 구성 요소를 활용해 환경을 구축할 때 설계자, 엔지니어들이 어포던스를 잘 활용해 병원 이용자의 편의성뿐 아니라 병원이 전하고자 하는 커뮤니케이션 목적을 잘 성취해야 좋은 디자인이라고 할 수 있습니다. 병원에서 문을 열 때 문을 당기라고 할지 또는 말라고 할지 등 많은 간단해 보이지만 병원 업무에 상당이 큰 영향을 줍니다. 촉각을 다루는 병원의 치료 활동에서 인지적 행동적 혼선은 단순히 번거로움을 넘어서 생명에 문제를 초래하는 치명적인 결과를 불러올 수 있습니다. 많은 인적 오류(human error)의 원인은 실제로는 디자인 오류(design error)가 초래한 것이며 제대로 된 디자인을 통해 인적 오류를 줄이고 공간의 본디 목적을 달성할 수 있도록 해야 합니다.

앞서 언급한 것처럼 환경 설계는 행동 유도를 통해 공간의 본래 목적을 살린다는 점이 중요합니다. 한편으로 공간의 설득적인 목적도 중요합니다. 매장은 판매를 촉진해야 할 것이며, 병원 역시 내원

청각	시각	후각	촉각	미각
라디오, 징글, BGM 등	신문 광고, 옥외 광고, 비디오	냄새를 풍기는 인쇄 광고	질감 있는 광고	시음 행사

[그림 10-3] 인간의 오감을 자극하는 다양한 광고 마케팅 방법론
출처: https://www.pm360online.com/multisensory-marketing

환자와 가족들이 편안함을 느끼고 의료서비스를 반복해 사용할 수
있도록 해야 합니다. 이런 설득적 목적의 환경 그리고 공간 연출에
서 주로 활용되는 개념이 감각 마케팅(sensory marketing)입니다. 컬
럼비아 경영대학의 '번 슈미트(Bernd H. Schmitt)' 교수가 주창한 체
험 마케팅의 맥락에서 탄생한 개념으로 감각 마케팅은 고객의 5감
(시각, 청각, 후각, 미각, 그리고 촉각)에 특정 브랜드 자극을 제공하고
특별한 체험(體驗)을 창출해 소기의 마케팅 성과를 거두는 것을 말
합니다. 여기서 이야기하는 체험 또는 경험이란 정의하는 사람에
따라 다소 차이는 있지만, 몸소 경험함, 또는 그 경험, 특정한 인격
이 직접 경험한 일체의 심적 과정, 한 번 또는 계속되는 이벤트에 참
여하거나 실제로 겪어 보는 것 정도로 대략 설명할 수 있습니다.

　감각 마케팅이란 단순히 제품의 특징이나 제품이 주는 편익을
나열하는 전통적인 마케팅이 아니라 고객의 감각을 자극하고 체험
을 통해 마음을 움직이는 마케팅입니다. 또한 기업이 고객이 제품
이나 서비스의 이미지를 장기간 지속해서 체험케 하는 과정을 통

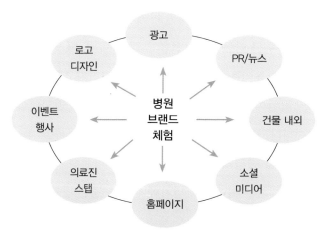

[그림 10-4] 병원 브랜드 체험과 관련된 다양한 채널의 통합 운용

해 차별적이고 강력한 브랜드를 만들어 가는 마케팅이라고 요약할
수 있습니다. 체험 마케팅과 같거나 유사한 내용으로 사용되기도
합니다. 여기서 체험 마케팅이라고 하면 기존 마케팅과는 달리 소
비되는 분위기와 이미지나 브랜드를 통해 고객의 감각을 자극하는
체험(體驗)을 창출하는 데 초점을 맞춘 마케팅이라고 정의할 수 있
습니다. 구분이 중요하지는 않고 개념적인 중복이 많지만, 차이를
구분하자면 감각 마케팅은 체험 마케팅의 수단이라고 이야기할 수
있습니다. 감각을 자극하는 모든 소통의 채널이 체험 마케팅의 도
구가 됩니다.

　감각 마케팅이 브랜드 커뮤니케이션의 미래 방향으로 대두되면
서 고객과 물리적으로 만나는 접점인 병원의 다양한 장소나 홍보
관/전시관과 같은 브랜드 공간(brand space)에 관한 관심이 한층 높
아지고 있는 상황입니다. 특히 대중매체를 활용한 마케팅 광고 활

동에 있어서 큰 제약을 받는 병원 마케팅의 경우 공간 요소의 전략적 변화와 의도된 커뮤니케이션을 통해 현재 및 미래 고객들의 선호와 충성도를 높이는 방안에 대한 고심이 깊어지고 있습니다.

　감각은 병원이라는 장소의 특성상 주의 깊게 고려되어야 할 필요가 있습니다. 병원은 신체 건강의 이슈가 있을 때 주로 찾는 곳으로, 기본적으로 긍정적인 연상을 시작으로 방문하기가 힘듭니다. 따라서 병원에서는 최대한 소비자에게 기분 좋은 감각으로 다가감으로써 소비자에게 병원에서도 좋은 경험을 쌓을 수 있다는 인상을 전달해야 합니다. 소비자의 감각은 즉각적으로 나타나기 때문에 소비자가 만나는 '첫 순간의 느낌'이 가장 중요합니다. 예컨대, 병원의 인테리어가 편안한 분위기로 되어 있어 시각적으로 편안한 효과를 얻을 수 있어야 합니다. 또한 긍정적인 청각 반응이 일어날 수 있도록 병원 내에서 편안한 음악을 들려 줄 수 있습니다. 이렇게 감각에 호소하는 요소들은 작은 것이지만 소비자들이 병원에 대해 어떤 첫인상을 느끼게 되는지 결정하는 데 중요한 역할을 합니다.

　혹자는 이런 접점의 순간을 '진실의 순간(the moment of truth: 眞實의 瞬間)'이라고도 부릅니다. 스웨덴의 서비스 마케팅 전문가인 리처드 노먼(Richard Norman) 교수가 제창한 개념으로 서비스 상황에서 가장 중요한 또 결정적인 순간을 의미합니다. 투우사가 황소를 데리고 여러 묘기를 보이다가 마지막에 칼을 들어 황소의 정수리를 찌르는 때(스페인어로 Moment De La Verdad)를 이렇게 칭한다고 합니다. 우리가 특정 병원에 그런대로 만족한다고 하더라도 매우 중요한 시점에서 실망했던 경험이 있을 것입니다. 서비스 마케팅에서

[그림 10-5] 황소의 정수리를 찌르는 때(Moment De La Verdad)
출처: https://delphipages.live/pt/esportes-e-recreacao/outros-esportes/the-spectacle

는 고객에게 한번 0점이나 마이너스(-) 점수를 받게 되면 기존 수준으로 만회가 어렵다는 뜻입니다. 그래서 이런 진실의 순간을 잘 관리해야 소비자의 궁극적 만족을 얻을 수 있다는 의미입니다.

이처럼 진실의 순간 그리고 환자들이 체험하는 공간 속에서의 감각은 중요하지만, 소비자들은 건강의 문제로 병원을 방문하기 때문에 일차원적인 감각적 만족 때문에 진료 선택을 하지는 않는다는 점에 유의해야 합니다. 병원 선택은 관여도(involvement: 관심도 또는 관심)가 매우 높은 선택입니다. 즉, 소비자들이 좋은 병원의 선택에 대한 강한 동기와 부담을 가지고 많은 정보를 찾은 끝에 최종적인 결정을 내리게 된다는 것입니다. 일반적으로 관여도는 지속적 관여, 상황적 관여, 감지된 관여의 세 가지로 분류할 수 있는데, 병원 선택에 관련된 것은 그 환자가 오랫동안 질병으로 고생해 온 것이 아니라면 상황적 관여에 해당합니다. 상황적 관여는 특정한 상황과 관련하여 결정을 내리는 것에 해당합니다. 병원은 환자가 의사의 도움이 필요한 상황에서 가장 적절한 도움을 받을 수 있는 장소를 찾는 과정에서 만나기 때문에, 정보 추구 욕구가 매우 높은 상태라고 볼 수 있습니다. 이렇게 정보 욕구가 강하고 의사결정에 대한 상황적 압력에 놓인 환자들에게는 감각적 만족에서 더 나아가 긍정적인 체험을 만드는 것이 중요합니다.

2) 병원의 공간과 체험 마케팅

피터 드러커(Peter Drucker) 교수는 "경영의 유일한 목적은 고객을 창조하는 것이다."라고 주장한 바 있습니다. 체험 마케팅의 창시자라고 알려진 번 슈미트(Bernd H. Schmitt) 교수는 나아가 "마케팅의 목적은 '가치 있는 고객 체험'을 창조하는 것이다."라고 말했습니다. 고객을 만들고 그들에게 가치 있는 체험을 제공하는 것이 병원 서비스의 본질이라고 요약할 수 있습니다. 대표적인 체험 마케팅 성공 사례로 손꼽히며 국내 개신교에서 벤치마킹 모델로 삼고 있는 미국 시카고 교외에 있는 윌로우크릭 커뮤니티 교회는 체험 마케팅 관점에서 교회의 성장을 주도했고 그 결과 거대한 신자 규모와 미디어 파워를 자랑하는 브랜드 교회로 자리매김했습니다. 특히 비기독교인들의 거부감을 최소화하고 전도를 촉진하기 위해 첨단 멀티 미디어 장비와 평상복의 목사, 연주단을 활용하여 교회 경험을 마치 록콘서트 체험과 같은 체험적이고 또 감성적인 것으

[그림 10-6] 윌로우크릭 커뮤니티 교회 내부와 교회 방송국

출처: http://www.willowcreek.org

로 변화시켰습니다. 또한 모바일 기기, 온라인 사이트를 활용한 사이버 교회(Cyber Church), 사이버 선교(Cyber Mission)를 활성화해 신자들의 충성도를 높이고 있기도 합니다.

독자들에게는 아마도 추억의 영화 〈소림사 18동인〉으로 잘 알려진 중국 허난성(河南省)의 정저우(鄭州) 숭산(嵩山)에 있는'소림사(少林寺)'는 지금은 중국 무술의 본산으로 유명하지만, 적극적인 마케팅 활동 전에는 작은 사찰로 은둔의 법당이었습니다. 이제는 매년 1,000억 원을 이상을 벌어들이는 세계적인 브랜드로 변화시킨 것도 바로 체험 마케팅입니다. MBA 스님으로도 불리는 소림사의 스융신(釋永信) 방장은 MBA 재학생 시절 인터넷이 생소하던 그 당시에 소림사의 홈페이지를 만들며 최초의 마케팅 활동을 시작했습니다. 1980년대 당시 10명 내외의 승려들이 운영하던 소규모 사찰을 중국 500대 기업의 하나로 변모시켰고 소림사를 위한 '브랜드 관리 전문회사'를 설립해 '무술마케팅' '제약' '관광' '체험학습' 등 다양한 비즈니스를 연계해 체험을 중심으로 한 통합 브랜드로 관리하고 있습니다. 종교의 상업화라는 비판적인 여론 속에서도 승려에게 해외 MBA를 독려하고 소림사 브랜드를 확장해 가는 등 소림사의 실사구시(實事求是)적인 종교관과 마케팅 활동은 더 강화되고 있습니다. 이런 성공 사례를 볼 때, 병원 마케팅은 환자에게 의미 있는 경험을 만들고 치료 과정에서 긍정적 체험을 통해 충성도를 높이는 데 힘써야 할 것입니다. 물론 지나친 상업화는 늘 경계해야 합니다. 번 슈미트의 체험 마케팅을 세부적으로 병원 마케팅 분야에 적용된 사례를 통해 살펴보면 [그림 10-7]과 같습니다.

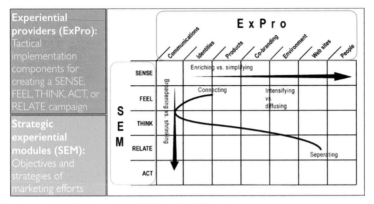

[그림 10-7] 번 슈미트 교수가 제안한 소비자 체험 그리드
출처: https://www.researchgate.net/publication/228168877

■ 감각

감각 마케팅(SENSE marketing)은 고객들에게 감각적 체험을 창조
할 목적으로 오관(五官; 시각, 청각, 미각, 후각, 촉각)을 자극해 호소
합니다. 고객을 유인하고, 제품에 가치를 더하기 위해, 또는 회사
와 제품 차별화를 위해 이용합니다. 따라서 감각 마케팅은 감각기
관에 영향을 미치는 방법에 대한 이해가 필요하다고 볼 수 있습니
다. 일반적으로, 백화점을 비롯한 유통업체는 소리(聽覺), 향기(嗅
覺) 등을 이용한 마케팅을 주로 사용하고 있습니다. 예컨대, 병원의
대기 동선 공간에 특정 향기를 배포해 기다리는 지루함을 덜고 편
안한 마음을 가지게 하려는 연구(Tansik & Routhieaux, 1999)와 실제
시도가 이루어지고 있기도 합니다.

■ 감성

감성 마케팅(FEEL marketing)은 브랜드와 관련된 긍정적인 감정

[그림 10-8] 감각 마케팅 중 후각에 집중하고 있는 브랜드인 러쉬(LUSH)

출처: https://www.lush.co.kr

에서부터 즐거움과 자부심과 같은 강한 긍정적 감정에 이르기까지의 감성적 체험을 창출하기 위해 사람들의 느낌과 감정에 소구합니다. 대부분 감정은 제품이나 서비스를 소비하는 동안 발생하지만, 감성 광고들이 소비 중의 느낌을 목표로 하지 않는 경우가 많아서 부적절한 때도 있습니다. 감성 마케팅을 수행하기 위해서는 어떤 자극이 어떠한 감정을 유발할 수 있는지 이해하는 것이 필수적이라고 볼 수 있습니다.

[그림 10-9] 건강 문제로 힘들어 하는 어린이를 등장시켜 동정심을 끌어내는 지면 광고

출처: https://laurennicolebrandt.wordpress.com

■ 인지

인지 마케팅(THINK marketing)은 고객들에게 창조적 인지력과 문제 해결

의 체험을 만들어 주려는 목적으로 소비자의 지성에 호소하는 것입니다. 인지는 놀라움, 호기심, 흥미를 통해서 고객이 수렴 또는 확산적 사고를 갖도록 합니다. 인지 캠페인은 흔히 신기술 제품이나 새로운 서비스에 사용하는 경향이 있습니다. 예컨대, 새로운 의료기기 제품이나 소프트웨어 전시회를 찾는 잠재고객은 현장의 도우미들로부터 신제품에 대해 상세하고도 이해하기 쉬운 인지적 정보를 받게 됩니다. 그러나 인지 마케팅은 첨단기술 제품에만 국한되는 것은 아닙니다. 인지 마케팅은 여러 산업의 제품 디자인, 소매업, 그리고 헬스 커뮤니케이션 분야에서 사용되고 있습니다. 특히 병원에서 다루는 정보는 환자에게 매우 중요하지만, 일반 환자로서는 이해하기 어려우므로 원래의 정보량을 유지하면서도 중요 내용을 가장 쉽게 전달하는 것이 핵심이라고 볼 수 있습니다. 구글 검색엔진에 타이핑되는 질의문(search queries)들 전체 가운데 5%가 의료 관련된 것일 정도로 의료에 대한 고객의 궁금증이 대단합니다. 또한 진료를 받기 전에 대부분 본인의 질병과 건강 이슈에 대해 검색을 충분히 하고 온다는 것을 고려할 때 병원 마케팅에서 인지 마케팅 그리고 정보적 커뮤니케이션은 중요합니다.

■ 관계

관계적 마케팅(RELATE marketing)은 감각 마케팅과 감성, 인지, 행동 마케팅 등 앞서 언급한 다른 네 가지의 차원들을 모두 포함하고 있습니다. 그러나 관계적 마케팅은 개개인의 사적 차원을 넘어 개인적 체험을 사회적인 책임으로 확대하고, 개인에게 이상적인

**Percent of healthcare consumers that ran a search before
scheduling an appointment**

61% Chiropractors	**67%** Clinics	**71%** Dentists	**69%** Hospitals
79% Nursing Homes	**74%** Optometrists	**84%** Physical Therapist	**71%** Physicians and Surgery

Source: LSA

[그림 10-10] 병원 방문 환자들이 방문 전 온라인 검색 비율에 대한 조사

출처: https://www.dialogtech.com

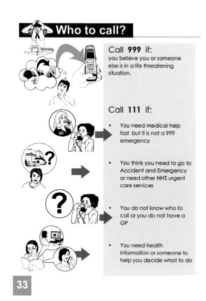

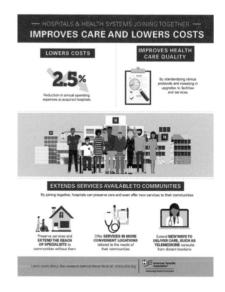

[그림 10-11] 병원들이 활용하고 있는 환자가 이해하기 쉬운 인포그래픽 예제

출처: https://www.slideshare.net/departmentofhealth

자아(ideal self)나 타인, 문화 등과 연결하게 해 줌으로써 고객의 자기 향상 욕구를 자극한다는 특징이 있습니다. 2019년 위스콘신주의 노버트 셈(Norbert Schemm)은 87세 그의 마지막 순간을 가족들과 맥주를 마시며 보내고 임종했습니다. 그의 손자가 소셜미디어에 공유한 이 장면을 담은 사진을 통해 전 세계 사람들의 큰 공감을 받기도 했습니다. 과거의 엄숙하고 경직된 병원의 문화가 보다 환

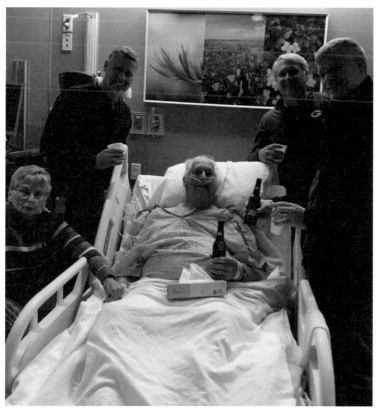

[그림 10-12] 위스콘신주의 노버트 셈이 87세 마지막 병상에서 가족들과 맥주를 마시며 즐거운 한때를 보내고 있는 사진

출처: https://www.bbc.com/news/world-us-canada-50550018

자의 관점에서 그들의 사회적 관계와 꿈을 존중하는 방향으로 만
들어지고 있음을 보여 주는 사례입니다.

■ **행동**

행동 마케팅(ACT marketing)은 고객의 육체적인 체험과 삶의 방
식, 상호작용에 영향을 끼치는 것을 목표로 합니다. 행동 마케팅
은 고객의 육체적 체험을 강화하고, 그렇게 할 수 있는 다양한 방
법, 다양한 라이프스타일과 상호작용들을 보여 줌으로써 고객의
삶을 더욱 풍요롭게 할 수 있습니다. 이러한 행동 마케팅은 오지 탐
험, 건강 체험, 사냥과 낚시 등 관광 분야 등에서 쉽게 찾아볼 수 있
습니다. 나이키가 유명한 운동선수(타이거 우즈, 마이클 조던 등의 스

[그림 10-13] 미국 켄트 병원의 응급실 오픈 하우스 이벤트
출처: https://twitter.com/KentHospital

포츠 스타)를 모델로 활용하거나 소비자에게 특별한 스포츠 공간을 제공하는 것은 행동 마케팅의 전형적 사례라고 볼 수 있습니다. 국내에서는 덜 활성화되어 있지만 엄숙한 공간으로 인식되는 병원 역시 병원을 일반인에게 전면 또는 부분적으로 병원을 공개하고 치료 절차를 체험하게 함으로써 접근성과 친숙도를 강화하고 있습니다. 북미권에서 활성화된 병원 오픈 하우스(open house) 행사가 대표적인 예입니다. 방문에 큰 장벽이 있는 병원이라는 의료기관을 건강할 때도 방문하게 함으로써 건강에 대한 예방을 도울 뿐 아니라 심리적인 거리감까지 줄일 수 있다는 장점이 있습니다.

브랜드 커뮤니케이션을 위한 병원 공간 디자인

병원이라는 환경은 의료서비스가 행해지는 공간이라는 점에서 '서비스 스케이프(servicescape)'의 개념으로 설명할 수 있습니다. 서비스 스케이프라는 단어는 서비스(service) 뒤에 전망, 경치를 의미하는 '스케이프(scape)'를 결합한 합성어입니다. 구체적으로 서비스를 제공하는 조직(병원)의 내외부 디자인뿐 아니라 공간과 연관된 온도 소음 향기 및 회사소개서 명함 등의 부가적인 요소까지를 모두 포함한 물리적 환경을 의미하고 있습니다.

단순 구매 행위가 아닌 쇼핑의 감각적 체험을 즐기는 요즘의 추세에 부응하고자 서비스 스케이프 개념을 통해 연출된 색다른 브랜드 공간들이 속속 탄생하고 있습니다. 이런 브랜드 공간들은 광

[그림 10-14] 남한강을 굽어 볼 수 있는 위치에 설치된 양평 스타벅스 DTR점
출처: https://www.starbucks.co.kr

고 미디어의 영향으로부터 일탈하고 있는 고객들에게 브랜드 커뮤니케이션할 소중한 기회를 제공하고 있는데 공간 내의 모든 감각적 요소가 고객에게 직접 다가가는 커뮤니케이션 미디어로 기능하고 있습니다. 판매와 직접 관련이 없는 오락적 요소가 적절하게 가미되어 매장을 의미하는 리테일(retail)과 엔터테인먼트(entertainment)가 더해진 리테일테인먼트(retailtainment)라는 신조어까지 등장하기도 했습니다(Ritzer, 2005).

직접적인 이용과 거래가 동시에 일어나는 브랜드 공간인 병원의 경우에는 매장과는 다르게 직접 구매를 추동하기보다는 환자들의 합리적인 의사결정을 돕고 긍정적 치유 경험을 극대화할 수 있는 간접적인 공간 커뮤니케이션이 요구됩니다.

국내 병원들도 공간 커뮤니케이션의 중요성을 인식하고 많은 변

[그림 10-15] 차병원에 입점한 용품점인 차샵

화를 만들어 내고 있습니다. 강남 차병원의 사례를 보면 병원 내부 시설이 깨끗하게 관리되고 있는 것은 물론이고 병원을 찾은 소비자들이 편히 쉴 수 있도록 의자 편성도 늘렸습니다. 전체적으로 따뜻한 톤으로 인테리어 되어 있으며, 병원에서는 클래식 음악을 내보내서 대기하는 산모들이 편안한 느낌을 받을 수 있습니다. 병원에는 환자에 관련 용품이나 출산한 산모들이 이용할 수 있는 아기 물건 등을 판매하는 용품점인 차샵(Cha Shop)과 커피숍이 입점해 있습니다. 또한 병원 곳곳에는 병원과 관련된 정보를 알 수 있는 정보 안내판과 병원에서 제공하는 서비스에 대한 안내문들이 잘 배치되어 있습니다. 안내문의 내용은 병원 서비스뿐 아니라 환자로서 알고 싶어 할 만한 질병에 대한 정보, 질병 예방 관리 등 관련성이 높은 내용으로 잘 편성되어 있다는 인상을 받았습니다. 이런 공간 편의성과 안정감을 주는 디자인은 환자들, 특히 여성 환자들에게 큰 호응을 받고 있습니다.

1) 병원 브랜딩과 실제 그리고 가상공간

브랜드 공간이 마케팅 커뮤니케이션에 더 큰 몫을 담당하게 된 것은 디지털 미디어의 성장과도 무관하지 않습니다. 위치 기반 서비스(Location Based Service: LBS)의 보편화에 따라 소비자들은 물리적인 공간에 그들이 느끼고 생각한 바를 소셜 미디어를 필두로 한 가상현실에 대응(mapping)하기 시작했습니다. 우리가 물리적 공간을 거닐지만, 가상의 정보를 동시에 활용하는 정보공간 중첩이 일어나고 있는 셈입니다.

실제와 가상공간을 중첩한 대표적인 서비스가 레스토랑을 비롯한 각종 장소에 대한 소비자의 품평을 공유하는 서비스인 Yelp (http://www.yelp.com)입니다. 물리적인 공간에 대한 소비자의 호불호는 가상공간을 통해 확대 재생산되고 종국에는 해당 공간과 브랜드의 성패를 결정하기까지 합니다. 의료 분야에서도 의료기관

각 분야별 전문의들의 환자 경험을 데이터베이스로 만들어 고객들의 편의를 도모한다.

[그림 10-16] 미국 메사추세스에 본사를 둔 헬스케어 서비스 사이트 캐어대시

출처: https://www.caredash.com

이나 전문의에 대한 평가를 지리 정보와 결합하려는 시도가 크게 늘어 가고 있습니다.

브랜드 커뮤니케이션을 위한 공간 연출에 있어서 공간을 구성하는 모든 요소(사인, 파사드, 인테리어, 제품, 병원의 스탭, 공간의 여백)는 각각 커뮤니케이션 채널이며 브랜드와 고객을 자연스럽게 연결할 수 있는 '공감되는 병원 경험(resonating hospital experience)'을 창출할 수 있도록 각 고객 접점 채널들이 서로 긴밀하게 협력하게 됩니다. 아무리 아름다운 병원이라고 하더라도 직원이 불친절하거나 조명이 어둡다면 왠지 방문을 꺼리게 될 것입니다. 또 오프라인 공간과 가상의 온라인 공간도 같은 목소리를 내고 있어야만 병원의 브랜드를 만들어 냄에 있어서 상승적 효과를 기대할 수 있을 것입니다. 가상공간에서는 긍정적인 리뷰 일색인데 실제 병원에 방문해 크게 실망한다면 가상공간에서의 소비자 리뷰의 진위를 의심하게 되게 될 것입니다. 병원의 오프라인 공간과 병원 홈페이지 및 소셜 미디어가 같은 메시지를 이야기하고 있어야 함은 물론입니다(홈페이지와 소셜 미디어 관련 내용은 7장 '병원 브랜딩을 위한 미디어 전략' 참조).

2) 병원 브랜딩을 위한 공간 연출

성공적인 공간을 만들기 위해서는 'Place(공간이 자리 잡은 지역의 특성), Product(화자가 되는 제품 또는 서비스), People(방문 가능한 고객/환자)'이라는 3요소에 대한 종합적인 이해가 전제되어야 합니다. 이를 통해 '주요 커뮤니케이션 테마(communication theme)'을 개발하고 프로토타입(prototype: 시제품) 커뮤니케이션 테스트를 통해 원하는 고객이 편하게 수용할 수 있는 환경을 연출하게 됩니다. 예컨대, 미국 시카고 예술 박물관(Art Institute Of Chicago Museums)은 파리 인상주의 화가 특별전을 위해 전시관 바닥에 인조 잔디를 깔고 새소리, 물소리와 같은 자연 배경음을 연출하기도 했습니다. 관람객들이 단순히 그림을 보는 것이 아니라 19세기 말 귀족들 피

[그림 10-17] 시카고 아트 뮤지엄의 파리 인상주의전 연출
출처: https://www.artic.edu

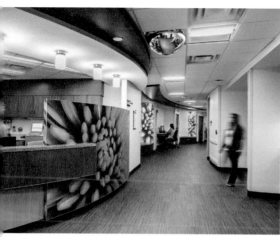

[그림 10-18] **미국 미네소타의 마더 베이비 센터 인테리어**

출처: https://www.themotherbabycenter.org

크닉의 한 장면 속에 뛰어든 느낌이 들 수 있도록 의도한 연출입니다. 병원도 다양한 공간 연출을 시도하고 있습니다. 미국 미네소타의 마더 베이비 센터(Mother Baby Censter)는 출산이라는 설레고 또 한편으로 무서운 순간에 여유와 안정감을 주기 위해 기획되었습니다. 편안하고 안정적인 공간 연출로 공공 세계적인 디자인상을 받기도 했습니다.

3) 병원 공간을 장소로 만들기

공간(space)은 사전적 의미로 '어떤 물질이나 물체가 존재할 수 있거나 어떤 일이 일어날 수 있는 자리'를 의미합니다. 반면, 장소(place)는 우리가 살고 머무는 자리입니다. 정리하면 "장소는 바

[그림 10-19] 양귀자 작가의 「원미동 사람들」 도서 그리고 저자가 방문한 원미동 골목길

로 인간화된 공간(humanized space)"이라고 할 수 있습니다(Tuna, 1977). 그렇다면 어떻게 '공간'을 '장소'로 변화시킬 수 있을까요? 공간은 스스로 자신을 드러내어 이야기를 전하지 않습니다. 대신에 공간에 머무르고 그 후 떠난 사람들에 의해 공간이 가지고 있는 이야기가 전해집니다. 제가 좋아하는 양귀자 작가님의 소설 『원미동 사람들』(1987)의 배경이 된 원미동은 수도권 외곽지에서 흔히 볼 수 있는 보편성을 지닌 공간입니다. 이 공간은 물리적으로 특이점도 찾기 힘듭니다. 저도 일전에 방문해 본 경험이 있지만, 경기도 어느 곳에서도 쉽게 발견할 수 있는 빌라촌 동네입니다. 그런데도 그 소설의 독자라면 누구나 원미동을 방문해 보려고 합니다. 서울이라는 중심지에서 밀려 교외 위성도시로 이사를 떠나 새로 정착한 가족의 눈으로 인간미가 있었던 원미동 주민 각자를 주인공으로 만들며 의미 있게 탄생시킨 것입니다. 특수한 공간에 한정된 작은 이야기를 한국인이, 나아가 도시에 사는 세계인에게 공감을 만들어 낼 수 있는 일반적인 통찰로 승화시켰습니다. 결국 소설은 원미동이라는 '공간을 장소로 탈바꿈'시킨 것입니다.

　사람들에 의해 전해진 그리고 재창조된 이야기는 공간의 가치를 만들어 가게 되고 종국에는 물리적 '공간(space)'이 개인 소비자에게 의미를 지닌 '장소(place)'로 발전해 가게 되는 것입니다. 공간에 특별한 이야기가 저절로 발생하고 전해져 많은 사람에게 의미가 된다면 이상적이겠지만, 우연을 기대하고 무작정 기다리기에는 현대의 브랜드 경쟁은 너무 치열합니다. 또 환자들이 시작부터 두려움을 지니고 만나는 병원이라는 공간을 특별한 장소로 만들기란

[그림 10-20] 미국 버지니아대학교 어린이 병원의 벽면 그래픽

출처: http://www.circle120.com/uva-childrens-hospital

환자에게 병원 브랜딩, 길 안내 및 건강 정보를 실시간 전달한다

[그림 10-21] 티보도 메디컬 센터(Thibodaux Medical Center)에 설치된 삼성전자의 디지털사이니지

출처: https://pid.samsungdisplay.com

더 힘들지도 모르겠습니다. 이런 문제점 인식에서 전략적 커뮤니케이션 활동을 통해 공간에 가치를 창출, 소기의 마케팅 성과를 거두려는 활동이 더욱 중요해지는 것입니다. 무미건조하게 인식되기 쉬운 또 어렵게 느껴지는 공간인 병원을 생명을 살리는 의미 있는 장소로 자리매김하기 위한 커뮤니케이션 노력이 절실하게 필요합니다. 시민들이 꼭 신체적 문제가 없더라도 병원을 찾고 의지할 수 있도록 커뮤니티 친화를 위한 다양한 활동들은 이런 점에서 매우 중요합니다. 앞서 강조한 것처럼 우리 동네의 작은 병원 또는 의원이 브랜드가 되려면 시민사회에 전하는 특별함이 필요합니다.

인간은 늘 출발한 집(또는 고향)을 그리워하면서도 집을 떠나기를 원합니다. 이런 양가감정(ambivalent feeling)은 문화와 역사를 막론하고 공감할 수 있는 인간의 보편적 감성입니다. 집을 그리는 마음은 '노스텔지어(nostalgia: 향수)'라는 애틋한 감정을 일으키지만, 한편으로 집을 떠나고 싶은 마음은 '도전과 모험'이라는 진취적인 감정을 동반합니다. 이런 양가감정은 고대의 신화나 현대 할리우드 영화에서도 흔히 찾아볼 수 있는 '영웅의 여행 도식(Diagram of the Hero's Journey)'에서 검증되고는 합니다. 세계적인 신화학자인 조지프 캠벨(Joseph Campbell) 교수에 따르면, 영웅은 도전을 찾아 집을 떠나 모험을 통해 인생을 배우고는 다시 집으로 돌아가게 됩니다(Campell, 1949). 우리가 즐겨 보는 영웅을 그린 영화들은 상당수 이 도식을 따르고 있습니다. 디즈니의 전설적 애니메이션 작품인 〈겨울왕국(Frozen)〉을 보면 주인공인 엘사(Elsa)가 마법과 연관되어 본인의 왕국을 떠나지만, 종국에는 역경을 이겨 내고 결국은 집으로 돌아오는 거대한 여정(grand journey)을 그리고 있습니다. 물론, 이 여정에는 동생 안나(Anna)를 포함한 여러 조력자와 방해꾼이 등장합니다. 이 여정에서 핵심이 되는 개념이 바로 '집(home)'입니다.

올드 팝 중에 루터 반드로스(Luther Vandross)가 열창한 〈A House Is Not a Home(건물은 집이 아니다)〉(1981)라는 노래가 있습니다. "당신이 없는 집은 집이 아니다."라는 어떻게 보면 좀 상투적인 메시지를 담고 있는데 곱씹어 보면 그 울림이 큽니다. 가족과 의미 있는 것들(반려묘나 반려견까지도 포함해서)이 모여 만들어진 집합체가 바로 집입니다. 우연히 방문한 신축아파트를 광고하는 멋진 모델하우스가 어색하게 느껴지는 것도 내 몸을 통해 체화되지 않은 '건물(house)'이기 때문입니다. 우리는 집에 정도 이상으로 집착합니다. 최근 집값 폭증을 우려해 '영끌(영혼을 끌어내)' 집 구매의 광풍도 인간에게 주거 확보를 통한 안정감이 얼마나 중요한지를 보여 주는 현상입니다. 흥미롭게도 우리는 집을 갈망하며 또 한편으로 집을 떠나길 갈망하는 양가감정(兩價感情, ambivalence)을 지닙니다. 집이라는 얽매임 없이 이리저리 유랑하는 삶의 모습을 흔히 개구리밥이라는 이름을 가지고 있는 '부평초'에 빗대어서 설명합니다. 우리는 유랑을 자유로 느끼기도 하지만 근심으로 해석하기도 합니다. 이는 인간이 변화와 안정을 동시에 추구하는 존재이기 때문입니다. 그래서 결혼한 사람은 독신인 분들을, 독신은 가정을 이룬 분들의 삶을 부러워하는지도 모르겠습니다.

집을 떠나는 것은 미지에 대한 도전입니다. 청소년이 사춘기를 겪어 가고 가출을 하는 등 집을 갑자기 떠나는 당황스러운 일탈을 하는 것도 이런 맥락에서 이해할 수 있습니다. 반면, 모천 근처에 도달하면 고향의 냄새를 기억하여 자기가 태어난 지점으로 돌아오는 연어처럼 종국에는 집으로 돌아오는 것은 '안식을 향한 회귀(回歸)'입니다. 기독교 성경 가운데 누가복음 15장에 나오는 '돌아온

[그림 10–22] 렘브란트의 〈돌아온 탕자〉

탕자(The Return of the Prodigal Son)'의 이야기에서 보면 아버지로 부터 유산을 미리 받은 막내아들이 고향을 떠나 외지에서 재산을 탕진하고, 고향으로 돌아 왔을 때, 아버지는 돌아온 아들을 극진하게 맞이해 줍니다. 1667년 렘브란트(Rembrandt)가 그린 명작 〈돌아온 탕자(The Return of the Prodigal Son)〉는 이런 상황과 감정들을 잘 묘사하고 있습니다. 유럽 최고의 화가에서 잊혀진 화가로 몰락한 이후 볼품없는 가난한 늙은이로 전락하는 인생의 마지막 자락에 그림으로도 유명합니다. 렘브란트의 마지막 종착지는 그의 안식의 집이었던 '그림'이었다고 생각하게 됩니다.

탕자의 방탕한 여행처럼 부적절한 모험이거나 또는 성취를 향한 도전의 모험이거나 모험 뒤에는 늘 우리는 돌아갈 집을 갈망합니다. 꼭 모험이 아니더라도 하루의 고된 일과를 마치고 교통지옥이라고 불리는 사람들로 빽빽한 버스와 지하철을 타고 집으로 돌아옵니다. 크고 또 작은 모험의 정착지이자 종국의 지향점은 '집'입니다. 벨기에의 극작가 모리스 마테를링크(Maeterlinck, 1862~1949)가 1908년에 지은 희곡 〈파랑새(L'Oiseau bleu)〉에서 틸틸(Tyltyl)과 미틸(Mytyl) 남매(국내에서는 일본 번역판의 영향 때문에 찌르쯔르 미찌르로 오역되기도 했음)가 꿈속에서 그토록 찾던 파랑새가 바로 모험의 출발점인 집에 있었다는 결론과 다르지 않습니다. 하지만 모험을 마치고 다시 집으로 돌아온 남매는 출발할 당시의 남매와는 다른 '성숙한 모습의 통찰을 얻은' 남매입니다. 영웅의 탄생 여정과 같은 여로입니다.

병원의 장소 커뮤니케이션에 있어서 병원이라는 공간은 '환자

[그림 10-23] **영웅의 여정 도식**
출처: https://mobilerepublic.tumblr.com

가 겪어 가는 영웅의 여정'을 만들어 가는 '과정(process)'의 공간임을 커뮤니케이션해야 합니다. 병원에서 환자들은 모두 병마와 싸워 가는 나름의 작은 영웅이며 또 성공적으로 본인들의 집으로 돌아가야만 하는 숙명을 지니고 있습니다. 한편으로 병원이 '집'이 될 수는 없겠지만, 집과 같은 따스함(feeling at home)을 전할 수 있어야 합니다. 지나치게 정돈된 깨끗하고 차가운 환경의 병원이 항시 좋다고 이야기하기 어려운 이유입니다.

세계 최고의 암 병원으로 유명한 휴스턴의 앰디앤더슨 암 센터(The University of Texas MD Anderson Cancer Center)의 병동은 의외로 세련되었다기보다는 인간적인 느낌을 줍니다. 오래된 책걸상과 갈색 계열의 카펫은 병원의 오랜 역사를 이야기하는 듯합니다. 새로움이 좋은 것이라고 강조하는 현대적 상식과는 조금 다릅니다. 마치 공항처럼 대형 전기차를 타고 이동해야 할 정도로 초대형 규모를 자랑하는 병원의 인테리어에서 발견할 수 있는 인간미는 매우 흥미롭습니다.

　기도실로 가는 복도는 숙연함과 차분함을 전해 줍니다. 전통의 느낌과 함께 현실적인 공간과는 분리되는 듯한 성스러움을 느낄 수 있습니다. 병원 밖을 마주하고 있는 휴게실은 환자에게 희망을 이야기하는 듯합니다. 환자들이 비록 병원에 있지만 늘 밖으로 나가기를 원하는 동경을 지니고 있음을 이해하고 매우 단순하지만, 의자의 방향을 바꿈으로써 심리적 변화라는 측면에서는 결정적인

[그림 10-24] 앰디앤더슨 암 센터의 공간 인테리어 사례(기도실과 휴게실)

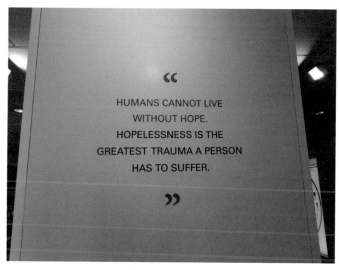

"인간은 희망 없이 살 수 없다. 희망 없음이야말로 인간이 겪어야 할 가장 큰 고통이다'

[그림 10-25] 앰디앤더슨 암 센터의 벽면 메시지
출처: https://www.mdanderson.org

변화를 준 것입니다. 이런 공간의 크고 작은 공간의 구성 요소가 절망을 마주하고 있을지도 모를 환자와 가족들에게 집과 같은 편안함으로 다가 오는 듯합니다. 익숙한 공간에 친절한 직원들의 태도는 덤입니다.

앰디앤더슨 암 센터의 벽에는 "인간은 희망 없이 살 수 없다. 희망 없음이야말로 인간이 겪어야 할 가장 큰 고통이다."라고 적혀 있습니다. 참으로 공감이 가는 어구입니다. 서슬 퍼런 일제 강점기 시절 도산 안창호(安昌浩, 1878

~1938) 선생님은 "낙망은 청년의 죽음이요, 청년이 죽으면 민족이 죽는다."라고 역설하셨습니다. 환자뿐 아니라 누구라도 아직 살아 있고 희망만 있다면 언제나 소생할 가능성이 있습니다. 나치의 강제수용소에서 생사의 엇갈림 속에서도 삶의 의미를 잃지 않고 인간 존엄성의 승리를 보여 준 빅터 프랭클(Viktor Frankl) 박사의 인본주의 심리학 서적이자 자서전인 『죽음의 수용소에서』를 읽다 보면 '희망과 낙관'이 얼마나 중요한지를 알 수 있습니다. 언제 가스실로 끌려갈지 모를 죽음의 공포 속에서 빅터 프랭클은 희망의 끈을

[그림 10-26] 앰디앤더슨 암 센터 기도실 앞에 설치된 환자들의 염원을 담은 메모지 탑

[그림 10-27] 세계 최고의 암 병원으로 유명한 휴스턴의 앰디앤더슨 암 센터 역사관

출처: https://www.mdanderson.org

놓지 않는 '무한 적응'을 실천했습니다. 희망으로 세상을 바꿔 갈 영웅의 시나리오를 돕는 것이 바로 병원이며 병원이 해야 할 사회적 기능입니다. 이런 점에서 병원은 다름 아닌 '희망의 비즈니스(the Business of Selling Hope)'입니다.

텍사스 어린이 병원(Texas Children's Hospital)은 '디즈니 영웅팀 (Disney Experiences: Team of Heros)'을 두고 디즈니의 다양한 영웅을 공간 및 문서 디자인에 적극적으로 활용하고 있습니다. 어린이들에게 만화 영화 속의 영웅들이 얼마나 큰 의미를 지니고 있는지를 생각해 본다면 매우 훌륭한 소통의 방식임이라고 이해할 수 있습니다. 디즈니라는 후원 기업의 입장에서도 기업의 사회적 의무

[그림 10-28] 텍사스 어린이 병원의 디즈니 경험 프로그램

출처: https://www.texaschildrens.org

(Corporate Social Responsibility: CSR)를 다하는 동시에 자사 브랜딩
을 하는 좋은 방법론이라고 보입니다.

4) 병원 브랜드 공간을 통한 가치 만들기

'KOREA HEALTHCARE CONGRESS 2019'에서 연사로 주제발표
를 진행한 네덜란드의 대표 병원 중 하나인 에라스무스 대학 병원
(Erasmus MC)의 에른스트 카이퍼스(Ernst J. Kuipers) 병원장은 "병
원은 수백 년간 진화를 거듭해 왔다. 앞으로 병원은 수도원이나 절
같은 곳이 될 수 있고 게스트하우스가 될 수도 있을 것이다."라고
강조하면서 병원의 진화를 촉구했습니다. 국내 병원이 국제적으로
발돋움하고 이용자들의 문화적 수준이 높아지면서 병원 공간 연출
은 단순 정보 전달이라는 기본적 기능 이상을 요구받고 있습니다.
브랜드 공간은 단순히 물품과 서비스에 대한 상거래를 통해 판매
자의 수익과 소비자의 욕구를 만족시킨다는 일차적 기능에 머무르
는 것이 아니라 각종 감각적 커뮤니케이션을 통한 브랜드 체험을
통해 브랜드에 대한 장기적 충성도(long-term customer loyalty)와
재방문율을 높이는 공간으로 발전해 가고 있습니다. 다시 말해서,
과거 브랜드 공간 디자인이 보기 좋은 공간 연출 또는 편리한 상거
래에 초점이 맞춰져 있었다면 이제는 통합적 마케팅 커뮤니케이션
(Integrated Marketing Communication: IMC) 관점에서 상표 가치 구
축을 위한 전략적인 디자인으로 변모하고 있는 것입니다. 결국 브
랜드 구축과 매출 증진이라는 두 가지 목표를 동시에 겨냥하고 있

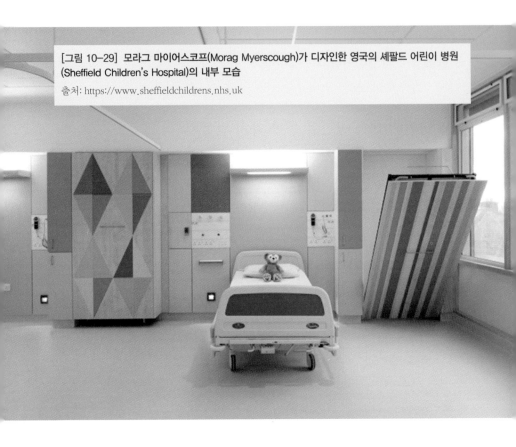

[그림 10-29] 모라그 마이어스코프(Morag Myerscough)가 디자인한 영국의 세팔드 어린이 병원 (Sheffield Children's Hospital)의 내부 모습
출처: https://www.sheffieldchildrens.nhs.uk

다고 볼 수 있습니다. 큰 틀에서 이런 변화는 병원에도 같이 적용됩니다.

병원의 공간 구축은 규모에 따라 천문학적인 비용이 소요될 수 있는 투자인 만큼 계획을 입안하고 실행해 가는 과정에서 신중한 검토가 필수적입니다. 과거 병원 공간이 기능적 가치나 미적 가치를 커뮤니케이션하는 데 중점을 둔 나머지 전략적 초점을 잃거나, 전략에 치중한 나머지 미적 가치를 등한시한 사례가 많았습니다. 앞서 언급한 Place, Product, People에 대한 종합적 이해를 바탕으로 적합한 장소 포지셔닝 포인트를 발견하고 심미적 가치까지 만족시키는 커뮤니케이션을 전개할 때 기대 이상의 마케팅 성과를 거둘 수 있을 것입니다. 마지막으로 병원 공간 연출을 통해 고객 체험을 향상하는 5가지 단계를 감각 및 체험 마케팅의 단계를 이용해 정리하면 〈표 10-1〉과 같습니다.

〈표 10-1〉 병원 공간 연출을 통해 고객 체험을 향상하는 5가지 단계

1단계	고객의 공간 체험을 이해한다.
2단계	공간 체험으로부터 얻을 수 있는 것을 찾는다.
3단계	병원에서의 브랜드 체험을 연출한다.
4단계	고객과의 커뮤니케이션을 원활하게 하는 방법을 구축한다.
5단계	끊임없이 더 나은 혁신을 시도한다.

　병원은 단순히 환자를 진찰하고 진료하는 공간에만 머물러서는 안 됩니다. 장기 환자에게 병원은 치료의 장이며 또 숙식과 여가의 장입니다. 사람과 사람이 만나고 또 교류하는 일종의 커뮤니티 공간으로서 편안함을 줄 수 있어야 합니다. 공간이 지니는 환경심리학적 영향력을 생각해 볼 때 공간만 바뀌어도 병원에서 상시 발생하는 많은 갈등과 소통 문제를 해결할 수 있을 것으로 기대합니다. 과거 많은 공간 브랜딩은 공간을 연관 장소나 이용자와 유기적으로 상호작용하는 유기체로 본 것이 아니라 개별적인 독립 개체로 접근했기에 한계가 있었습니다. 병원을 둘러싸고 있는 물리적이거나 자연적인 인접 환경뿐 아니라 나아가 소속 도시와 국가, 문화적 환경까지도 고려한 유기적 커뮤니케이션을 고민할 때 병원이 커뮤

니티로부터 사랑받는 보다 가치 있는 장소로 발전할 수 있을 것입니다. 브랜드화된 병원 공간은 단순한 건축과 실내 장식의 영역을 넘어 심리학, 광고PR, 마케팅, 뉴미디어, 디자인 등 다분야의 공동 연구가 필요한 학제적(Interdisciplinary) 분야로 주목받고 있으며 더욱 많은 연구 개발이 필요한 영역입니다.

미래병원:
병원 브랜딩 그리고 커뮤니케이션

11

병원 브랜딩을 위한
사이니지 커뮤니케이션 전략

"사인(sign)은 사인(sign)입니다!" 간판은 단지 비즈니스, 점포, 건물의 속성을 지칭하는 기능적 역할 이상을 담고 있는 대단한 상징물입니다. 이런 이유로 창업자들이 비즈니스의 이름을 지은 다음 단계에서 고심하는 것이 바로 간판입니다. 영문자 이름 그대로 간판은 상징(symbol)입니다. 단순한 상징이 아니라 비즈니스를 대표하는 상징이며 '병원의 이름'이라는 대표 정보를 전달하는 '기호 1번 광고'입니다. 병원 창업 당시의 부푼 염원과 혼을 담고 있는 상징이라고 할 수 있습니다. 과거에 간판이 단순히 실외 생활형 간판을 한정적으로 의미했다면 이제 실내외의 다양한 정보전달을 가능하게 하는 옥내외매체 전체를 '사이니지(signage)'라고 통칭하고 있으며 정보통신 기술의 발전에 따라 전자 간판(디지털 사이니지: digital signage)으로 불리면서 디지털 전환(digital transformation)을 겪어가고 있습니다. 이 장에서는 브랜딩 관점에서 병원 사이니지 커뮤니케이션의 중요성과 효과적인 운영 방안을 알아보겠습니다.

간판의 역사와 의미

간판(看 볼간, 板 널판. sign 기호, board 판자)은 판에 써서 보인다는 뜻에서 비롯된 말로, 초기에는 '감판(鑑板)'으로도 썼다고 합니다. 원래 상가나 공장의 가게에서 그 업종을 밝혀 업태를 표시하는 동시에 고객을 끌기 위해서 건물 외부에 놓았던 광고물을 의미합니다. 19세기 후반 청나라의 거상 호설암(胡雪巖)은 "사람은 얼굴을 보고 나무는 껍질을 보며, 사업의 성패는 간판을 본다."라고 이야기했습니다. 간판은 상점의 요약된 비즈니스 계획(business plan)이며 1페이지로 요약된 전략 프레젠테이션이라고 할 수 있습니다. 또한 조금 더 과장하면 해당 조직의 현재와 미래를 담고 있는 '비전의 청사진'이기도 합니다.

미디어를 통한 커뮤니케이션 역사의 첫 페이지에는 옥외 광고(outdoor advertising 또는 out-of-home advertising)의 일부 또는 동의어로 불리는 간판이 있었습니다. 역사적으로 간판은 약 3,000년 전 고대 이집트 대도시인 테베(Thiva)에서 달아난 노예를 잡기 위

[그림 11-1] 병원 외부 차량 안내를 위한 사인 시스템 사례(University Hospitals- NHS Foundation Trust)

https://www.cambridge-news.co.uk/news/cambridge-news/zero-covid-patients-addenbrookes-hospital-20685250

해 게시된 옥외 공고문에서 시작되었다고 전해집니다. 우리가 거리에서 흔히 볼 수 있는 점포의 간판뿐 아니라 기업이 마케팅 목적으로 활용하는 빌보드(billboard, 국내에서는 옥탑 광고를 빌보드라 부르지만, 해외에서는 도로 광고물까지 빌보드라고 호칭) 또는 야립(野立: 도로에 인접해서 설치된 지주 이용 대형 광고물) 등도 넓은 범주에서 간판이라고 불립니다. 디지털 미디어가 세상을 호령하는 지금에도 도로에 걸린 간판의 고객 유입력은 막대합니다.

　이렇게 중요한 간판이 때로는 점주의 자율에 따라 크기를 과도하게 불리기도 했고 때로는 정부의 혹독한 규제 속에서 몰개성화되기도 했었습니다. 실제로 많은 옥외 간판이 관리 부재 속에 조명이 꺼지고 먼지가 수북하게 쌓인 채로 황량하게 방치되기도 합니다. 독자들도 아마 이상한 간판 때문에 쇼핑몰 내부를 헤맨 경험이 있을 것입니다. 옥내 간판 역시 제대로 된 기획 없이 급히 만들어져 많은 혼선을 초래하기도 합니다. 우스갯소리로 "아임 코엑스드(I'm COEXED)."라고 이야기하면서 길을 잃어버린 상황을 비유하기도 합니다. 삼성동의 상징물인 코엑스몰에서 길을 잃기 쉽다는 사실에 비유한 유머입니다. 간판은 쉽게 만들 수 있지만, 간판의 역할은 생각 이상으로 대단합니다. 최근 도시 환경에 대한 정부의 관심, 간판의 중요성에 대한 점주(병원)들의 제고된 인식, 소비자들의 더욱 높아진 의식 수준, 그리고 급격한 디지털화에 따라 긍정적인 변화가 늘어나고 있습니다.

[그림 11-2] 병원 내 이동 동선 정보를 시각화한 사인 시스템 사례(Designing Design 2nd printing Edition by Kenya Hara)

출처: https://www.pinterest.com.au/pin/309411436878556037

사인에 대한 다양한 이해집단과 담론

간판에 관련한 담론들은 현재까지 일방적 목소리에 압도되어 균형되고 종합적인 의견을 갖기 어려웠던 것이 사실입니다. 일반적으로 '외부 디자인(exterior design)' 또는 '내부 디자인(interior design)'의 요소로서의 간판을 중요시하며 '극단적 통일에서 극단적 다양성'이라는 축 사이 극단을 오가며 집행되어 왔습니다. 간판은 단순한 물리적 외형과는 다르게 다양한 담론과 문화적 토양의 복합체이며 또 다수의 이해집단이 복잡하게 얽혀 있습니다. 다양성과 복잡성을 무시하고 힘으로 압도하게 될 때 결국 시간이 지난 뒤에 다시 원점에서부터 재설치를 해야 하는 등 낭패를 보기 쉽습니다. 그렇다면 간판을 둘러싸고 있는 담론은 어떠한지를 살펴보겠습니다.

병원이라는 대표적 의료 비즈니스라는 맥락에서 간판에 대한 직접적인 이해집단은 크게 세 집단으로 구분될 수 있습니다. 우선 간판의 광고주(advertiser) 또는 소유주(owner)라고 볼 수 있는 광고의 주체가 되는 '병원'입니다. 병원의 고객 유인과 판촉/마케팅 목적, 길 안내 및 고시 등의 정보 제공 목적, 또는 여타 상징적 목적으로 간판을 설치하며 당연히 1차 목적(고객 유인, 정보 전달, 판촉과 병원을 나타내는 기표적 기능)에 충실한 간판을 집행하기를 원합니다. 또한 법정 한도 내에서 인접(또는 경쟁) 병원들과 차별화하기 위해 눈에 띄는 디자인과 가능한 많은 간판 수량으로 경쟁 병원을 압도하려 합니다.

두 번째 이해집단은 정부(지자체)입니다. 지방자치단체의 도시경관 및 환경 디자인 관련 부서들은 도심 전체의 조화로운 이미지라는 관점에서 개별 간판(외부 간판)에 접근하며 각종 환경 변화로부터 안전하고 우수한 미관을 지닌 간판 관리에 주안점을 둡니다. 실제로 국내외에서 병원 간판에 대한 허가는 매우 까다롭습니다. 간판의 크기가 클 때는 당연히 더 복잡합니다.

[그림 11-3] 파란 십자가 두 개를 겹친 로고를 활용한 휴스턴 메디컬 센터의 외부 사이니지
출처: https://southerngraphicdesigns.net

 마지막으로 간판을 통해 소통되는 정보의 소비자이자 병원의 잠
재적 고객인 보행자 또는 이용자입니다. 사람들에게 간판은 유용
한 정보이며 눈요기가 되는 시각적 자극입니다. 병원 간판의 디자
인은 다른 업종에 비교할 때 제한적입니다. 병원이나 약국의 상징
물인 빨간 십자가 크기를 줄이려고 해도 고객에게 의료서비스를
알리는 핵심이라 크기를 줄일 수도 없기 때문입니다. 따라서 디자
인 표현이라는 측면에서 자유도가 적은 편입니다.
 앞서 언급한 세 이해관계 주체들은 각자의 목적과 효용에 맞게
제 목소리를 내고 있습니다. 이에 따른 병원 간판 이슈에 대한 담론
들은 크게 세 가지로 구분할 수 있습니다. 그럼 간판에 대한 각각의

[그림 11-4] 병원 이름과 소속 대학을 명시하고 있는 병원 외부 사인 시스템 사례
출처: https://whatsupatupstate.wordpress.com

담론을 간략히 소개하고 어떻게 관련 이해집단들이 만족할 수 있는 방향을 찾을 수 있을지를 이야기해 보겠습니다.

1) 담론 1: 병원의 마케팅 수단으로서 외부 간판

간판의 일차적 주인이며 광고주인 병원에 있어서 간판은 무언의 판매원(silent sales person) 또는 정보 제공자/안내원(information provider)입니다. 그래서 외부 간판이라면 우선 거리를 걷고 있는 다양한 배경과 목적을 지닌 잠재 고객들에게 눈에 띄어야 하며 고객을 병원으로 이끌어 결국 서비스 구매로 이어지게 하는 것이 병원의 소망일 것입니다.

거리를 걷는 보행자들은 외식할 곳을 찾는 등 특정한 목적을 지닌 사람부터 일정 목적지를 향해 걷고 있는 사람, 흥밋거리를 찾아 배회하는 사람들에 이르기까지 다양하지만, 병원을 찾는 사람은 분명한 목적을 지니고 미리 정착지를 정하고 병원을 찾는 사람들입니다. 그런데도 거리를 지나다가 그곳에 병원이 있음을 인지하고 다음에 검색하는 등 직간접적으로 내원과 연결될 수 있습니다.

병원의 외부 간판은 매장 내 POP(Point of Purchase: 구매 접점) 광고와 같이 충동구매 또는 시험구매를 조성하는 역할을 담당하고 있습니다. 고객이 간판만 보고 구매를 결정하지는 않겠지만 적극적인 정보 탐색자(active information seeker)인 고객뿐 아니라 수동적인 정보 수용자(passive information receiver)인 고객들에게도 간판의 존재와 매력 유무가 점포를 찾고 점포에 입장하는 데 주요한 결정 단서(decision cue)로 기능합니다. 앞서 언급한 것처럼 병원의 경우에는 서비스 구매가 계획적으로 이뤄지며 치료라는 구체적이고 뚜렷한 목적을 지니고 정보를 찾는 고객들이 방문하는 곳이기에 일반적인 상업시설의 간판과는 차이가 큽니다. 또한 고객 본인의 건강과 관련된 서비스이기 때문에 간판을 통해 신뢰와 안전성이라는 메시지 전달이 중요합니다. 이에 관한 구체적인 연구는 찾아보기 힘들지만, 여러분의 경험을 되살려 보면 충분히 공감될 것

[그림 11-5] 유려한 디자인을 통해 건강 보충제를 판매하는 POP 예제

출처: www.acumendesign.com

[그림 11-6] 로고와 업태를 명시하고 있는 병원 외부 사인 시스템 사례

출처: https://whatsupatupstate.wordpress.com

입니다.

이처럼 좋은 간판은 병원의 매출을 결정하는 주요 기능을 담당합니다. 최근 간판과 매장 내외부 인테리어의 콘셉트를 조화롭게 통일하려는 노력은 점포의 아이덴티티(identity)를 구축하려는 미학적인 측면 이외에도 간판에서 얻는 긍정적 첫인상을 외부에서 내부 인테리어로 자연스럽게 이어 가려는 병원의 커뮤니케이션 노력이라고 볼 수 있습니다.

병원으로의 고객 유인을 극대화하기 위한 효과적인 외부 간판의 구성 요소를 검토하면 다음과 같이 다섯 가지로 정리될 수 있습니다. 우선, 잘 보여야 합니다(명시성). 각종 광고의 종류(신문, 잡지, 인터넷 등)를 떠나서 광고의 일차적 기능은 주의 획득(attention gathering)이며 간판도 고객의 시선을 끄는 것이 핵심입니다. 물론 눈에는 띄지만, 업종을 가늠하기 힘든 간판은 간판으로서 본디 기

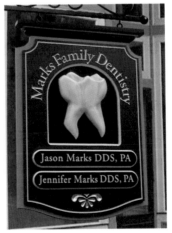

[그림 11-7] 단순함과 신뢰감 전하는 독특한 사인을 통해 고객을 유도하는 병원 외부 사인

출처: Marks Family Dental Office Sign, http://www.danthoniadesigns.com

능을 못하는 것입니다.

다음으로, 고객 흡입력입니다. 병원의 상호 외에도 간판에 간단한 카피(copy)를 적어서 고객에게 방문의 이유를 분명하게 전달해야 합니다. 최근 긴 점포명의 활용을 통한 병원 외부 간판이 늘고 있는 것도 병원의 차별화라는 이유도 있겠지만 고객 흡입력을 높이려는 방편이라고 볼 수 있습니다. 단, 너무 길고 복잡해서 정보 전달이 어렵거나 신뢰감을 떨어뜨린다면 문제가 될 수 있습니다.

다음으로, 정보 전달력입니다. 간판의 메시지를 구성하는 요소는, ① 점포명을 포함한 카피(copy), ② 서체(typography), ③ 컬러(color), ④ 배열(layout), ⑤ 간판의 모양(shape)으로 인쇄나 디지털과 같은 타 광고물보다 상대적으로 단순합니다. 하지만 이 조합만 해도 표현의 가짓수는 상당합니다. 이 다섯 가지 요소를 최적으로 조

[그림 11-8] 간판 메시지 구성 요소의 효과적 활용을 통해 응급병원이라는 업의 본질을 소통하고 있는 외부 사인 시스템 사례

출처: https://www.imagenational.com

합하여 원하는 정보를 전달하는 것이 간판의 본래 소명이겠습니다.

마지막으로, 심미성과 독창성/차별화입니다. 간판도 병원의 미관을 형성하는 중요한 구성체로서 고객에게 보는 즐거움을 느끼게 하는 것이 매우 중요합니다. 병원의 첫인상부터 마음에 들지 않는다면 내원한 고객들이 전체 경험도 부정적으로 변하기 쉬울 것입니다. 그럴 뿐만 아니라 차별화된 디자인으로 인접 점포와 다른 느낌을 전달해야 치열한 고객 유치라는 시장 경쟁에서 승리할 수 있을 것입니다.

2) 담론 2: 정보소비자인 고객에게 기호로서의 간판

보행자는 무심한 간판의 폭력(?)에 매일 희생당하고 있습니다. 우리나라의 도시는 간판이 유독 많기로 유명합니다. 원색적 간판이 도심을 가득 채우고 있는 도심을 걸으면 때로는 눈이 아프고 머리가 복잡해집니다. 간판뿐 아니라 불법 전단과 옥외 포스터, 각종 판촉 조형물(판촉용 애드벌룬 등)은 보행자의 고유 공간을 침해하며 좁은 거리를 당당히 점령하고 있습니다. 그뿐만이 아닙니다. 최근 급격히 늘어난 외래어 활용 간판들은 젊은 사람들도 이해하기 어렵고 출처 미상의 언어들을 토해 내고 있으며 한국에 방문한 외국인들은 이런 어수선함에 깜짝 놀라고는 합니다. 노인들과 아이들에게 서울의 도시는 암흑일지도 모릅니다. 한글 독해도 힘든 노인과 아이들에게 범람하는 외래어와 복잡한 타이포그래피는 독해 불가능하므로, 그들은 거리를 눈뜬장님으로 걸어가야 합니다. 외부 간판은 점포가 아닌 공공공간인 점포 외부로 돌출된 상징입니다. 공공공간을 점유하기에 타인에 대한 배려와 책임이 반드시 전제되어야 할 것입니다. 반면에 늘어 가는 외국인 환자의 편의를 돕기 위해 영어나 중국어를 병기해야 할 필요성까지 높아지고 있습니다. 이런 언어 표현에 대한 문제는 병원의 주요 고객에 따라 세심하게 기획되어야 할 것입니다.

　보행자들 관점에서 간판은 점포의 정보(업종, 특성)를 직관적으로 획득하고 미적 충족감을 느끼며 정보 해독이 쉽다는 세 가지 기본적인 효용을 만족해야 합니다. 그러나 많은 간판이 소비자를 전혀 고려하지 않은 채 일방적인 메시지를 강제적으로 전달하고 있

[그림 11-9] 선정적 상징물로 가슴 확대 수술을 커피에 비유한 대형 옥외광고물
출처: https://www.baltimoresun.com

습니다. 병원의 경우 업종의 특성상 다른 서비스 업종과는 다르게 지나치게 자극적인 간판들을 활용하지는 않고 있어 다행입니다. 또한 최근 국내의 디자인 역량이 크게 높아지면서 세련된 병원 간판들이 늘어가고 있습니다.

반면에 성형외과 등 대 고객 마케팅이 중요한 병원들은 자극적 간판들과 옥외 광고물을 주로 사용하면서 눈살을 찌푸리게도 합니다. 병원들은 고객에게 가치 있고 보기 즐거운 간판이 결국 병원을 찾게 만드는 방법임을 자각해야 합니다. 미국 볼티모어(Baltimore) 시에 설치된 대형 옥외광고물은 커피컵을 여성의 유방에 비유해서 유방 확대 시술을 광고하면서 시민사회에 성상품화 관련 논란을 일으키기도 했습니다. 치료라는 사회적 서비스를 제공하기 위해 공공공간을 점유하는 데 대한 책임감 그리고 공공성을 지닌 서비스로서 공적 책임을 느껴야 할 것입니다.

3) 담론 3: 아름다운 도심 경관의 요소이자 정보 채널로서의 간판

간판은 건축물과 함께 도심의 표정을 결정하는 중요한 요소입니다. 특히 보행자가 직접적으로 또 반복적으로 접하게 되는 외부 간판은 보행자에게 도시에 대한 총체적인 인상을 형성하는 결정적인 역할을 합니다. 이와 같은 이유에서 정부는 규제를 통해 난잡한 광고물들을 철거 요청하는 등 지속적인 노력을 기울이고 있습니다. 한편으로 병원의 내부 간판은 촌각을 다투는 병원 내에서 중요한

정보를 빠르고 정확하게 전달해야 한다는 정보 전달
의 소명을 지닌 중요한 정보 채널입니다.

　심리학의 고전적인 분파인 게슈탈트(Gestalt) 심리
학 이론에 의하면 부분은 틀 속에서 각자의 역할을
담당하며 전체는 부분을 통합, 종합하는 역할을 한다
고 합니다. 또 부분이 결합하여 만들어진 전체는 단
지 부분을 합한 것 이상을 의미한다고 합니다(명제:
전체는 부분의 합보다 크다). 도시 경관을 구성하는 매
우 작은 요소인 개개 간판들 또 병원 전체의 풍경을
구성하는 부분들인 내부 간판들은 나름 각자의 메시
지를 표현하고 있지만, 개개 간판과 건물들이 모인
도시의 경관 그리고 병원의 인상이라는 전체는 부분
의 합 이상을 표현하게 되는 것입니다. 따라서 개개

[그림 11-10] 환자들의 병원 내 여정에 따른 대기 동선과 환자의 경험을
고려한 사인 기획

출처: http://www.slate.com/blogs/the_eye

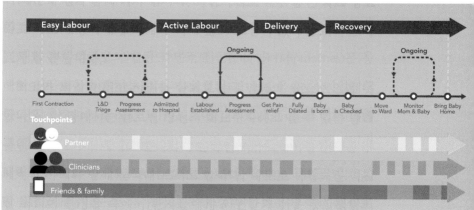

간판에 대한 규제와 연출 이전에 도시 브랜드(city brand) 작게는 병원 브랜드(hospital brand) 구축을 목표로 하는 '장소 브랜딩(place branding)' 차원에서의 기획이 선행되어야 합니다. 다시 말하면, 부분에 대한 기획과 동시에 전체에 대한 고민까지 병행해야 합니다.

다음으로, 병원 간판, 특히 내부 간판은 병원 내 정보 전달 체계에서 핵심적인 역할을 합니다. 병원에 등록 이후 퇴원까지 이어지는 환자의 여행(patient journey) 가운데서 효과적인 간판 정보 디자인은 환자들의 고통을 경감시켜 보다 편안한 병원 경험을 하도록 할 수 있습니다. 몸의 통증과 마음의 걱정이 큰데 병원 내에서 길을 찾지 못해 방황하게 된다면 얼마나 힘들겠습니까? 따라서 간판은 정보 설계라는 틀에서 직원들의 혼선을 줄이고 환자들에게도 인지적 부담을 줄일 수 있도록 기획되어야 합니다.

간판에서 디자인의 미학적 측면을 특히 강조하면서 우를 범하는 경우가 많습니다. 예를 들면, 프랑스 스타일의 고풍스러운 간판이 아름답게 느껴진다고 종로의 간판을 유럽식의 조형 간판으로 다 교체한다면 '서울스러움'은 사라지고 관광객들에게 매우 엉성하게 조합된 변종의 이미지로 느껴질 것이 분명합니다. 도시 콘셉트라는 큰 틀에서 경관을 이루는 요소들이 유기적으로 통합될 때 도시 경관은 본연의 색깔을 찾을 것입니다. 같은 맥락에서 글로벌 병원이라는 인상을 주려고 국내 병원 사인에 영문을 지나치게 강조하거나 미학적 완성도에 집중해 다양한 색상과 복잡한 그래픽을 사용한다면 환자들에게 혼선을 줄 것입니다.

앞서 강조한 것처럼 간판의 정보적 효용이나 미학적 효용은 매우 중요합니다. 하지만 더 중요한 간판의 안전도에 대한 검증이 반드시 이루어져야 합니다. 간판은 보통 실내외 보행자의 머리 상단에 설치된 구조물로 늘 사고 유발의 위험성을 지니고 있습니다. 대형 간판이 환자의 머리에 떨어진다고 생각하면 정말 아찔합니다. 특히 악천 후 상황이나 이용자와의 접촉이 많은 공간에서는 더 위험합니다. 따라서 엄정한 안전도 검사와 제작자의 신중한 시공만이 추후 벌어질 위험을 막을 수 있을 것입니다.

병원 사인의 디지털 전환: 디지털 사이니지

최근 병원 옥내외 간판들이 디지털로 빠르게 전환되고 있습니다. 병원도 예외는 아닙니다. 이런 전자 간판을 소위 '디지털 사이니지'라고 통칭하고 있습니다. 디지털 사이니지(digital signage 또는 electronic signage)란 옥내(indoor) 또는 옥외(outdoor)에 설치된 디지털 디스플레이(digital display)로 정보 수용자(audience)에게 광고, 정보 등의 메시지를 실시간으로 전달하는 커뮤니케이션 채널을 의미합니다(유승철, 2016). 디지털 사이니지는 LCD, LED, PDP, 빔 프로젝션(beam projection) 등 다양한 전자 정보 디스플레이를 활용하고 있습니다. 인터넷 기술을 통해 중앙원격관리센터에서 해당 장소에 있는 미디어를 통제할 수 있는 장점이 있습니다. 최근에는 터치스크린을 통해 소비자와 상호작용하거나 3D 또는 4D 기술로 생생한 멀티 미디어 체험을 전달하는 신개념 디지털 사이니

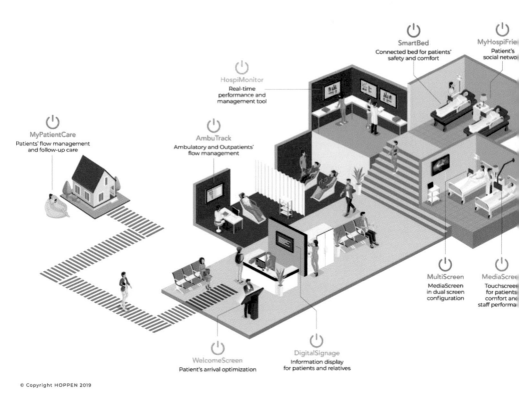

[그림 11-11] 환자의 이동에 따라 병원의 정보체계를 구축하는 디지털 사이니지

출처: https://simplecomply.com/digital-health-care

지까지 등장해 기대를 모으고 있습니다. 매년 더 얇아지고 마음대로 구부러지는 플렉시블 디스플레이(flexible display)까지 등장하고 있는 요즘, 디지털 사이니지의 성장은 더욱 빨라질 것으로 예상됩니다.

　디지털 사이니지의 큰 강점은 중앙원격관리센터에서 네트워크를 통해 실시간으로 광고 콘텐츠를 교체함으로써 유연한 콘텐츠 집행이 가능하다는 점입니다. 또한 콘텐츠 교체 비용이 매우 저렴하다는 경제적 효용이 있습니다. 과거에는 간판의 내용을 바꾸려면 기존 것을 폐기하고 신규 제작물을 부착해야 했지만, 이제는 클릭 한 번으로 교체되는 셈입니다. 다양한 영상 및 음향 효과를 활용해 소비자의 시선을 끌고 광고 효과를 배가할 수 있습니다. 상당히 오랫동안 체류하며 순번을 기다리게 되는 환자 대기실이나 대기동선에서 디지털 사이니지의 효과는 매우 높을 것이라고 기대할 수 있습니다. 게다가 상호작용이 가능한 대화형 디지털 사이니지는 소비자의 행동 패턴을 정량화해 향후 마케팅을 포함한 병원 경영에 활용할 수 있는 고객 분석 도구라는 장점까지 있습니다.

디지털 사이니지를 이해하기 위해서 여섯 개의 핵심 개념을 먼저 살펴 볼 필요가 있습니다.

첫째, 디지털 사이니지 네트워크(Digital Signage Network: DSN)입니다. 인터넷 기반의 네트워크를 기반으로 복수의 스크린을 동시에 원격 통제할 수 있다는 것은 디지털 사이니지의 가장 큰 장점입니다. 커피점과 같은 매장에서 흔히 만날 수 있는 리테일 동영상 미디어(예: 대형 상점에 설치된 광고용 스크린)와 엘리베이터 내부 동영상 미디어(예: 국내 KT가 운영하는 아파트 엘리베이터 내 미디어) 모두

[그림 11-12] 삼성의 디지털 사이니지 통합 솔루션인 MagicInfo
출처: https://displaysolutions.samsung.com

중앙원격관리센터에서 통제하는 디지털 사이니지 네트워크입니다. 국내에도 병원 디지털 사이니지 사업자로 메디프레임(https://www.mediframe.co.kr)이 있으며 향후 이와 같은 특정 공간을 점유한 디지털 사이니지 사업자는 늘어날 것입니다.

둘째, 인터랙티브 디지털 사이니지(interactive digital signage)입니다. 터치스크린을 포함한 상호작용 기술을 활용해 소비자가 디지털 사이니지와 소통할 수 있는 인터랙티브 미디어입니다. 이런 미디어는 본인의 신체를 활용한 상호작용으로 소비자가 광고 메시지에 대한 정보 처리를 더 활발하게 수행한다는 장점이 있습니다. 심리학 연구에 따르면, 상호작용을 통해 처리된 정보는 단순 노출보다 더 깊게 정보처리되고 또 오래 기억에 남아 구매에 더 큰 영향을 준다고 합니다(McMahan, Hovland, & McMillan, 2009). 광고주로서는 소비자와 디지털 사이니지의 상호작용 정보를 자료화해 주기적으로 분석할 수 있는 소비자 조사 효용도 큽니다. 향후 인터랙티브 기술을 활용한 형태는 새로운 기술이 더해지고 정교화되면서 디지털 사이니지의 대세로 자리할 것입니다.

셋째, 디지털 키오스크(digital kiosk)입니다. 디지털 키오스크는 대형 유통점이나 거리 또는 쇼핑몰 등의 공공장소에 설치되어 정보와 광고를 전달하는 인포메이션 센터를 의미합니다. 이제는 병원뿐 아니라 지하철, 관광지 등에서 흔히 접할 수 있는 미디어입니다. 과거에는 도우미가 직접 소비자에게 원하는 정보를 제공했지만, 이제는 디지털 사이니지가 그 자리를 대체하고 있는 상황입니다. 실제로 대형 전시회에서 도우미의 수를 줄이는 대신에 디지털 키오스크를 늘려 가고 있으며 이런 추세는 경제적 효율성을 높이려는 이유로 더욱 빨라질 것입니다. 실제 병원에서도 접수 등을 사람의 도움 없이 키오스크로 대체하는 경향을 발견할 수 있습니다.

넷째, 구매 접점 디지털 사이니지(point of purchase digital signage 또는 POP digital signage)입니다. 소비자가 물건/서비스를 구매하는 구매 접점(Point Of Purchase: POP)에 설치되어 소비자의 최종 구매 결정에 영향을 주는 디지털 디스플레이를 의미합니다. 실제로 소비자의 구매 결정이 매장에서 60~70% 정도의 비중으로 이루어진다는 조사 결과(Pegler, & Bliss, 2006)에 근거할 때 구매 접점에서 광고 자극의 중요성은 절대 간과할 수 없습니다. 구매 접점 미디어의 디지털화로 이 광고주는 소비자의 최종 구매 시점에 실시간 맞춤 광고 메시지를 전략적으로 전달할 수 있게 되었습니다. 병원에서 충동구매가 이뤄지자 쉽지 않을 듯하지만, 환자들처럼 현장 결정이 많은 고객도 없습니다. 특히 관여도가 낮은 의사결정일 때 현장에서 광고물을 보고 바로 결정하는 경우도 많습니다. 예컨대, 비타민 주사를 맞을지 등은 큰 고민 없이 결정할 수 있으며 현장 광고 자극물의 영향을 간과할 수 없습니다.

다섯째, 미디어/광고 장소(media advertising venue)입니다. 광고 장소란 디지털 사이니지가 설치된 장소(spot)를 의미합니다. 호텔 내부에 설치된 투숙객용 TV를 활용한 광고를 시작으로 대형 유통점, 병원, 콘서트장, 영화관, 호텔, 심지어 화장실에 이르기까지 그 설치 장소가 매우 다양합니다. 설치 장소의 다변화는 노출량과 노출 확률을 늘린다는 장점 외에도 소비자가 미디어를 만나는 생활

[그림 11-13] **다수 병원을 디지털 사이니지 네트워크로 묶은 사업자 사례**
출처: http://wariyum.com

의 '맥락(context)'을 다양화해서 광고주가 원하는 광고 목표인 인지도 상승, 충성도 제고, 구매 유도, 판촉 행사 참여 등의 세부 목표를 달성할 수 있다는 장점이 있습니다. 병원은 특정 고객(환자와 환자의 가족/지인)만 방문한다는 타기팅(Targeting)의 장점 때문에 최근에는 병원 디지털 사이니지 네트워크를 통합 관리하고 광고 수익을 창출하는 사업자들도 속속 등장하고 있습니다. 이런 사업자들은 환자들에게 필요한 건강 정보, 병원 내 공지사항과 동시에 광고주가 의뢰한 광고(예: 특정 약이나 치료에 대한 정보)를 전해 주고 이런 과정을 통해 광고 수익을 창출합니다.

여섯째, 대기 시점 광고(wait wrapping advertising)입니다. 소비자에게 메시지 노출 확률이 가장 높은 시점은 소비자가 움직일 수 없는 공간에 있을 때입니다. 따라서 대기 시점인 엘리베이터 내부, 지하철 승강장, 에스컬레이터 등의 공간을 활용한 광고는 광고주에게 큰 광고 효용을 제공합니다. 일반적으로 대기 상황은 심리적으

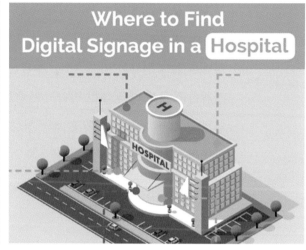

[그림 11-14] 샤프의 디지털 사이니지 병원 설치 장소에 대한 인포그래픽

출처: https://issuu.com

로 지루하므로 디지털 사이니지를 통해 노출되는 광고 콘텐츠는 소비자에게 재미와 정보 요소를 동시에 제공할 수 있습니다. 특히, 대기 시간이 길고 의료 정보에 대해 환자들의 관여도가 높은 병원의 특성상 공공 및 상업 콘텐츠를 전달하기에 효과적입니다. 하지만 상업 메시지의 비중이 높으면 병원의 공공적인 특성 때문에 비난을 피할 수 없을 것입니다.

국내 병원 사이지니 커뮤니케이션의 미래

짧은 글을 통해 병원 실내외 간판이라는 이슈에 대해 전체적으로 검토해 보았습니다. 국내 병원이 국제적으로 발돋움하고 이용자들의 문화적 수준이 높아지면서 병원의 간판은 단순 정보 전달이라는 기본적 기능 이상의 역할을 요구받고 있습니다. 커진 중요성만큼 앞서 언급한 이해관계들과 담론들이 꼼꼼하게 진단되고 해결책이 강구될 때 국내의 병원의 브랜드가 한층 진보할 수 있을 것입니다. 늘어 가는 외국인 환자와 정보 취약계층에 대한 배려도 더 강조될 것입니다. 향후 한층 유용하고 편리하며 또 아름다운 한국의 병원 간판들을 만날 수 있기를 기대합니다.

미래병원:
병원 브랜딩 그리고 커뮤니케이션

12

병원 브랜딩
케이스 스터디

CASE #1. 성빈센트병원
병원의 존재 철학을 브랜드화한 대학 병원 브랜드

한 병자가 들어오면 수도사 한 사람이 그의 발을 향기 나는 풀로 씻어 준다.
깨끗한 셔츠와 두건을 씌워 주고
실내화와 실내 가운을 받는다.
고백을 통해 영혼을 맑게 하며
청결 상태가 유지된 개인 침대가 제공된다.

입원 조건은
가난하고 병들기만 하면 되었다.

400여 년 전 빈센트 성인의 주도로
시작된 병원의 혁신은

추위, 피와 고름, 환자와 시체가 뒤섞여
죽음의 대기실이라 불리는

열악한 병실을 바꿔 놓은 것이다.

성빈센트병원(https://www.cmcvincent.or.kr)은 첨단 의료기기와 시설을 갖춘 암 병원 개원을 5년 앞둔 시점에서, 병원의 향후 정체성과 미래상을 재정립하는 브랜딩 작업에 착수했습니다. 흔히 대학 병원은 규모와 시설, 장비의 차별성을 강조하곤 합니다. 천문학적인 자금을 들여 첨단 의료기기를 들여다 놓고 최신 시설을 내세우기도 하지만, 시설 자체가 고유한 브랜드가 되는 것은 아닙니다. 병원이 가지고 있는 '고유의 서비스 자산(genuine service asset)'을 브랜드화하여 장기적이고 영속적인 가치로 브랜드를 구축할 수 있습니다. 병원 브랜드 진단을 통해 첨단 시설과 규모의 경쟁에 치우쳐 자칫 잃어버릴 '의료서비스 본연의 정신'을 되돌아보고, 성빈센트병원만이 제공할 수 있는 고유한 가치를 상징화하는 병원 브랜드 아이덴티티 구축 프로젝트를 진행했습니다.

나되는 세계속의 성빈센트

사랑으로 하나되는 세계속의

모든 치유 과정에서 '사랑과 섬김'을 실천하는 병원의 새로운 가치를 병원의 비전 및 슬로건으로 구체화하여 정립하고, 엠블럼을 통해 상징화했습니다. 빈센트성인의 가치를 이어받아 성장해 온 전 세계 유수의 병원들과의 교류를 활발히 하고, 병원을 위한 홍보가 아닌, 병원의 정체성에 기초해 의료를 실천하는 모습을 통해 병원의 가치를 인정받고자 했습니다. '모든 치유가정에서 사랑과 섬김'을 실천하고자 '기부 캠페인 프로그램'을 설계했고 이를 통해 국내외적으로 성빈센트병원만의 고유한 가치를 사회 속에 실천하는 모습으로 병원의 차별성을 강화했습니다.

Graphic Motive

St. Vincent's
Care System
1841

St. VINCENT HOSPITAL
VISION EMBLEM GUIDE

15

Contents

Mission
전직능
Essence
Our brand
Brand attributes

St. VINCENT HOSPITAL
VISION EMBLEM GUIDE

엠블럼 패턴

이 이미지는 모토샵 프로그램을 통해 엠블럼 패턴이 남자에 어떻게 적용되어지는 지를 나타내기 위한 예제 이미지입니다.
실제로 이와 같은 있는는 아직 만들어지지 않았습니다.
엠블럼 패턴은 성인번화패턴을 구성하는 중심된 이미지를 형성하기 위해 여러가지 반복된 형태로 만들어질 수 있다.
이와 같은 패턴 이미지는 깊은 사람들의 참조에 의해 이어지는 성인번화패턴 정체의 통칭성을 표현합니다.

이 패턴 영상노출 대칭에 강해 정체감으로 생성되다
이렇게 된 형태.
이렇게 들어 무엇한고 2차 반복하며 중심되는 용
그, 기식하는 실력 시지를에 영욕한
정는 이미지 을 통일감을 것에 안내해까지 합니다.

St. VINCENT HOSPITAL
VISION EMBLEM GUIDE

53

We care for _ Campaign

Vincent **care for** you .

We care for you .

CASE #2. 서울송도병원
병원의 진료 방식을 브랜드화한 전문병원 브랜드

　국내에서 '전문병원'은 상급병원과 지역 중소 병원과의 경쟁 가운데서 생존 및 성장 방식을 고심하고 있습니다. 대한민국 최초의 '대장·항문 전문병원'으로서 자리매김해 온 서울송도병원 (https://isongdo.com)은 동종질환 경쟁 병원과의 차별화를 시도하고, 대학 병원보다 수준 높은 대장·항문에 뛰어난 연구 실적을 바탕으로 대장·항문을 넘어 새로운 치료를 구현하는 차세대 병원으로서 새로운 존재성을 확보하기 위해 병원의 브랜드 리뉴얼 프로젝트를 시행했습니다.

　대장·항문 최고의 실적을 갖춘 병원이지만, 과거에 이룩한 전문병원으로서의 명성에 비해 젊은 층의 인지도가 떨어지는 현상에 직면했습니다. 또한 고착된 대장·항문의 전문성의 이미지가 타 질환 진료과의 성장에 있어서 장애가 되는 문제를 해결하기 위해 5가지 브랜드 혁신을 위한 브랜딩을 실현했습니다. 그 세부 과정은 다음과 같습니다.

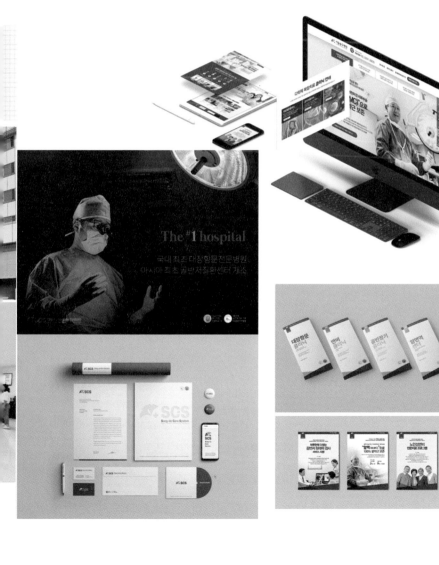

SOLUTION 01
교두보 콘셉트 개발

대장 · 항문 진료의 전문성을 유지하고, 변비 및 골반저 질환의 신규 진료 영역을 확대하기 위해 '장을 잘 치료하는 병원'으로서 진료 콘셉트를 개발한다.

SOLUTION 02
질환별 전문 브랜드 웹 개발

질환별 전문 브랜드 웹을 개별적으로 개발하여 진료과 고유의 전문성을 강화하고 동시에 기존 내원 고객들에게 타 질환의 전문성을 빠르게 인지시킨다.

SOLUTION 03
송도병원만의 진료케어시스템 심벌마크 개발

대장 · 항문 치료 영역을 개척해 온 선두 병원으로서 서울송도병원의 존재성을 높이고 경쟁 병원과의 차별화를 시행하기 위해 시스템 심벌마크를 개발 및 구현한다.

SOLUTION 04
노후화된 병원 공간에 공간 브랜딩 커뮤니케이션 시스템 도입

공간 브랜딩을 통해 커뮤니케이션 효과를 높이고 인테리어를 대폭 바꾸지 않고 내부 시설의 이미지를 단기간에 개선하는 커뮤니케이션 관점에서 공간의 리스트럭쳐링을 구현한다.

SOLUTION 05
대장·항문 질환의 종합 정보를 제공하는 지식 플랫폼 사이트 운영

일반 대중들에게 병을 사전에 예방할 수 있는 정보를 공유하여 공공 기여도를 높인다. 전통적으로 의료소비자 유치를 위한 마케팅, 홍보 활동은 효과가 떨어지고 있다. 한편으로 의료 정보와 정보 포털의 개념이 통합된 의료 정보 플랫폼을 가진 병의원은 새로운 성장의 기회를 맞이하고 있다. 서울송도병원은 40년간 축적된 의료 정보를 일반인에게 공개하여 온라인 환경에서 의료소비자의 궁금증을 해결하는 역할을 제공할 뿐 아니라 의료소비자에게 병원에 대한 인지도와 선호도를 높인다.

SOLUTION 06
병원의 고유한 진료 방식도 브랜드가 될 수 있다.

서울송도병원의 진료 방식을 브랜드로 상징화하여 'SONG-DO CARE SYSTEM'의 약자인 SCS를 시스템 마크로 개발하여 국내외적으로 통용될 수 있는 서울송도병원만의 고유한 상징을 갖추고 커뮤니케이션하는 과정을 통해 브랜드 경영을 구현한다.

139건

대장항문 건강정보 최대 정보사이트

이번주 화제의 키워드

TV속이슈

예전 같지않은 체력

크흡병 tv속 질병 자세히 ..

앉아있는 시간이 많을수록 ..

설사할때 식단 애

설.사.할.때 좋은음식

오늘의 건강 키워드

* **대변 볼때 항문은 얼마나 늘어날까?**

* **푸대접 받는 항문 입! 항문은 입과 똑같이 중요한 장..**

* **대변을 보고 바로 물을 내리면 안된다?!..**

생애 주기별 대장항문 관리

전체

소아/청소년
대학생/청년
여성
중/장년
노년

대장항문 건강 필수 앱
App Store Google Play

대장항문 홈케어

대장항문에 대한 포근 것 - 대장항문 홈케어

전체 영양관리 운동관리 수술후관리

운동이 느려져 생긴 변비(이완성 변비) 조화가 맞지 않아 경련을 일으키는 경우(경련성 변비)

2020.02.11

같은 변비라도 대장의 운동이 느려져 생긴 변비(이완성 변비)일 경우에는 식이섬유 섭취량이 설취하는 고섬유소 식사를 해야 한다. 반면 대장의 운동은 정상이지만 전체적인 조화가 맞지 않아 경련을 일으키는 경우는.

장기능이 약할 때의 식사 포인트

2020.02.11

대장은 음식물을 소화시키고, 영양분을 흡수하는 역할은 하지 않지만 위장과 소장에서 제대로 음식물을 소화하고 흡수하지 못하면 대장에 좋지 않은 영향을 미친다. 따라서 장이 약할때에는 음식물의 소화되는 시간.

설사할때 식이섬유 10g미만의 하루 식단 예

2020.02.11

변비의 정반대로 설사일 섬유질의 작은 제빵 식을 중 적용된 식물을 찾고후 어울리되 장의 점막을 자극하지 말기 위해 영양가는 높으면서 지방이 작은 식물을 이용해야한다. 장에서 부패 되기 쉬운 음료 송지만 많은 음식 식.

인공항문 관리법

2020.02.11

불가피하게 항문을 막막고 인공항문을 막만다면 처음에는 적응이 안 돼 매우 불편하고, 심리적으로도 위촉되는 사람들이 많다. 하지만 요즘에는 인공항문의 종류도 다양하고 관리도 쉽기 때문에 조금만 익숙해지.

« ‹ **1** 2 3 4 › »

대표 채널 [blog]

블로그 포스트

서울송도병원 2020.07.20

대표적 염증성장질환인 궤양성대장염과 크론병의 차이..

국내분야 분 아니라 전 세계적으로 증가추세를 보이는 질환이 있습니다. 바로 크론과 궤양성 대장염입니다.
대장...

의료진에게 듣는 대장항문 건강 이야기

안녕하세요 서울송도병원입니다. 오늘은 박상진 원장님 인터뷰를 진행하였습니다. 면역체계는 생각보다 굉장...

[박상진 원장] 면역세포의 활성상황을 알 수 있는 면역검사와 다양한 면역..

안녕하세요 서울송도병원입니다. 오늘은 전혜명 암면역센터장님 인터뷰를 진행했습니다. 30년간 위암수술을..

[전혜명 센터장] 면역 상태를 객관적으로 측정할수 있는 암 면역센터의 메..

CASE #3. 바로선병원
고객의 니즈를 브랜드화한 전문병원 브랜드

　바로선병원(http://www.barosun.net)은 "바른 마음
으로 베풀면서 성장하겠다."라는 철학을 취지로 개
원한 '척추관절 전문병원'입니다. 최근에는 병원이
자리하고 있는 지역구에 규모와 시설을 갖춘 대형
척추관절 전문병원이 진입하면서 병원 경영에 어려
움을 겪게 되었습니다. 병원 브랜드에 대한 진단을
통해 개원의 철학과 취지를 되돌아 보고 의료진의
높은 수준에 비해 저평가되고 있는 중소 전문병원의
한계를 극복하기 위해 '병원 브랜드 구축 프로젝트'
가 진행되었습니다.

　기존 병원 아이덴티티는 병원의 브랜드가 제공하
는 가치와 혜택을 명확하게 정의하지 못했으며, 의
료의 품질과 서비스를 격하시키고 있는 상태였습니
다. 병원의 브랜드 전략을 새롭게 정의하고 병원 인
근 커뮤니티 지역민을 기반으로 한 의료소비자의 바
람에 부응하는 본질적 가치를 창출하려고 했습니다.
과잉 의료 수술이 방송과 언론에 이슈화되고, 짧은
상담으로 수술을 결정하는 기존의 의료서비스 형태
를 벗어나 환자의 필요를 최우선하는 병원으로 포지
셔닝하려고 했습니다.

환자 한 분 한 분을 연상시킬 수 있는 **人(사람 인)**자를 기본으로 바로선의 한글 자음 첫자 **ㅂ, ㄹ, ㅅ**을
아래에서 부터 위로 탑을 쌓듯 설계하여 '낮은 자세로 환자를 섬기는 자세'를 상징화

구체적으로, 병원의 설립 철학에 근거를 두고, 브랜드 전략, 아이덴티티 재정립, 공간 아이덴티티 개선, 서비스 제공 방식에서 일관되게 '고객을 위해 바로선 병원'이라는 브랜드 개념을 전달했습니다. 심벌은 환자 한 분 한 분을 연상시킬 수 있는 사람인(ㅅ)자를 기본으로 바로선의 한글 이니셜 'ㅂㄹㅅ'을 아래에서부터 위로 탑을 쌓듯 설계하여 '환자 한 분 한 분에게 알맞은 진단과 치료'를 제공하겠다는 병원의 가치를 상징화했습니다. 또한 병원의 가치를 전달하기 위해 바로선병원 이름을 활용해 새로운 슬로건을 개발했습니다. "진료의 자세로서 '기본이 바로 선' /연구병원으로서 '생각이 바로 선' / 환자에게 헌신하는 자세로서 '마음이 바로 선'"이라는 메시지를 창조하여 '병원의 웹과 공간 리뉴얼'을 통해 병원의 의지를 지역사회를 중심으로 알려 나갔습니다.

만약 어떤 브랜드가 그 분야에서 널리 퍼져 있는 '기존의 인식'에 도전하기를 원하며 자신들의 서비스가 다른 경쟁 브랜드와 차별화되기 위해서는 무엇보다 '병원의 아이덴티티'가 이런 독창적인 신념을 제대로 반영하도록 만들어야 합니다. 잘 구축된 병원의 브랜드는 공격적인 마케팅을 필요로 하지 않습니다. 시간이 지나면서 자연스럽게 평판을 증대시키기 위한 가장 효과적인 방안이 바로 병원 아이덴티티 구축입니다.

CASE #4. 고운여성병원
시대의 변화를 기회로 활용하여 재탄생한 여성 병원 브랜드

국내 여성 병원은 의료수요 악화와 더불어 지속 감소하는 출산율로 고심하고 있습니다. 최근에는 병원의 생존을 위해 지역 내 여성전문 병의원들과의 치열한 경쟁에 직면해 있는 상황입니다. 지난 30년간 한 지역에서 출산과 여성 치료에만 헌신해 온 '고운여성병원'은 이러한 시장의 위기를 극복하고, 새로운 도약을 위한 변화의 발판을 마련하고자 병원 리브랜딩(RE-BRANDING) 프로그램을 도입했습니다.

고령화로 인한 인구 구조의 변화, 지역구 내 여성 병의원과의 유사 서비스를 제공하는 비차별적 경쟁 구조에서 벗어나, 새로운 의료 수요에 맞춘 차별화된 여성 병원으로서의 존재감을 확보하고, 소모적이고 분산되어 사용된 기존의 마케팅 · 홍보 비용을 축소, 통합하여 비용을 절감하려고 했습니다. 이를 통해 새로운 의료소비자에 알맞은 여성 병원의 브랜드를 구축하기 위해 통합적 리브랜딩 프로그램을 통합적으로 적용했습니다.

고령화되는 지역구의 특성을 이해하고 부인과 질환에 특화된 병원의 콘셉트를 수립하여 산과 위주의 여성 병원과의 차별화를 설계했습니다. 환자의 수요를 넓히고자 '여성 생애 케어 시스템'을 개발했고 엄마와 아이, 나아가서는 가족의 평생 주치의 서비스를 제안함으로써 진료 영역의 확대 및 의료 수요층의 다변화를 이뤄 냈습니다.

　　새로운 병원의 비전을 고운여성병원만의 이니셜인 KW를 활용, 손의 형태로 형상화한 병원 심벌을 개발하여 환자의 몸과 마음까지도 치료하는 병원의 자세를 상징화하였으며, 아이덴티티 기반의 리브랜딩을 통해 병원의 공간, 홍보물, 웹사이트에 적용하여 통일한 가치를 공유했습니다. 공간 아이덴티티 재정립을 통해 큰 비용이 소요되는 내외관의 인테리어를 시설을 바꾸지 않고도 노후된 병원의 이미지 개선을 실현했습니다. 자궁 질환을 가장 잘 치료하는 병원으로서 '자궁 명의'를 주제로 브랜드 커뮤니케이션을 시행, 병원의 평판과 신뢰를 단시간에 높일 수 있는 성공적인 리브랜딩을 구현했습니다.

　　인구와 사회적 변화는 기존 병원이 새로운 변화를 주도할 기회로 사용할 수 있습니다. 위기는 곧 기회입니다. 리브랜딩은 시대의 변화에 발맞춰 단기간 내에 병원이 새로운 가치로 새 의료소비자를 맞이할 기회로 활용될 수 있다는 점을 명심해야 합니다.

CASE #5. 보구한의원
한방의 기존 패러다임에 도전하는 한의원 브랜드

전통과 현대의 경계에서 새로운 한방 브랜드를 구축하는
한의원 브랜드 '보구'

한의원이 지닌 기존의 긍정적이지만 한편으로 노쇠
해 가는 인식에 도전하여 새로움을 추구하는 것은 다소
위험한 일입니다. 그러나 사회의 변화로 기존의 인식이
바뀌고 있는데도 변화를 만들려고 도전하지 않는 것은
기회를 잃는 것이나 다름없습니다. 보구한의원은 한방
이 지닌 처방의 영역을 넘어서 '생활 속 한방 과학'을 목
표로 새로운 한의원 브랜드라는 철학을 지니고 탄생했
습니다.

환자뿐만 아니라 일반 소비자 대상 한방과학 라이프
케어 브랜드로서 브랜드 비전을 명료히 하고 한방을 원
료로 한 건강기능식품, 코스매틱 사업 모델을 설계하
여 브랜드의 개념과 확장을 사업 초기에 정립하고 추진
된 브랜드 구축 사례입니다.

브랜드 진단을 통해 한방시장의 흐름을 검토하고, 향
후 미래 소비자에게 도움이 될 한방서비스 콘셉트를 프
로토타입으로 설계하여 예상되는 고객의 반응을 했습
니다. 또한 한방 재료를 원료로 한 산업의 시장을 분석

하여, 전문의원에서 개발한 브랜드를 일반 산업군에서 성장시킬 수 있는지 브랜드 사업 모델을 검토하여 사업 타당성을 검증했습니다.

　생활한방과학을 추구하는 브랜드 '보구한의원'의 네이밍은 도울 '보(補)', 구원할 '구(救)'의 한자를 사용하여 몸을 조기에 보호하고, 구한다는 의미로 개발되었습니다. 병의 치료를 넘어 생활 속의 질

환을 케어한다는 포괄적인 서비스를 제공하기 위해 소비자의 진입과 유입이 간편한 1층형 병원으로 설계하였으며, 자연 그대로의 원료를 활용한 한방의 장점을 살려 공간과 상품의 이미지를 디자인했습니다.

보구한의원은 전통적인 한의원에 대한 기존의 인식을 깨고 보다 일상에 도움이 되는 건강케어의 영역에서 사업 개념의 다각화를 통해 기존 의원과의 차별성을 갖춘 브랜드로 포지셔닝한 것입니다. 브랜드는 두려움을 극복하고 기존 인식의 전환(paradigm shift)을 목표로 할 때 가장 큰 성장을 이뤄 낼 수 있습니다. 단, 고객이 받아들일 수 있는 시의적절한 타이밍인지를 신중하게 고려해서 도입하는 것이 효과적입니다. 병원은 도전적인 브랜드 구축을 통해 병원 이미지를 개선할 뿐 아니라 신사업 진출의 기회까지 창조할 수 있습니다.

CASE #6. 카나리아 라이프 사이언스
브랜드 사업을 통해 병원의 브랜드를 구축

'역사와 전통을 지닌 병원'은 낙후된 시설과 이미지를 넘어서 그간 쌓아 온 지식재산을 활용해 사업화함으로써 시대를 앞서 의료계의 변화를 주도해 나갈 수 있습니다. '카나리아 라이프 사이언스'는 그 좋은 사례입니다.

스탠퍼드대학교와 서울송도병원이 공동으로 연구하고 개발한 '스마트 변기 프로젝트'는 연구 논문지인 바이오 엔지니어링(NBE)에 게재되어 세계적으로 의료적 성과 및 사업화의 가능성에서 높은 평가를 받았습니다. 스마트 변기는 센서, 렌즈 등이 달려 환자의 배변 상태, 횟수, 대변의 모양, 색깔 등을 종합해 인공지능을 활용한 빅데이터 분석을 통해 분석할 수 있습니다. 이를 통해 이용자의 건강 상태에 대한 면밀한 점검 및 병의 가능성을 사전 판단할 수 있어 암 조기진단, 장내 상태 분석, 비뇨과 질환, 골반저 질환 등 장의 위험 요소를 미리 감지하여 예방할 수 있는 차세대 검진시스템입니다.

과학적이지만 우리에게는 여전히 생소한 '스마트 변기'의 가치를 일반 대중에게 알리기 위해 스마트 변기의 개념을 정립해 브랜드 심벌로 상징했습니다. 카나리아는 병 예방의 의미와 매우 밀접한 관계를 하고 있다는 점에 주목해야 합니다. 카나리아는 가스에 매우 민감하고 취약했기 때문에 공기 중에 독성 및 폭발성 가스의 함량을 느낄 수 있습니다. 이런 이유로 광부들은 가스에 중독되는 것을 미리 감지하기 위해 카나리아 새를 들고 갱도로 내려가기도 했

습니다.

'탄광의 카나리아'는 다가온 위험을 먼저 알려 주는 대상을 가리키는 말로 쓰인다는 점에 착안해서 본 프로젝트는 변의 분석을 통해 병의 예후를 미리 감지할 수 있는 '스마트 변기'의 상징으로 활용했습니다. 카나리아의 의미와 새의 형태를 모티브로 디지털 이미지를 조합한 스마트 변기의 새로운 아이덴티티를 디자인했습니다. 카나리아의 아이덴티티를 심벌, 애플리케이션 제작물, 제품 및 패키지 디자인, 스마트 변기 판매 매장, 웹 및 홍보 이미지에 이르기까지 통합적으로 적용해 브랜드의 시너지를 높이려고 했습니다.

스마트 변기는 카나리아 이미지를 통해 다수의 일반 대중에게 커뮤니케이션할 예정입니다. 본 프로젝트는 사업을 추진하는 병원의 첨단, 기술력의 신뢰라는 이미지를 제공하여, 본 사업 자체뿐 아니라 주도하고 있는 병원의 홍보에도 긍정적인 영향력을 행사할 것입니다. 병원은 의료 현장에서의 서비스 품질 외에도 자체적으로 보유한 의료 기술, 정보, 지식을 사업화해서 브랜드를 만들어 낼 수 있습니다. 이런 브랜드 사업화를 통해 직간접적으로 병원 성장에 큰 도움을 주는 브랜드 마케팅을 구현할 수 있습니다.

마치는 글

세계에 자랑할 만한
'대한민국 병원 브랜드'가 탄생하기를 고대합니다

어제가 오늘 같지 않은 요즘입니다. 전광석화(電光石火)라는 말을 하루하루 실감할 정도입니다. 단지 기술뿐 아니라 우리가 세상을 보고 해석하는 가치관까지도 빠르게 변화하고 있습니다. 속도뿐 아니라 방향과 틀도 크게 바뀌고 있습니다. 흔히 사회학에서는 1997년 발발한 IMF(IMF 구제금융 요청) 사태가 우리나라의 현대 사회의 문화적 틀을 바꾼 이정표라고 이야기합니다. COVID-19 감염병 사태는 IMF 사태 이상의 충격을 전하고 있습니다. 저자들이 이 글을 쓰는 순간에도 그 충격을 온몸으로 느끼고 있습니다. 물론 이 글을 독자가 접할 미래 언젠가의 시점에서는 역사의 어두운 시간에서 얻은 교훈 정도로 인식될 수 있겠죠. 진심으로 그러하기를 바랍니다.

병원은 서비스 플랫폼입니다. 그리고 이제 빠르게 확장되어 가야 할 패러다임 전환의 시점을 마주하고 있습니다. 과거에도 그 필요성에 대한 논의는 무성했지만 이제 구현하지 않으면 위기를 마주하는 시점이 되었습니다. 병원은 공공 플랫폼이자 자본주의 토양에서 성장해야 할 경쟁 플랫폼입니다. 자본의 폭주를 경계하고 공적 영역이 의료서비스를 전면 포용하는 것이 타당하다는 점에 많은 분이 공감하고 있습니다. '보편적 복지'의 실현이라는 면에서 일면 타당합니다. 하지만 그 주장의 이면에는 많은 문제점이 도사리고 있습니다. '공적 영역은 정의다.'는 공식도 수용하기 힘든 작금의 현실입니다. 의료의 질적 하향 평준화라는 문제와 의료의 선진성과 고도화 지연이라는 문제가 대표적인 부작용입니다. 플랫폼의 가장 큰 특성은 모듈화(modularity)와 확장성(extension)입니다. 마치 단순하게 생긴 레고 블록으로 다양한 모양과 기능의 완구를 만들어 내는 것처럼, 다양한 조합을 맞춰 가는 시행착오 끝에 대단한 작품을 만들 수 있습니다. 우리 병원은 공공성과 자율성이라는 매우 난해한 퍼즐을 맞추고 있습니다. 의료계에서 흔히 "질병은 곧 스승이다."라고 합니다. 질병을 잘 뜯어 보고 공부하다 보면 그 안에서 문제와 해결책을 발견할 수 있습니다. COVID-19를 대처하는 과정 가운데서 우리가 동경하던 선진국 의료 시스템의 문제점이 속속 드러났습니다. 의료산업이 가장 큰 도전에 직면한 요즘 더 의미 있는 해결책과 발전 방안을 찾을 수 있을 것입니다.

조직이 표방해 온 가치를 가장 잘 지켜 온 병원, 그 가치를 제일 잘 알리는 병원, 환자를 위하는 병원으로서 언론에 가장 많이 노출된 병원, 가장 어려워 보이는 의료 정보를 가장 쉽게 전달하는 병원, 연구 활동 정보를 가장 많이 공유하는 병원, 건강 소식지와 건강 뉴스를 가장 많이 발행한 병원, 건강식 요리책부터 질병 관련 시리즈 책을 가장 많이 출간한 병원, 병원 최초로 건강 정보 제공 사이트를 오픈한 병원, 소셜 미디어를 통해 병원들 가운데 가장 많은 구독자를 보유한 병원, 바로 메이요 클리닉입니다. 세계 최고의 병원이라고 불리는 메이요 클리닉은 "우리는 마케팅을 하지 않으며, 오직 병원을 체험한 환자들의 입소문을 통해서 성장하였다."라고 주장합니다. 하지만 실제로는 기업보다 뛰어난 브랜드 관리 조직을 갖추고 있으며, 병원의 평판을 모니터링하는 커뮤니케이션 시스템이 가장 잘 갖춰진 서비스 조직입니다. 저자들은 10여 년 전부터 세계 최고라 불리는 병원들을 분석하면서 한 가지 공통점을 발견했습니다. 메이요 클리닉, 존스홉킨스 병원, 엠디엔더슨 암 센터 등 세계적인 명성을 가지고 있는 병원은 우수한 의료기술과 더불어 '탁월한 커뮤니케이션 역량'을 보유하고 있다는 것입니다. 국내 병원도 브랜드로 새로운 시대에 알맞은 커뮤니케이션 역량을 갖추고 국제적인 경쟁력을 높이길 바라는 마음으로 이 책을 권합니다.

선두 병원의 사례에 대한 분석과 이해는 기본입니다. 하지만 우리 병원이 풀어야 할 퍼즐은 다른 선두 그룹의 비법을 따른다고 해도 잘 맞춰지지 않는다는 특징이 있습니다. '해결책'은 우리가 현장에서 고심해 찾아야 합니다. 저자들은 현재 시점이야말로 우리 병원의 토양을 더욱 단단하게 다질 순간이라고 믿습니다. '병원 브랜드의 성장'을 다룬 이 책이 병원 경영 현장에 작은 도움이 되기를 바랍니다. 마지막으로, K-방역이라는 국내 의료의 명예를 지키기 위해 헌신한 이 땅의 많은 의료 전문가와 의료산업 종사자들에게 깊은 감사의 마음을 전합니다.

닥스미디어 병원 브랜드 연구소에서

저자 일동

참고문헌

강수원, 심완섭(1997). 의료소비자의 구전정보특성이 구전수용수준과 구전활동에 미치는 영향에 관한 실증적 연구. **한국병원경영학회지, 2**(1), 192-228.

구자룡(2003). **한국형 포지셔닝: 한국 소비자 마음에 브랜드 심는 법.** 서울: 원앤원북스.

김병희(2012). 스토리텔링 전략을 활용한 불황기 광고 효율성의 제고. **광고PR 실학연구, 5**(1), 137-161.

김복미, 함명일, 민인순, 김선정(2018). 전문병원 충성고객의 병원 선택에 영향을 미치는 요인. **한국병원경영학회지, 23**(4), 1-14.

김정연(2015). 의료이용 동기에 따른 의료기관 선택요인. **디지털융복합연구, 13**(11), 217-230.

도영경, 김정은, 이진용, 이희영, 조민우, 김은나, 옥민수(2015). 환자중심성 평가모형 개발 연구.

대홍기획(2021). 대홍기획 2021 비즈니스 트렌드 보고서. https://www.daehong.com/pr/magazine

머니투데이(2020. 11. 3.). "멀쩡한데" 갤워치3 심전도 경고받은 남성, 병원갔다가 깜짝. https://news.mt.co.kr/mtview.php?no=

2020110310114174913

메디칼업저버(2014. 11. 12). 욕망의 삼각형에 갇힌 대한민국 병원. http://www.monews.co.kr/news/articleView.html?idxno=78492

메디칼업저버(2015. 10. 13.). 병원 홍보? 우리는 드라마로 한다. http://www.monews.co.kr/news/articleView.html?idxno=86544

미디어오늘(2018. 9. 2.). 클리블랜드 클리닉, 27명 에디터가 매일 콘텐츠 회의 연다. http://www.mediatoday.co.kr/news/articleView.html?idxno=144328

미디어오늘(2018. 9. 11.). 유튜브, 전 연령대에서 사용시간 1위. http://www.mediatoday.co.kr/news/articleView.html?idxno=144466

박광민, 양종현, 장동민(2015). 병원선택 요인이 고객만족과 재이용의도에 미치는 영향. 한국콘텐츠학회논문지, 15(8), 375-388.

보건복지부(2020). 병원간호인력 배치현황 실태 조사. http://www.mohw.go.kr/react/jb/sjb030301vw.jsp?PAR_MENU_ID=03&MENU_ID=032901&CONT_SEQ=352714&page=1

서울사회과학연구소(1997). 탈주의 공간을 위하여. 경기: 푸른숲.

양윤(2014). 소비자 심리학(2판). 서울: 학지사.

유승철(2016). 디지털 사이니지 마케팅. 팝사인. p.79.

유승철, 강승미, 유주연(2021). 간호사 인식개선을 위한 간호학-미디어학 융합 PBL 수업의 중재효과 연구: 수업 참여 학생들 및 PBL 성과발표회 참석 학생들의 인식 변화를 중심으로. 한국간호교육학회지, 27(1), 59-67.

이경숙, 김정애, 이왕준(2017). 입원 환자경험이 병원 추천의도에 미치는 영향: 건강 상태의 조절 효과를 중심으로. 한국병원경영학회지, 22(3), 133-143.

이문규, 김종배, 이인구(1998). 서비스 포지셔닝 전략에 관한 연구. 경영학연구, 27(1), 221-239.

이주양(2017). 의료서비스 질적 요인에 따른 종합병원 선택에 관한 연구:

SERVQUAL 모델 적용을 중심으로. **한국병원병원학회, 22(3)**, 31–45.

이주양, 이선영, 정종원(2017). 의료서비스 질적 요인에 따른 종합병원 선택에 관한 연구: SERVQUAL 모델 적용을 중심으로. **한국병원경영학회지, 22(3)**, 31–45.

일간보사(2018. 8. 1.). 의학드라마 출연 경험 있는 대학병원 어디? http://www.bosa.co.kr/news/articleView.html?idxno=2087665

조선일보(2020. 10. 8.). 못말리는 한국인의 유튜브 사랑…4300만 명이 한달 30시간 본다. https://www.chosun.com/economy/tech_it/2020/10/08/NK7R4EVGR5GNDB45RYDLXJ5RUE

조정현, 정연오, 황재훈(2006). 의료산업에서의 온라인 커뮤니티 활성화 방안에 대한 연구. **한국산업정보학회 학술대회논문집**, 335–342.

최명기(2010). **병원이 경영을 만나다**. 서울: 허원미디어.

최윤정(2014). TV 시청과 온라인 대화의 결합: '사회적 시청'개념 제시와 효과 검증. **한국방송학보, 28(4)**, 315–355.

한국일보(2017. 4. 3.). "암은 업보가 아닌데요"… 2030 암환자의 고충. https://www.hankookilbo.com/News/Read/201704031747130997

한국편집기자협회(2009). **신문편집**. 서울: 한국편집기자협회.

황진수, 유병남(2006). 병원에 있어 환자중심의 가치실현을 위한 전략경영의 탐색. **경영교육연구, 44(1)**, 331–348.

Aaker, D. A. (1991). *Managing brand equity: Capitalizing on the value of a brand name*. The Free Press, New York.

Ackermann, F., & Eden, C. (2001). *Stakeholders matter: Techniques for their identification and management*. Department of Management Science, University of Strathclyde.

Anderson, C. (2006). *The long tail: Why the future of business is selling less of more*. Hachette Books.

Baker, J. (1987). The role of the environment in marketing services: The consumer perspective. In J. Czepiel, C. Congram, & J. Shanahan (Eds.), *The services challenge: Integrating for competitive advantage* (pp. 79-84). Chicago: American Marketing Association.

Beltramini, R. F. (1989). Professional service referrals: A model of information acquisition, *Journal of Services Marketing*, *3*(Winter), 35-43. https://doi.org/10.1108/EUM0000000002480

Berry, L., & Bendapudi, N. (2003). Clueing in Customers. *Harvard Business Review*, *81*(2), 100-106.

Bjugn, R., & Casati, B. (2012). Stakeholder analysis: A useful tool for biobank planning. *Biopreservation and biobanking*, *10*(3), 239-244. https://doi.org/10.1089/bio.2011.0047

Broyard, A. (1992). The patient examines the doctor. *Broyard A. Intoxicated by my illness*. New York: Clarkson Potter, 33-57.

Campell, J. (1949). *The hero with a thousand faces*.

Colley, H. R. (1961). *DAGMAR*. Association of National Advertisers.

Curtis, P. A. (2017). *Arts for health: Exploring best practice in children's hospitals, Report*. Winston Churchill Memorial Trust.

Davis, S. M. (2002). Brand authenticity: It's the real thing. *Brandweek, 43*(4), 21-21.

DeSalvo, T. (1999). Unleash the Creativity in Your Organization. *HR Magazine, 44*(6), 154-159.

Elrod, J. K., & Fortenberry, J. L. Jr. (2018). Driving brand equity in health services organizations: The need for an expanded view of branding. *BMC Health Services Research*, *18*(3), 924. https://doi.org/10.1186/s12913-018-3679-4

Friestad, M., & Wright, P. (1994). The persuasion knowledge model: How people cope with persuasion attempts. *Journal of Consumer Research*, *21*(1), 1-31. https://doi.org/10.1086/209380

Greiving S., & Glade T. (2013). Risk Governance. In P. T. Bobrowsky (Ed.), *Encyclopedia of natural hazards*. Encyclopedia of Earth Sciences Series. Springer, Dordrecht.

Han, J., & Wiley, J. (2013). *Digital illness narratives: A new form of health communication*.

Jenkins, H., & Deuze, M. (2008). Convergence Culture: Where Old and New Media Collide. *The International Journal of Research into New Media Technologies, 14*(1), 5-12. https://doi.org/10.1177/1354856507084415

Katz, E., & Lazarsfeld, P. F. (1955). *Personal influence. The part played by people in the flow of mass communications*. Transaction Publishers.

Keckley, P. H., & Hoffmann, M. (2010). Social networks in health care: Communication, collaboration and insights. *Deloitte Center for Health Solutions*, 1-9.

Keller, K. L. (1998). Branding perspectives on social marketing. North American Advances in Consumer Research. In Joseph W. Alba & J. W. Hutchinson, Provo, UT: Association for Consumer Research, 25, 299-302.

Keller, K. L. (2002). Branding and brand equity. In B. A. Weitz & R. Weitz (Eds.), *Handbook of marketing*. SAGE, 160, 151.

Keller, K. L. (2003). Brand synthesis: The multidimensionality of brand knowledge. *Journal of Consumer Research, 29*(4), 595-600. https://doi.org/10.1086/346254

Kim, J. Y., Lee, Y. N., & Kim. T. H. (2007). The influence of physical surroundings and human services on emotional responses and behavioral intentions of theme restaurant customers. *International Journal of Tourism and Hospitality Research, 21*(2), 91-107.

Kokko, T. (2019). Internal and external multisensory branding: A framework and a method for establishing multisensory brand image. Master's Thesis. Jyväskylä: University of Jyväskylä.

Lannon, J., & Baskin, M. (Eds.). (2011). *A master class in brand planning: The timeless works of Stephen King.* John Wiley & Sons.

Lassar, W., Mittal, B., & Sharma, A. (1995). Measuring customer–based brand equity. *Journal of Consumer Marketing, 12*(4), 11–19. https://doi.org/10.1108/07363769510095270

Mattingly, C., & Garro, L. C. (Eds.). (2000). *Narrative and the cultural construction of illness and healing.* Univ of California Press.

McKinsey Quarterly(2009. 6. 1.) The consumer decision journey. https://www.mckinsey.com/business-functions/marketing-and-sales/our-insights/the-consumer-decision-journey#

McLuhan, M., & MCLUHAN, M. A. (1994). *Understanding media: The extensions of man.* MIT press.

McMahan, C., Hovland, R., & McMillan, S. (2009). Online marketing communications: Exploring online consumer behavior by examining gender differences and interactivity within internet advertising. *Journal of Interactive Advertising, 10*(1), 61–76.

Mitchell, A. (1982). Models of Memory: Implications For Measuring Knowledge Structures. In A. Mitchell & A. Abor (Eds.), *NA – Advances in Consumer Research,* 9, 45–51. MI: Association for Consumer Research.

Nevid, J. S., & Pastva, A. (2014). "I'm a Mac" versus "I'm a PC": Personality Differences between Mac and PC users in a cllege sample. *Psychology & Marketing, 31*(1), 31–37. https://doi.org/10.1002/mar.20672

Nisbett, R. E., & Wilson, T. D. (1977). The halo effect: Evidence for unconscious alteration of judgments. *Journal of Personality and Social Psychology*, *35*(4), 250-256.

Norman, D. A. (1988). *The psychology of everyday things*. Basic Books.

Oppermann, M. (2000). Triangulation-A methodological discussion. *International Journal of Tourism Research*, *2*(2), 141-145.

Pegler, M. M., & Bliss, L. L. (2006). *Visual merchandising and display*. New York: Fairchild Publications.

Prensky, M. (2001). Digital natives, digital immigrants part 2: Do they really think differently? On the horizon.

Ray, M. L., & Wilkie, W. L. (1970). Fear: The potential of marketing. *Journal of Marketing*, *34*(1), 54-62. https://doi.org/10.1177/002224297003400113

Ries, A., Trout, J., & Kotler, P. (2001). *Positioning*. McGraw Hill.

Ritzer, G. (2005). *Enchanting a disenchanted world: Revolutionizing the means of consumption*. Pine Forge Press.

Schullz, E., Tannenbaum, S., & Lauterborn, R. (1993). *Integrated marketing cmmunications*. NTC Business Books.

Spears, N., & Singh, S. N. (2004). Measuring attitude toward the brand and purchase intentions. *Journal of current issues & research in advertising*, *26*(2), 53-66.

Tansik, D. A., & Routhieaux, R. (1999). Customer stress-elaxation: the impact of music in a hospital waiting room. *International Journal of Service Industry Management*.

Tuan, Y. F. (1977). *Space and place: The perspective of experience*. U of Minnesota Press.

Wilkie, W. L. (1994). *Consumer behavior*. New York: Wiley.

Zeithaml, V. A., Berry, L. L., & Parasuraman, A. (1996). The behavioral consequences of service quality. *Journal of marketing*, *60*(2), 31-46.

Zeithaml, V. A., & Bitner, M. J. (2000). *Services marketing: Integrating customer focus across the firm* (2nd ed). New York: McGraw-Hill.

CONCEPT COREA http://www.conceptcorea.com

Definitions of Marketing, *American Marketing Association* https://www.ama.org/the-definition-of-marketing-what-is-marketing

Doc's Media http://docsmedia.co.kr

Interactive Advertising Bureau https://www.iab.com

Korean Nurses Association http://www.koreanurse.or.kr

MEDIBRAND http://b.medibrand.co.kr

tubics https://www.tubics.com/blog/number-of-youtube-channels

Web To Med https://www.webtomed.com

건강보험심사평가원 https://www.hira.or.kr

청년의사 http://www.docdocdoc.co.kr

찾아보기

내용

저자 소개

유승철(Seung-Chul Yoo)

유승철 교수는 현재 이화여자대학교 '커뮤니케이션 · 미디어학부' 교수로 '융합 미디어 트랙'과 '미디어 공학 & 창업 트랙' 주임교수다. 미국 텍사스대학교(The Univ. of Texas at Austin)에서 광고학(Advertising) 전공으로 석사 및 박사 학위를 취득했다. 유학 전에는 (주)제일기획에서 다년간 미디어/광고 실무를 담당했으며, 학위 취득 후 로욜라대학교(Loyola University Chicago)에서 디지털/인터랙티브 광고(Digital/Interactive Advertising) 담당 교수로 재직했다. 한국헬스커뮤니케이션학회, 한국광고학회, 한국광고홍보학회, 한국PR학회에서 연구이사 및 기획이사로 봉사하고 있다. 병원 마케팅과 브랜딩, 헬스케어 서비스 혁신, 뉴미디어 기술을 활용한 광고PR 전략, 디지털 사이니지, 소비자 및 광고심리학이 주요 연구 및 교육 분야다.

정철(Jung Chul)

정철 대표는 의료 브랜드 전문가이자 기업가다. 카이스트(KAIST) 지식재산대학원(MIP)에서 공학 석사학위를 취득했다. 2016년 의료 분야 브랜드 구축 전문인 ㈜컨셉코레아를 설립해 CEO로서 서울대학교병원, 가톨릭대학교병원, 삼성서울병원 등 선두 대학병원들의 브랜드 컨설팅을 지휘했다. 또한 30여 개의 전문병원 및 중소 병원의 브랜드를 성장시키는 역할을 담당하기도 했다. 의료플랫폼기업인 ㈜닥스미디어(docsmedia.co.kr), 병원디자인 마켓인 메디브랜드(www.medibrand.co.kr) 그리고 메디컬디자인(www.medicaldesign.co.kr)을 경영하면서 현재 1,500여 개의 병의원에 디지털 커뮤니케이션 서비스와 의료 경영 컨설팅을 제공하고 있다.

미래병원: 병원 브랜딩 그리고 커뮤니케이션

Hospital of the Future: Hospital Branding & Communication

2021년 7월 25일 1판 1쇄 인쇄
2021년 7월 30일 1판 1쇄 발행

지은이 • 유승철 · 정철
펴낸이 • 김진환
펴낸곳 • ㈜ 학지사

04031 서울특별시 마포구 양화로 15길 20 마인드월드빌딩
대표전화 • 02-330-5114   팩스 • 02-324-2345
등록번호 • 제313-2006-000265호

홈페이지 • http://www.hakjisa.co.kr
페이스북 • https://www.facebook.com/hakjisa

ISBN 978-89-997-2451-0 93320

정가 20,000원

출판 · 교육 · 미디어기업 **학지사**

간호보건의학출판 **학지사메디컬** www.hakjisamd.co.kr
심리검사연구소 **인싸이트** www.inpsyt.co.kr
학술논문서비스 **뉴논문** www.newnonmun.com
교육연수원 **카운피아** www.counpia.com